JÜRGEN REGGE

Kabinettsjustiz in Brandenburg-Preußen

Strafrechtliche Abhandlungen · Neue Folge

Herausgegeben von Dr. Eberhard Schmidhäuser
ord. Professor der Rechte an der Universität Hamburg

In Zusammenarbeit mit den Strafrechtslehrern der deutschen Universitäten

Band 30

Kabinettsjustiz in Brandenburg-Preußen

Eine Studie zur Geschichte des landesherrlichen Bestätigungsrechts in der Strafrechtspflege des 17. und 18. Jahrhunderts

Von

Dr. Jürgen Regge

DUNCKER & HUMBLOT / BERLIN

Zur Aufnahme in die Reihe empfohlen
von Prof. Dr. Werner Schmid, Kiel

CIP-Kurztitelaufnahme der Deutschen Bibliothek

Regge, Jürgen

Kabinettsjustiz in Brandenburg-Preußen: e. Studie zur Geschichte d. landesherrl. Bestätigungsrechts in d. Strafrechtspflege d. 17. u. 18. Jh. — 1. Aufl. — Berlin: Duncker und Humblot, 1977.
(Strafrechtliche Abhandlungen: N. F.; Bd. 30)
ISBN 3-428-03753-7

Gedruckt 1977 bei Buchdruckerei Bruno Luck, Berlin 65
Printed in Germany

ISBN 3 428 03753 7

Vorwort

Die vorliegende Untersuchung hat 1975 dem Fachbereich Rechtswissenschaften der Christian - Albrechts - Universität Kiel als Dissertation vorgelegen.

Im Zuge ihrer für die Drucklegung erfolgten geringfügigen Überarbeitung konnte die bis November 1975 erschienene Literatur noch berücksichtigt werden. Danach sind nun aber einige Veröffentlichungen erschienen, die sich mit der Geschichte der Kabinettsjustiz sowie mit Problemkreisen befassen, die eng mit ihr zusammenhängen.

Dem freundlichen Entgegenkommen von Herrn Professor Dr. Werner Ogris, Wien, ist es zu danken, daß ich seinen Beitrag „De Sententiis Ex Plenitudine Potestatis" in der Festschrift für Hermann Krause, Köln 1975, noch einarbeiten konnte. Für die Überlassung der Umbruchkorrektur sage ich ihm auch an dieser Stelle meinen herzlichen Dank.

Die Arbeit von Dietmar Willoweit, Rechtsgrundlagen der Territorialgewalt, Wien 1975, konnte wenigstens noch in einer Fußnote, die Monographie von Hans-Ludwig Schreiber, Gesetz und Richter, Frankfurt am Main 1976, dagegen überhaupt nicht mehr berücksichtigt werden. Bei ihrer Kenntnis hätte eine Äußerung des Verfassers zur Gesetzesbindung des Richters im 18. Jahrhundert (S. 15 Anm. 9) sicher differenzierter ausfallen können.

Hinzuweisen wäre noch auf die Arbeit von Jürgen Weitzel, Der Kampf um die Appellation ans Reichskammergericht, Köln 1976. Sie ergänzt die — wenn auch sehr knappen — Ausführungen der hier vorliegenden Studie zur landesherrlichen Kabinettsjustiz in Zivilsachen und ihrer Bedeutung für die Rechtspflege eines Einzelterritoriums insofern, als sie vorrangig die Auswirkungen eines landesherrlichen obersten Richterrechts in Zivilsachen auf die Rechtsverfassung des Reiches untersucht.

Mein besonders herzlicher Dank gilt Herrn Professor Dr. Werner Schmid, der in vielen Gesprächen mein Interesse an rechtsgeschichtlicher Forschung geweckt hat. Er hat auch diese Arbeit angeregt und in allen Phasen ihrer Entstehung geduldig gefördert.

Dank schulde ich auch Herrn Professor Dr. Eberhard Schmidhäuser für die Aufnahme der Schrift in die Reihe „Strafrechtliche Abhandlungen/Neue Folge“.

Kiel, im November 1976

Jürgen Regge

Inhaltsverzeichnis

Abkürzungsverzeichnis

AB	=	Acta Borussica
Abt.	=	Abteilung
AGB	=	Allgemeines Gesetzbuch für die preußischen Staaten 1791
ALR	=	Allgemeines Landrecht für die Preußischen Staaten 1794
Anm.	=	Anmerkung
Arch.Crim.R.	=	Archiv des Criminalrechts
Art.	=	Artikel
Aufl.	=	Auflage
Bd.	=	Band
CCC	=	Constitutio Criminalis Carolina
CCM	=	Corpus Constitutionum Marchicarum
CCMagdeburg	=	Corpus Constitutionum Magdeburgicarum
Codex dipl. cont.	=	Codex diplomaticus Brandenburgensis continuatus
FBPG	=	Forschungen zur Brandenburgischen u. Preußischen Geschichte
Hist. Jahrb.	=	Historisches Jahrbuch
HRG	=	Handwörterbuch zur Deutschen Rechtsgeschichte
Hrsg.	=	Herausgeber
HZ	=	Historische Zeitschrift
JMBlPr.	=	Justiz-Ministerial-Blatt für die preußische Gesetzgebung und Rechtspflege
JZ	=	Juristenzeitung
Jg.	=	Jahrgang
MGH	=	Monumenta Germaniae Historica
m. w. Nachw.	=	mit weiteren Nachweisen
N. A.	=	Neue Auflage
NCC	=	Novum Corpus Constitutionum
NDB	=	Neue Deutsche Biographie
N. F.	=	Neue Folge
n., Nr., Nrn.	=	Nummer(n)
o. O.	=	ohne Ort
Qu.	=	Quaestio
Sav. Zeitschrift	=	Zeitschrift der Savigny-Stiftung für Rechtsgeschichte, Germanistische Abteilung
Sp.	=	Spalte
vgl.	=	vergleiche
ZStW	=	Zeitschrift für die gesamte Strafrechtswissenschaft

1. ABSCHNITT

1. Kapitel

Einführung in die Thematik

Als *Kabinettsjustiz* bezeichnet man heute gemeinhin „die im absolutistischen Staat auf die oberste Gerichtsgewalt des Landesherrn gestützten Eingriffe in die Rechtspflege"[1] und umschreibt damit schlagwortartig, häufig mit einer abwertenden Tendenz, diejenige Form der Justizgewährung, die zu einem der Wesensmerkmale des „Absolutismus" geworden ist. In diesem Zeitalter wurde die Rechtspflege geprägt durch eine persönliche Teilnahme der Herrscher vor allem an der Strafjustiz. Jedoch auch Eingriffe in die Ziviljustiz waren nicht selten und wurden durch ein Supplikenunwesen[2] immer wieder herausgefordert.

Eine nähere Betrachtung der damaligen Rechtspraxis zeigt, daß sich die von dem Landesherrn — aus dem Kabinett heraus — geübte Justiz in den verschiedensten Formen äußern konnte: In der Strafrechtspflege übte der Monarch seinen Einfluß vor allem über das *Bestätigungsrecht* aus. Die Gerichte hatten dem Landesherrn wichtige Sprüche in Strafsachen vor der Vollstreckung manchmal aber auch vor der Publikation zur Bestätigung vorzulegen. Zahlreiche Beispielsfälle belegen, daß die absoluten Herrscher im Rahmen dieses *Bestätigungs*verfahrens — über dessen engeren Wortsinn hinaus — sehr wohl das Recht für sich in Anspruch nahmen, durch eigenes richterliches Urteil den Spruch der Gerichte zu mildern aber auch zu schärfen[3].

Bildeten die Landesherren daher aufgrund dieses Bestätigungsrechtes die eigentliche „selbst rechtsprechende Spitze der Strafjustiz"[4], so konnten sie einen Rechtsfall in Ausübung ihres höchsten Richteramtes

---

[1] *Brockhaus-Enzyklopädie*, Bd. 9, Wiesbaden 1970, S. 589.

[2] Vgl. dazu neuerdings *Hülle*, Das Supplikenwesen in Rechtssachen, Sav.Z. 1973, S. 194 ff.

[3] Vgl. die unten, 4. Abschn., 4. Kap. gegebene Übersicht von Strafschärfungen durch die Preußischen Könige.

[4] *Eb. Schmidt*, Rechtssprüche und Machtsprüche der preußischen Könige des 18. Jahrhunderts, Berichte über die Verhandlungen der Sächsischen Akademie der Wissenschaften zu Leipzig, Phil.-hist. Klasse, Bd. 95, Heft 3, Leipzig 1943, S. 14.

ex plenitudine potestatis aber auch unmittelbar selbst entscheiden, ohne, daß es eines vorangegangenen gerichtlichen Verfahrens bedurft hätte[5].

Nicht immer klar abgrenzbar von dieser eigenen *richterlichen* Spruchtätigkeit nahmen die Landesherren zusätzlich das Recht der Begnadigung in Anspruch und wachten somit auch über den Zeitpunkt der eigentlichen Urteilsfindung hinaus über die Durchsetzung der von ihnen verordneten Strafnormen.

Eine genauere Analyse der Strafrechtspraxis absoluter Staaten zeigt, daß die Landesherren ihr oberstes Richterrecht aber auch in der Form ausübten, daß sie durch vielfältige Weisungen an die Gerichte[6] versuchten, die Entscheidungen von Rechtssachen im Wege einer *Justizaufsicht* bereits vor der Urteilsfindung in ihrem Sinne zu beeinflussen.

Ogris[7] hat daher kürzlich zu Recht darauf hingewiesen, daß man der komplexen Erscheinung der Kabinettsjustiz nicht gerecht würde, wollte man diesen Begriff nur auf die „Fälle der unmittelbaren" eigenen „Sachentscheidung durch den Landesherrn" beschränken. Vielmehr umfasse er „auch alle jene Maßnahmen des Landesherrn, die darauf abzielten, auf mittelbare Weise eine bestimmte Entscheidung herbeizuführen".

Für den einzelnen Inquisiten mußte die landesherrliche Kabinettsjustiz allerdings nicht *zwingend* eine Einbuße an materieller Gerechtigkeit bedeuten, wie es nach der Lektüre eines Teils der einschlägigen Literatur, vor allem des 19. Jahrhunderts[8], den Anschein haben könnte.

---

[5] Vgl. die unten, 4. Abschn., 4. Kap. gegebene Übersicht von eigenen Strafaussprüchen der Preußischen Könige.

[6] Etwa durch die Anweisungen, ein Verfahren einzuleiten, einzustellen oder aber zu beschleunigen, die Anordnungen, weitere Beweise zu erheben etc. Vgl. etwa die Marginalie *Friedrich Wilhelms I.* vom 13. Juni 1729: „soll der Inquisicion Proces scharf und geschwinde vordt geführt werden" (*Förster*, Friedrich Wilhelm I., Urkundenbuch, Bd. 1, Potsdam 1834, S. 69) sowie seine Anordnungen an den Generalfiskal *Gerbett* vom 18. Februar 1734 bezügl. des gegen den Domprobst v. Bredow geführten Prozesses: „soll ein Ende machen cito" (*AB*, Bd. 5, 1. Hälfte, S. 608).

[7] *Ogris*, Kabinettsjustiz, in: HRG, 11. Lieferung, Berlin 1974, S. 516 und *Ogris*, De Sententiis Ex Plenitudine Potestatis, Festschrift f. Hermann Krause, Köln 1975, S. 169 ff. (176, 177).

[8] In der grundsätzlich negativen Beurteilung der Kabinettsjustiz waren sich Staatsrechtslehre und Strafprozeßliteratur des 19. Jahrhunderts einig. Vgl. *Welcker*, Cabinetsjustiz, in: *Rotteck / Welcker*, Staatslexikon, Bd. 3, 3. Aufl., Leipzig 1859, S. 256 ff.; *Mittermaier*, C. J. A., Das Deutsche Strafverfahren, 2. Teil, 4. Aufl., Heidelberg 1846, S. 600 - 605.
Anscheinend fehlte für eine abgewogenere Beurteilung der landesherrlichen oberstrichterlichen Tätigkeit die historische Distanz. Erst die neuere Literatur scheint bereit zu sein, die absolutistischen Herrscher an den Maßstäben *ihres* Zeitalters zu messen. Sie gelangt daher auch zu ausgeglicheneren Urteilen. Vgl. *Eb. Schmidt*, Rechtssprüche u. Machtsprüche, S. 3, 4; *Leiser*,

Im Gegenteil! — Die Antinomie der Kabinettsjustiz bestand gerade darin, daß die summa potestas indivisibilis des absoluten Herrschers zwar einerseits einer möglichen Willkürjustiz Tür und Tor öffnete, daß sie jedoch andererseits unter Umständen die einzige Voraussetzung für eine gerechte Justizgewährung bot: Nach der Staatslehre des Absolutismus war es eben nur dem Landesherrn erlaubt, zur Wahrung der Gerechtigkeit im Einzelfall von gesetztem aber veraltetem Recht abzugehen[9], bzw. aus Anlaß einer Urteilsbestätigung das Recht fortzubilden, und es auch für künftige Fälle zeitgemäßeren Vorstellungen anzupassen.

Kabinettsjustiz geübt durch einen sich der Idee der Gerechtigkeit verpflichtet fühlenden Herrscher konnte daher für das in den Formen des Inquisitionsprozesses erstarrte Strafverfahren des absolutistischen Zeitalters ein Segen sein, aber auch ein Unglück, wenn Staatsräson oder persönliche Interessen vorrangige Maximen der Herrschaftsausübung waren. Die Relativierung von Wert und Unwert der Kabinettsjustiz allein durch die Person des Herrschers zeigt aber letztlich nur die Schwäche der Staatsform des Absolutismus überhaupt auf, in deren Werden und Vergehen die Entstehung, die allmähliche Ausformung und schließlich die Aufgabe der Kabinettsjustiz eingebettet ist.

Wie aber die Geschichte des Absolutismus, spätestens seit Beginn des aufgeklärten Absolutismus, die Geschichte des Versuchs seiner Überwindung ist, so kann auch die Geschichte der Kabinettsjustiz nur dargestellt werden als Geschichte des gegen sie gerichteten aktuell politischen und geistigen Kampfes.

Die Darstellung dieser Auseinandersetzungen um die Kabinettsjustiz und deren Einwirkungen auf die Verfassungswirklichkeit im bran-

---

Strafgerichtsbarkeit in Süddeutschland, Köln 1971, S. 40; *Ogris*, Maria Theresia Iudex, Anzeiger der phil.-hist. Klasse der Österr. Akademie der Wissenschaften, 110. Jg. 1973, Wien S. 232 ff.

[9] In der rechtshistorischen Erörterung der so vielschichtigen Problematik der ‚Bindung des Richters an das Gesetz' dürfte das letzte Wort noch nicht gesprochen sein.

Die Feststellung von *Hülle*, Das rechtsgeschichtliche Erscheinungsbild des preußischen Strafurteils, Aalen 1965, S. 62: „Bis tief ins 18. Jahrhundert hinein stand der Richter über dem Gesetz, in dem man nur eine formulierte Regel sah, die Ausnahmen gestattete", trifft allerdings die Rechtswirklichkeit des 18. Jahrhunderts in Brandenburg-Preußen nicht.

Sicher hat die Rechtspraxis der Gerichte in der gemeinrechtlichen Epoche eine hervorragende Rolle bei der Fortbildung des Inquisitionsprozesses der Carolina gespielt. Die Richter des 18. Jahrhunderts in Brandenburg-Preußen hatten diesen Spielraum im Umgang mit dem Gesetz jedoch nicht mehr.

Die Landesherren achteten sehr streng darauf, daß die Richter nicht „gelinder noch schärffer als die Gesetze" (CrimO 1717, Cap. X, § 9 Nr. 2) urteilten. Für Österreich galt ähnliches, *Ogris*, Maria Theresia Iudex, S. 240.

Zum Gesetzesbegriff vgl. *Mohnhaupt*, Potestas legislatoria u. Gesetzesbegriff im Ancien Régime, Jus commune, Bd. 4, Frankfurt 1972, S. 188 ff.

denburgisch-preußischen Staat des 17. und des beginnenden 18. Jahrhunderts sollen neben einer möglichst vielseitigen Analyse der rechtlichen Struktur des in Strafsachen geübten Bestätigungsrechts Gegenstand dieser rechtshistorischen Studie sein.

Zwar soll im Rahmen dieser Abhandlung zunächst einmal vorrangig der Frage nachgegangen werden, warum und wie es seit der Mitte des 17. Jahrhunderts in einem umfassenden Prozeß der Machtverschiebung durch Umbildung eines seit dem Beginn des 16. Jahrhunderts zu beobachtenden *gerichtsherrlichen Bestätigungsrechts* des Landesherrn zur Ausbildung eines *landesherrlichen Bestätigungsrechts* in der brandenburgisch-preußischen Strafrechtspflege kommt. Dabei erklärt sich das vorrangige Interesse gerade an der Ausbildung des *Bestätigungsrechts in Strafsachen* daraus, daß dieses im Rahmen der Kabinettsjustiz diejenige Form der Einflußnahme des Landesherrn auf die Strafrechtspflege war, die die Regel bildete und die im Laufe der Zeit die größte Breitenwirkung erzielte.

Es dürfte aber dennoch sinnvoll sein, hier den Gesamtverlauf des bis in die Mitte des 19. Jahrhunderts währenden Kampfes um die Kabinettsjustiz kurz anzureißen: Nicht nur, um so eine erste Übersicht über die in dieser Auseinandersetzung historisch wirksam gewesenen Kräfte zu gewinnen, sondern vor allem, um so deutlicher werden zu lassen, wie eng die Geschichte des Bestätigungsrechts mit der Ausformung und dem Vergehen absolutistischer Staatsformen verknüpft ist.

Die Auseinandersetzung um das landesherrliche Bestätigungsrecht in Strafsachen war zunächst lediglich ein praktisch-politischer Machtkampf um den Besitz der Bestätigungsbefugnis. Es handelte sich hierbei allerdings nicht um einen isolierten Streit; er war vielmehr Teil des großen Kampfes um die Durchsetzung absolutistischer Staatsideen in der Verfassungswirklichkeit der Territorialstaaten. Seit die Landesherren mit der zunehmenden Erstarkung der Territorialstaaten im Verhältnis zum Reich etwa von der Mitte des 17. Jahrhunderts an begannen, in ihren Ländern die absolutistische Herrschaft auszubauen, fanden sie in den Ständen, die um Erhalt ihrer landständischen Verfassungen bemüht waren, eine natürliche Gegnerschaft. Der Ausgang dieses Kampfes ist bekannt. Nach teilweise harten Auseinandersetzungen gelang es den Landesfürsten der größeren Territorien fast ausnahmslos, den zentralen politischen Einfluß der Stände zu beseitigen und eine absolute Herrschaft durchzusetzen.

Die Stände, früher als Gerichts*herren* selbst befugt, wichtige Strafurteile zu bestätigen, behielten zwar ihre patrimonialen Gerichte, waren nunmehr jedoch lediglich Gerichts*inhaber* und mußten wichtige Urteile ihrer Gerichte an den Landesherrn als jetzt einzigen Gerichts-

herrn zur Bestätigung einsenden[10], bzw., die Eingriffe der absoluten Herrscher in ihre Justiz hinnehmen. In Brandenburg-Preußen flammt dieser Kampf noch in der ersten Hälfte des 18. Jahrhunderts immer wieder auf[11], bis *Friedrich Wilhelm I.* mit harter Hand den ständischen Widerstand endgültig brechen konnte.

Kaum war jedoch das landesherrliche Bestätigungsrecht zum gesicherten Besitzstand absolutistischer Herrschaft geworden, da geriet dieses Recht — unter dem bis dahin inhaltlich wertneutralen Begriff des „Machtspruches" — in der Mitte des 18. Jahrhunderts in den Strudel einer grundsätzlichen geistig publizistischen Auseinandersetzung, die vor allem von Vertretern der Aufklärungsbewegung geführt wurde.

Johann Jakob Moser etwa[12] beantwortete 1750 in seiner Schrift „Abhandlung von Kayserlichen Macht-Sprüchen"[13] die von ihm selbst gestellte Frage, ob ein Regent einen Machtspruch in Rechtssachen erteilen könne, mit: „Unstreitig Nein".

---

10 Soweit *Hälschner*, Geschichte des Brandenburgisch-Preußischen Strafrechtes, Bonn 1855, S. 141 Anm. 6 und S. 186 sowie *Eb. Schmidt*, Einführung in die Geschichte der Deutschen Strafrechtspflege, 3. Aufl., Göttingen 1965, S. 179, die Ansicht vertreten, das *landesherrliche* Bestätigungsrecht habe sich schon im 16. Jahrhundert entwickelt, s. u. 2. Abschn., 3. Kap. A. III. c.

11 So verlangten 1716 etwa die Stände in Cleve, daß landesherrliche Reskripte und Verordnungen künftig nicht mehr an die Richter, sondern an die Jurisdiktionsinhaber — die künftig auch Gerichtsherren zu nennen seien — eingesandt würden.
Friedrich Wilhelm I. stimmte dem zu, setzte jedoch gleichzeitig fest, daß denen, „welche Jurisdictiones haben, kein anderer titul, als *Jurisdictions-Inhabere* gegeben werde, ohne distinction, ob es Graffen, Herren oder andere seyn, weilen Wir, als der Landesfürst, eigentlich *Jurisdictions-Herr* seind, und Uns dafür geachtet wißen wollen". Vgl. Reskripte v. 9. Februar und 24. Dezember 1716 bei *Scotti*, Sammlung Cleve/Mark (1826) Bd. 2, Nr. 742 (S. 878) u. Nr. 755 (S. 912) sowie *AB*, Bd. 2, S. 316, 317.

12 Der Begriff der „Aufklärung" ist auch heute noch sehr kontrovers und ist in Gefahr seine Konturen zu verlieren; vgl. „Was ist Aufklärung?", Darmstadt 1973, Einleitung von Norbert *Hinske*, S. XIII.
Als historische Bewegung des 18. Jahrhunderts war sie auf jeden Fall trotz ihrer engen Verknüpfung mit dem Naturrecht auch Positivisten wie *Johann Jakob* und *Friedrich Karl v. Moser* eine geistige Heimat. Zum Standort dieser beiden Staatsrechtler in der Aufklärungsbewegung vgl. *Rürup*, Johann Jakob Moser, Wiesbaden 1965, S. 23 ff.; *Schömbs*, Das Staatsrecht Johann Jakob Mosers = Schriften zur Verfassungsgeschichte, Bd. 8, Berlin 1968, S. 271 ff.; *Eckstein*, Friedrich Carl v. Moser (1723 - 1798), Diss. Jur. Gießen 1973, S. 37 ff.

13 *Moser*, Johann Jakob, Abhandlung von Kayserlichen Macht - Sprüchen in Rechts - Staats - und Gemischten Sachen, Franckfurt am Mayn 1750, S. 11. Im Jahre 1759 wurde *Joh. Jak. Moser* selbst ein Opfer landesherrlicher Kabinettsjustiz. *Herzog Karl Eugen v. Württemberg* setzte ihn ‚ob causam publicam' in Haft. Über die fünfjährige Haftzeit Mosers berichtet *Rürup*, Joh. Jak. Moser, S. 155 ff.

Als in der geistigen Auseinandersetzung wirksamer erwies sich allerdings *Montesquieus* 1748 erschienenes Werk „De l'esprit des lois"[14]. Die Lehre von der Gewaltenteilung bewirkte, daß das landesherrliche Bestätigungsrecht in der literarischen Diskussion zunehmend in das Kreuzfeuer der Kritik geriet. Der Begriff des Machtspruches wurde seither immer häufiger als Umschreibung für Willkürjustiz gebraucht. Zwar war dieser Begriff schon rund hundert Jahre älter. Entgegen einer heute weit verbreiteten Auffassung läßt er sich nämlich nicht erst zu Beginn des 18. Jahrhunderts nachweisen[15]; er findet sich vielmehr bereits in den Jahren 1645 und 1648 in den Protokollen des Brandenburgischen Geheimen Rates[16]. Allerdings wird der Begriff des Machtspruches im 17. und in der ersten Hälfte des 18. Jahrhunderts noch in einem ganz anderen Sinne verwandt als bei *Johann Jakob Moser*. Selbst für *Heinrich v. Cocceji* und seinen Sohn *Samuel v. Cocceji* ist das Wort „Machtspruch" zu Beginn des 18. Jahrhunderts noch kein abwertender, kein „revolutionärer Begriff"[17] gewesen, obwohl sie die Zulässigkeit von Machtsprüchen des Landesherrn verneinten[18]. Sie verstanden in

---

[14] *Montesquieu*, Charles de, Vom Geist der Gesetze, Buch VI, Kapitel 5: „In den despotischen Staaten kann der Fürst selbst richten, in den Monarchien dagegen nicht, denn sonst wäre die Verfassung zerstört und die vermittelnden Gewalten ausgeschaltet." (Zitiert nach der Ausgabe von *E. Forsthoff*, Tübingen 1951, Bd. 1, S. 112.)

Zur Auseinandersetzung mit Montesquieu vgl. *Sieber*, Abhandlung von der Macht der Reichsstände und Gerichtsherren selbst Recht zu sprechen, Göttingen 1773, S. 23 - 30, 47 - 49; Philosophische und Historische *Betrachtungen*, eines reisenden Rechts-Gelehrten, über das Gerichtliche Verfahren, imgleichen die Macht-Sprüche und unmittelbare Entscheidungen der Souverains (Verf. v. Jarigues), Berlin 1765, S. 24, 25, 30 ff.

[15] So im Anschluß an *Stölzel*, Brandenburg-Preussens Rechtsverwaltung und Rechtsverfassung, Berlin 1888, Bd. 2, S. 15 und *Stölzel*, Fünfzehn Vorträge aus der Brandenburgisch-Preußischen Rechts- und Staatsgeschichte, Berlin 1889, S. 157, fast die gesamte einschlägige Literatur. Vgl. *Kern*, Der gesetzliche Richter, Berlin 1927, S. 56 Anm. 1; *Eb. Schmidt*, Rechtssprüche und Machtsprüche, S. 4 u. 40 Anm. 4; *Eb. Schmidt*, Einführung, S. 273, 274 sowie neuerdings *Bussi*, Zur Geschichte der Machtsprüche, Festschrift für Carl Hellbling, Salzburg 1971, S. 52: Danach soll *Heinrich v. Cocceji* in den späteren Ausgaben seines „Jus publicum" zu Beginn des 18. Jahrhunderts das Wort „Machtspruch" erstmalig verwendet haben. Im Jahre 1708 findet sich der Begriff in der Literatur aber auch schon bei *Schrader*, Tractatus de sententiis principum ex potestatis plenitudine latis; von derer Fürsten und Herren Macht - Sprüchen, Leipzig 1708.

[16] *Meinardus*, Protokolle und Relationen des Brandenburgischen Geheimen Rates aus der Zeit des Kurfürsten Friedrich Wilhelm, 3. Bd., Leipzig 1893, S. 13; 4. Bd., Leipzig 1896, S. 152.

Hierauf hat übrigens schon *Oestreich*, Der brandenburg-preußische Geheime Rat vom Regierungsantritt des Großen Kurfürsten bis zu der Neuordnung im Jahre 1651, Würzburg-Aumühle 1937, S. 81, hingewiesen, in neuerer Zeit auch *Meisner*, Archivalienkunde vom 16. Jahrhundert bis 1918, Göttingen 1969, S. 311, 312.

[17] *Eb. Schmidt*, Rechtssprüche und Machtsprüche, S. 4.

[18] *Cocceji*, Jus controversum civile, Frankfurt und Leipzig, 1713, S. 22 und 37, 38.

dem Machtspruch — Verbot nur die Unzulässigkeit von Eingriffen des Landesherrn in wohlerworbene zivile Rechte. Die in dem Begriff des Machtspruches umschriebene Befugnis einer persönlichen Beteiligung des Herrschers an der Strafrechtspflege wurde von ihnen nicht angetastet.

Erst die literarischen Vorstöße um die Mitte des 18. Jahrhunderts bewirkten, daß mit dem Begriff des Machtspruches nunmehr immer stärker abwertend nicht allein die Eingriffe des Landesherrn in die Ziviljustiz, sondern auch seine Beteiligung an der Strafrechtspflege bezeichnet wurden. *Carl Gottlieb Svarez*[19] hat dies in seinen Vorträgen, die er in den Jahren 1791 und 1792 dem preußischen Kronprinzen, dem späteren König *Friedrich Wilhelm III.*, hielt, sehr deutlich ausgesprochen: „Ein Regent, welcher Kriminalstrafen in den Urteln verschärfen wollte, würde sich ebenso wie bei Machtsprüchen in Zivilsachen der Gefahr aussetzen, bei dem besten Willen und dem reinsten Gerechtigkeitseifer dennoch eine Ungerechtigkeit zu begehen."

Kurz zuvor, 1784, hatte *Friedrich Carl v. Moser* im ersten Band seines „Patriotischen Archivs für Deutschland"[20] einen Beitrag veröffentlicht, den er mit „Schrecken der Kabinetsjustiz" überschrieb, und in dem er die Schärfung des 1732 gegen den preußischen Landrentmeister *Hesse* ergangenen Strafurteils durch *Friedrich Wilhelm I.* anprangerte[21]. Als einer der Ersten[22] führte *Fr. C. v. Moser* damit den uns heute geläufigeren Begriff der „Kabinettsjustiz", der offenbar aus der Praxis der Reichsgerichte hervorgegangen ist[23], in die Literatur ein; einen Begriff,

[19] *Svarez*, Vorträge über Recht und Staat, Hrsg. *Conrad* und G. *Kleinheyer*, Köln und Opladen 1960, S. 428, 429; s. auch die „Schriftlichen Vorträge", S. 484: Der Landesherr „muß nicht selbst Richter sein wollen". Schon 1784 verwendet die kleine Schrift ‚Etwas über *Machtsprüche* bey Gelegenheit eines Vorfalls an einem Fürstlichen Hofe, Cölln 1784' (abgedruckt auch bei *Schlözer*, Stats-Anzeigen, Bd. 9, S. 9 ff.) den Begriff des Machtspruches in abwertender Weise auch im Bereich der Strafrechtspflege.

[20] *Patriotisches Archiv* für Deutschland, Hrsg. *Friedrich Carl v. Moser*, Bd. 1, Frankfurt und Leipzig 1784; S. 518 - 521; teilweise abgedruckt auch von *Noellner*, in: Zeitschrift für deutsches Strafverfahren, Hrsg. *Jagemann* u. a., N. F. Bd. 3, Darmstadt 1846, S. 147.

[21] „*Montesquieu* hat gut sagen: Ein Souverain soll nicht selbst strafen; hat gut beweisen, daß in Criminalfällen nur die Gesetze und die zu deren Handhabung verordnete Gerichte sprechen sollen; ein zorniger Fürst kehrt sich nicht daran, und allemal nur um so viel weniger, wann seine persönlichen Leidenschaften, Ehr- oder Geldgeiz damit verflochten sind."

[22] Vgl. auch: *Scheidemantel*, Repertorium des Teutschen Staats- und Lehnsrechts, 1. Teil, Leipzig 1782, S. 460, Stichwort ‚Cabinet'. Nicht zutreffend dagegen neuerdings *Hülle*, ZStW, Bd. 86 (1974), S. 5 f., wenn er meint, der Begriff ‚Kabinettsjustiz' sei im 18. Jahrhundert überhaupt noch nicht geläufig gewesen.

[23] So wohl zu Recht: *Plathner*, Der Kampf um die richterliche Unabhängigkeit bis zum Jahre 1848 unter besonderer Berücksichtigung Preußens, Breslau 1935, S. 35.

Zur Rechtsprechung der Reichsgerichte vgl. *Schlözer*, Stats-Anzeigen, Bd.

der seitdem neben dem des Machtspruches wie wohl kein anderer im juristischen und philosophischen Schrifttum als auch in der tagespolitischen Auseinandersetzung bis weit in das 19. Jahrhundert hinein heftige Emotionen in der Diskussion um das landesherrliche Bestätigungsrecht auslösen sollte.

Man denke etwa nur an die Leidenschaft, mit der der liberale Politiker *Carl Theodor Welcker* noch im Jahre 1859 im „Staatslexikon"[24] darlegte, warum sich die „Cabinetsjustiz" allen gesitteten freien Völkern als so absolut verwerflich und rechtswidrig darstelle, daß man sich nur mit „allgemeiner Abscheu" gegen sie aussprechen könne.

Obwohl also die auf die oberste Gerichtsgewalt der Landesherren gestützten Eingriffe in die Rechtspflege vor allem von den Vertretern aufklärerischen Gedankenguts und später von den um Verfassungen ringenden politischen Kräften immer wieder gleichsam als Symbole unhaltbarer staatlicher Zustände angeprangert worden waren, hat sich das in Strafsachen geübte landesherrliche Bestätigungsrecht in Brandenburg-Preußen dennoch bis in die Mitte des 19. Jahrhunderts erhalten.

Kurz nach Erlaß der Preußischen Criminal-Ordnung von 1805 hatte sich zwar ein kontinuierlicher Abbau dieser Bestätigungsbefugnisse abgezeichnet, und die landesherrliche Confirmation von Strafurteilen reduzierte sich ihrem Inhalt nach immer mehr auf die Frage der Ausübung oder Nichtausübung des dem König zustehenden und auch zugestandenen Gnadenrechts. Den Gerichten hatte diese Entwicklung

---

11, Heft 43, S. 161, 262; *Riefl*, Der Reichshofrath in Justiz-Gnaden- und anderen Sachen mit Fällen, Präjudizien und Rechtsbemerkungen, Bd. 1, Augsburg 1791, S. 178 - 181; sowie *Sammlung* merkwürdiger am kaiserlichen Reichskammergerichte entschiedener Rechtsfälle (Hrsg. v. Hoscher), Theil 3, Lemgo 1791, S. 155 f., 4. Rechtsfall: Über die Cabinetsinstanzen ...; *Schick*, Über das Reichsständische Instanzen-Recht, deren unerlaubte Vervielfältigung und insbesondere von der sogenannten Cabinets-Instanz, Gießen und Darmstadt 1802, S. 128 ff., 206 ff. (2. Ausgabe des 1788 in Gießen unter dem Titel: ‚De illicita instantiarum multiplicatione et in specie von der Kabinetts-Instanz' erschienenen Werkes). Nachweise auch bei *Gönner*, Handbuch des deutschen gemeinen Prozesses, 2. Aufl., Erlangen 1804, Bd. 1, S. 4 f.

[24] *Staatslexikon*, Hrsg. Welcker, 3. Aufl., Bd. 3, S. 256 ff. (Stichwort: „Cabinetsjustiz"). Über die schon in den Jahren 1819 - 1825 in Preußen gegen *C. Th. Welcker* geführte Untersuchung wegen Teilnahme an demagogischen Umtrieben vgl. *Schütz*, Einwirkungen des preußischen Justizministers auf die Rechtspflege, Diss. Jur. Marburg 1970, S. 58 ff. m. w. Nachw.

Später zog sich *Welcker* durch eine gemeinsam mit *Wilhelm Schulz* herausgegebene Schrift, in der er u. a. die Kabinettsjustiz als „Ausgeburt der Nacht" bezeichnet hatte, eine Ehrenkränkungsklage der Großherzoglich-Hessischen Regierung zu. Vgl. dazu: *Schulz / Welcker*, Geheime Inquisition, Censur und Cabinettsjustiz im verderblichen Bunde, Carlsruhe 1845, XII; s. a. *Welcker*, Zur gerichtlichen Vertheidigung gegen die Ehrenkränkungsklage der Großherzoglich-Hessischen Regierung wegen der Schrift: Geheime Inquisition ..., Karlsuhe 1846, S. 45, 46.

aber kein Mehr an Unabhängigkeit und Freiheit gebracht. Die gleichzeitige Ausformung eines sich immer stärker verselbständigenden und an Umfang immer mehr zunehmenden justizministeriellen Bestätigungsrechts[25] von Strafurteilen hatte dies zu verhindern gewußt.

Nach einer allmählichen Ausbildung in der zweiten Hälfte des 17., einem stetigen Ausbau um die Wende des 17. zum 18. Jahrhundert und einer Blüte im 18. Jahrhundert war erst in der Mitte des 19. Jahrhunderts mit dem Inkrafttreten einer konstitutionellen Verfassung und dem Ende des Inquisitionsprozesses auch das Ende landesherrlicher Kabinettsjustiz gekommen.

---

[25] Zum justizministeriellen Bestätigungsrecht vgl. die §§ 508 - 516 und die §§ 529 ff. der *Preuß. CrimO* v. 1805.

Wallmann und *Schütz* haben kürzlich die praktischen Auswirkungen dieser Eingriffsrechte des preußischen Justizministers in die Rechtspflege an Hand von Fällen dargestellt.

Wallmann, Einflußnahme der Exekutive auf die Justiz im 19. Jahrhundert, Diss. Jur. Marburg 1968; *Schütz*, Einwirkungen, Diss. Jur. Marburg 1970.

G. *Schmidt* hat allerdings in ZStW, Bd. 82, S. 187, zu Recht in *Wallmanns* Arbeit die mangelhafte theoretische Aufbereitung des Materials gerügt. Dasselbe muß auch für die Arbeit von *Schütz* gelten. Dabei dürfte eine Analyse des allerdings umfangreichen einschlägigen Materials, das seit 1805 in den Gesetz- und Amtsblättern — etwa allein in *Kamptz'* Jahrbüchern — zur Regelung und Ausgestaltung dieser Eingriffsrechte erschienen ist, interessante Aufschlüsse über die Justizverfassung Preußens in der ersten Hälfte des 19. Jahrhunderts geben.

2. Kapitel

Gedanken zur Themeneingrenzung und zur Darstellung

Eine umfassende monographische Bearbeitung der Geschichte der Kabinettsjustiz in Deutschland fehlt bisher[1].

Das mag um so erstaunlicher sein, als ein so anerkannter Kenner der deutschen Strafrechtsgeschichte wie Eberhard *Schmidt*[2] festgestellt hat, daß „Rechtsspruch (= Gerichtsspruch) und Machtspruch" ein Begriffspaar darstellen, „um das wir die ganze Problematik der Justizpflege im 18. Jahrhundert kreisen sehen".

Ein Versuch, diese Lücke gänzlich zu schließen, und nicht nur die geschichtliche Entwicklung der Kabinettsjustiz in Brandenburg-Preußen, sondern auch in anderen deutschen Territorien darzustellen, erwies sich sehr bald als undurchführbar. Die Überfülle allein schon des bereits veröffentlichten Quellenmaterials wird nur durch weitere, territorial beschränkte Paralleluntersuchungen bewältigt werden können.

Die Untersuchung der Geschichte der Kabinettsjustiz gerade für Brandenburg-Preußen versprach aber besonders interessante Ergebnisse, denn die bisher aus der preußischen Rechtsgeschichte bekannt

---

[1] Über die Kabinettsjustiz der preußischen Könige des 18. Jahrhunderts, insbesondere *Friedrichs II.* sind wir nicht zuletzt durch die bedeutende Untersuchung *Eb. Schmidts* über ‚Rechtssprüche u. Machtsprüche, Leipzig 1943' noch am ehesten unterrichtet, wenngleich auch für diese Zeit sehr umfangreiches Material nachgetragen und aufgearbeitet werden kann.

Für Österreich vgl. neuerdings *Ogris*, Maria Theresia Iudex, Wien 1973 sowie *Ogris*, De Sententiis Ex Plenitudine Potestatis, Festschrift f. Krause, 1975, S. 169 ff. Die Arbeiten von *Kern*, Der gesetzliche Richter, Berlin 1927; *Plathner*, Kampf um die richterliche Unabhängigkeit, Breslau 1935 und *Wagner*, Der Kampf der Justiz gegen die Verwaltung in Preußen, Hamburg 1936, erfassen die Problematik lediglich aus ihrem speziellen Blickpunkt: einer Darstellung des allmählichen Durchbruchs und einer Anerkennung des Grundsatzes der Unabhängigkeit der Richter. Das gilt auch für die zahlreichen Arbeiten Hermann *Conrads* zur Preussischen und Österreichischen Rechtsgeschichte des ausgehenden 18. Jahrhunderts, vgl. etwa *Conrad*, Richter und Gesetz im Übergang vom Absolutismus zum Verfassungsstaat, Graz 1971.

[2] *Eb. Schmidt*, Rechtssprüche u. Machtsprüche, S. 3. In der Tat: Ganz gleich, ob man die Geschichte der Ausbildung der Rechtsmittel oder anderer zentraler Institute des Strafprozeßrechts untersucht (Rechtskraft, richterliche Unabhängigkeit, gesetzlicher Richter), man wird überall dem Phänomen der Kabinettsjustiz begegnen.

gewordenen und literarisch bereits gewürdigten „spektakulären" Fälle eines Eingreifens des Königs in die Rechtspflege ließen eine weitere Ausbeute an Tatsachenmaterial erwarten.

Die Vermutung hat sich bei Sichtung der Quellen zur brandenburgisch-preußischen Kabinettsjustiz bewahrheitet. Den jüngst von *Hülle*[3] „als klassische Beispiele für verhängnisvolle Eingriffe der Krone in den Rechtsgang" herausgestellten Fällen des Grafen *Eberhard v. Dankkelmann* (1697), des Leutnants *Hans Herrmann v. Katte* (1730), des Freiherrn *Friedrich v. d. Trenck* (1745), des Wassermüllers *Arnold* (1779), des Predigers *Schulz* (1792) und der Gräfin *Wilhelmine v. Lichtenau* (1798) werden mehr als 50 weitere Fälle angefügt werden können, in denen Preußens Könige im 18. Jahrhundert entweder Urteile der Gerichte geschärft oder solche unter Umgehung der Gerichte selbst gesprochen haben[4].

Eine ausführliche Darstellung dieser Rechtsfälle sollte aber dennoch nicht das Hauptanliegen dieser Untersuchung sein, wenngleich manche von ihnen den großen bisher bereits hinreichend in das Licht der Rechtsgeschichte gehobenen berühmten Fällen an Brisanz in nichts nachstehen. Sie sind daher wenigstens in einer tabellarischen Übersicht festgehalten worden.

Die Studie will vielmehr vorrangig zu erhellen versuchen, inwieweit das Bestätigungsrecht in seiner konkreten Ausgestaltung durch den jeweiligen Zustand des Staates, seiner Verfassung, insbesondere aber der Gerichtsverfassung und der Strafrechtspflege bedingt war. Der durch diese Zielsetzung erforderliche breitere Ansatz der Untersuchung nötigte aber gleichzeitig zu einem Verzicht auf die Darstellung der oben bereits kurz angerissenen Gesamtgeschichte der Kabinettsjustiz in Brandenburg-Preußen. Der Versuch einer solchen Gesamtdarstel-

---

[3] *Hülle*, ZStW, Bd. 86 (1974), S. 5.

[4] Damit dürfte wenigstens eine erste grobe Orientierungsziffer über die Zahl dieser Urteile vorliegen, denn neuere konkrete Zahlenangaben fehlen (s. auch die Vorbemerkung zu den dargestellten Strafentscheidungen der Preußischen Könige, 4. Abschn., 4. Kap. A.). Erstaunlich aber ist, wie unrichtig die Angaben von Zeitgenossen über die Zahl der von den Königen geschärften Urteile sind. Unklar bleibt, ob etwa die Behauptung *E. F. Kleins* in seinen ‚*Annalen der Gesetzgebung u. Rechtsgelehrsamkeit* in den Königlich Preussischen Staaten', Bd. 2, N. A., Berlin 1794, S. 298, daß Urteile im Rahmen des Bestätigungsverfahrens in Preußen n i e geschärft wurden, nur für die Bestätigungspraxis des Justizministeriums gelten soll oder aber auch für die des Königs selbst. Nachdem *Klein* aber in seinen Annalen drei Fälle einer königlichen Strafschärfung selbst dargestellt hat (Bde. 7, 1791, S. 21 f. (36); 8, 1791, S. 166 f. (171, 172); 14, 1796, S. 185 f. (186), ist es fast unverständlich, wenn er in Kommentierung des letzten Falles ausführt, die Schärfung des Urteils sei etwas, „was sonst nicht vorzukommen pflegt". Nach *Svarez*, Vorträge, S. 429, soll *Friedrich II.* in *zwei Fällen* ein Urteil geschärft haben.

lung hätte nur mit dem Verzicht auf die Erörterung auch des historischen Details ermöglicht werden können, was aber gerade dem der Untersuchung zugrunde gelegten Ansatz widersprochen hätte.

Wenn sich diese Studie daher vor allem der Geschichte der in der zweiten Hälfte des 17. Jahrhunderts beginnenden Ausformung des *landesherrlichen* Bestätigungsrechts und seiner, mit Beginn des 16. Jahrhunderts zu beobachtenden *Vorform* eines *gerichtsherrlichen* Bestätigungsrechts des Landesherrn, zuwendet, so deshalb, weil wir über diese allerersten Entwicklungsphasen der Kabinettsjustiz, wie *Ogris*[5] jüngst gerade wieder hervorgehoben hat, noch am wenigsten wissen.

Die Arbeit versucht, sich in erster Linie auf die Quellen zu stützen, also vor allem auf die landesherrlichen Weisungen[6] in Gesetzgebung, Justiz und Verwaltung, sowie auf die Behördenweisungen, die Rechtsprechung und die Werke der zeitgenössischen Schriftsteller.

Wenn sich die Untersuchung dabei ausschließlich auf das in den bekannten Quellenpublikationen für Brandenburg-Preußen bereits *veröffentlichte* Material stützt, so im wesentlichen aus zwei Gründen. Einmal sind gerade für Brandenburg-Preußen eine übergroße Anzahl von Gesetzessammlungen, amtlichen und halbamtlichen Ministerialblättern, Rechtsprechungssammlungen und andere juristische und historische Publikationsreihen erschienen, die ein fast kaum noch überschaubares einschlägiges Material enthalten. Zum anderen konnte, angesichts des Fehlens einer neueren „Preußischen Rechtsgeschichte“[7], nur so der Versuch aufrechterhalten werden, die Entwicklung der Kabinettsjustiz über einen Zeitraum von über 100 Jahren hinweg zu verfolgen. Der so

---

[5] *Ogris*, Kabinettsjustiz, S. 517, 518.

[6] In der Systematisierung der verschiedenen Erscheinungsformen dieser Weisungen (Edikte, Mandate, Reskripte, Dekrete, Kabinettsordres etc.) folgt die Arbeit *Meisner*, Archivalienkunde, S. 123 f.

[7] Die bereits vorliegenden Abhandlungen zur preußischen Rechts- bzw. Strafrechtsgeschichte von *Sietze* (1829), *Abegg* (1836) und *Hälschner* (1855) sind heute selbst schon als Quelle einzuordnen.

Holtze hat 1894 deshalb zu Recht festgestellt, es sei eine bekannte Tatsache, daß eine den heutigen Anforderungen entsprechende Preußische Rechtsgeschichte noch nicht geschrieben ist (*Holtze*, Strafrechtspflege unter König Friedrich Wilhelm I., Berlin 1894, Vorwort, S. V.).

Die späteren Darstellungen von *Bornhak* (1903) und *Giese* (1920) sind vielfach zu kursorisch. Sie konnten auch das damals noch nicht vollends publizierte Aktenmaterial der für die brandenburgisch-preußische Rechtsgeschichte so wichtigen Reihe „*Acta Borussica*“ nicht verwerten.

Am gründlichsten und verläßlichsten informiert über preußische Rechtsgeschichte immer noch *Stölzel*, Brandenburg-Preußens Rechtsverwaltung und Rechtsverfassung, 2 Bde., Berlin 1888, wenngleich die Kritik bei *Kern*, Der gesetzliche Richter, S. 56 Anm. 1, durchaus berechtigt ist: Durch Anhäufung einer Menge wichtigen und weniger wichtigen Stoffes ist der Überblick erschwert und der Gang der Entwicklung einzelner Rechtsinstitute nur mit Mühe herauszuschälen.

bedingte fragmentarische Charakter der Darstellung mußte dabei ebenso in Kauf genommen werden, wie die letztlich willkürliche Periodisierung[8] der Arbeit durch die Beschränkung der Untersuchung auf das 17. und das beginnende 18. Jahrhundert.

Der in dieser Studie behandelte historische Zeitraum liegt nunmehr fast zweieinhalb Jahrhunderte zurück. Aus dem Bündel der damals dem Landesherrn zustehenden Eingriffsrechte in die Strafrechtspflege ist heute nur noch das Gnadenrecht in zunehmend verrechtlichten Formen erhalten geblieben.

Wer daher etwa in der Ermöglichung historischer Auslegung geltender Rechtssätze den einzig legitimen Wirkungskreis rechtsgeschichtlicher Forschung sieht, der wird eine Darstellung der Geschichte der Kabinettsjustiz wahrscheinlich als das Hervorkramen einer Rechtsantiquität werten. Für ihn müßte es, obwohl Bestätigungsrecht und Gnadenrecht viele Berührungspunkte hatten, ja eng miteinander verknüpft waren, dennoch viel sinnvoller erscheinen, im Interesse eines geläuterten Gegenwartsverständnisses der Gnade und ihrer Probleme (Natur des Gnadenaktes, Justiziabilität von Gnadenentscheidungen usw.) eine Dogmengeschichte des Gnadenrechts zu schreiben[9].

Rechtsgeschichte empfiehlt sich heute jedoch durch die Vermittlung vergangener Erfahrung von Recht zunehmend auch als Mittel zur „Selbsterkenntnis", zur Erfahrung der „Geschichtlichkeit der eigenen Existenz" sowie „menschlicher Möglichkeiten und Grenzen"[10].

Im Lichte eines so verstandenen Erkenntnisauftrags der Rechtsgeschichte verspricht eine Untersuchung der Geschichte der Kabinettsjustiz — folgt man etwa Eberhard *Schmidt* — allerdings Ertrag: Die Ergründung der mit der Problematik von Rechtsspruch und Machtspruch verknüpften Justizgeschichte, so verspricht er[11], „wird zu psychologischen und politischen Erkenntnissen führen können, die, entkleidet historischer Bedingtheit, überzeitliche Bedeutung in Anspruch nehmen dürfen und echte historische Erfahrung vermitteln können".

---

[8] Zur Fragwürdigkeit aber auch zur Notwendigkeit einer Periodisierung der Geschichte überhaupt vgl. *Kamlah,* Vom teleologischen Selbstverständnis zum historischen Verständnis der Neuzeit als Zeitalter, Sammelband „*Absolutismus*", 1973, S. 202 ff. (205).

[9] Vgl. dazu neuerdings *Rüping,* Die Gnade im Rechtsstaat, Festschrift f. Schaffstein, Göttingen 1975, S. 31 ff.

[10] Vgl. dazu etwa *Wieacker,* Privatrechtsgeschichte der Neuzeit, 2. Aufl., Göttingen 1967, S. 15 - 17; *Laufs,* Rechtsentwicklungen in Deutschland, Berlin 1973, S. X und XI jeweils m. w. Nachw.

[11] *Eb. Schmidt,* Rechtssprüche u. Machtsprüche, S. 3.

2. ABSCHNITT

Wurzeln und Voraussetzungen für die Ausbildung eines landesherrlichen Bestätigungsrechts in Strafsachen

Die Entwicklung von Staat und Recht in Brandenburg-Preußen vom Anfang des 16. Jahrhunderts bis zum Beginn des 18. Jahrhunderts

1. Kapitel

Das landesherrliche Bestätigungsrecht als Bestandteil des Strafverfahrens — des Gerichtsverfassungs- und des Staatsverfassungsrechts

In der brandenburg-preußischen Strafrechtspflege des 18. Jahrhunderts gehört das landesherrliche Bestätigungsrecht von Strafurteilen bereits zur Rechtswirklichkeit. Will man in einer historischen Rückschau seine Wurzeln auffinden und die Voraussetzungen für seine Ausbildung ergründen, so gilt es zunächst, die Vielgestaltigkeit dieses Rechtes näher zu erkennen. Erst wenn geklärt ist, in welche Rechtsbereiche die einzelnen Strukturen dieses Rechtes eingebettet sind, kann sinnvoll nach seinen Vorbedingungen gefragt werden.

Grundlage des landesherrlichen Bestätigungsrechtes des 18. Jahrhunderts ist das Verlangen der preußischen Könige, daß die Richter, „so nach deren Rechten jederzeit sprechen, und sich keiner Begnadigung oder Aggravirung der Strafe anmassen müssen, die Linderung oder Schärffe der Strafe" ihnen als Landesherren „anheim geben", um „dadurch zu verhindern, daß eines Theils dasjenige, so Uns Krafft Unserer Souverainité und Landes=Hoheit allein gebühret, nicht von anderen angemasset, und Uns dergestalt vorgegriffen werde, anderen Theils Unsere Unterthanen, in Sachen die ihr Leib und Leben, Ehre, Gut und Blut betreffen, sich desto mehr von Unserer Landes=Väterlichen Vorsorge versichern können"[1].

---

[1] Reskript *Friedrich Wilhelms I.* wegen Einsendung und Confirmation derer Sententien in Criminalibus vom 2. März 1717, in: *CCM*, 2. Teil, 2. Abt., Sp. 109 - 112.

In der Strafrechtspraxis besteht daher für bestimmte Urteile ein regelrechtes Bestätigungs*verfahren*, das in der Chur- und Neumark Brandenburg bereits mit der am 1. März 1717 erlassenen Criminal-Ordnung[2] und in den anderen Landesteilen mit dem Reskript vom 2. März 1717 und der bis 1721 erfolgenden Publikation ähnlicher Strafprozeßordnungen[3] eine verfahrensrechtliche Ausgestaltung erhalten hat, die das ganze 18. Jahrhundert hindurch in den Grundzügen fast unverändert Geltung haben sollte. Die Rechtspraxis der Gerichte, auch die der patrimonialen und der städtischen Gerichte, die nicht vom König und Landesherrn bestellt wurden, hat sich schließlich langsam, wenn auch nicht ohne Widerstand, an den Vorschriften dieser Prozeßordnungen ausgerichtet: Wichtige Strafurteile — insbesondere Todesurteile und solche mit langjährigen Freiheitsstrafen — wurden vor ihrer Publikation bzw. vor ihrer Vollstreckung auf einem genau festgelegten „Instanzen"-Wege an den königlichen Hof zur Confirmation eingesandt. In diesem Bestätigungsverfahren erst fällt die endgültige Entscheidung über die für den Inquisiten so wichtige Straffrage, denn der König kann die von den Gerichten vorgeschlagene Strafe mildern, aber auch schärfen. Er ist deshalb die „selbst rechtsprechende Spitze der Strafjustiz"[4].

Hierin wird deutlich, daß das Bestätigungsverfahren, in dem es erst der endgültigen Urteilsfindung dient, seinem Wesen nach nichts anderes ist als ein Bestandteil des Strafverfahrens. So endete denn auch nach dem Prozeßverständnis des 18. Jahrhunderts erst mit der Publikation des *bestätigten* Urteils die „erste Instanz"[5].

---

[2] *CCM*, 2. Teil, 3. Abt., Sp. 61 ff. (Publikationspatent v. 8. Juli 1717).

[3] Die kurmärkische Criminal-Ordnung wurde seit 1719 auch in den anderen Provinzen eingeführt. (*Biener*, Beiträge zu der Geschichte des Inquisitions-Prozesses und der Geschworenengerichte, Leipzig 1827, S. 183; vgl. auch den Erlaß an die Preußische Regierung vom 5. Juli 1719, *AB*, Bd. 2, S. 528: „daß Wir die allhier in der Mark *und in allen übrigen Unseren Provinzen und Ländern bereits introdizierte Criminalordnung* auch alldort in Preußen eingeführet und observieret wissen wollen".) Die Publikation der jeweils leicht geänderten Criminal-Ordnung in den einzelnen Provinzen erfolgt bis 1721 zu unterschiedlichen Zeiten. Es erschienen u. a. folgende Neudrucke: „Seiner Königl. Maj. in Preußen verfaßte Criminal-Ordnung vor Dero *Herzogthum Magdeburg* und darzu gehörige *Graffschafft Mansfeld*", Berlin 1721; „Seiner Königl. Maj. in Preussen vor Dero *Herzogthum Cleve* und *Graffschafft Marck* verfaßte Criminal-Ordnung", Berlin 1721; „Friedrich Wilhelms Königes in Preussen, verbessertes Land-Recht des Königreichs Preussen", Königsberg 1721 (6. Buch: Von Peinlichen Sachen).

[4] *Eb. Schmidt*, Rechtssprüche und Machtsprüche, S. 14.

[5] Vgl.: Kurze *Anzeige* von der vorigen und jetzigen Criminalverfassung in den Preußischen Staaten, in: *Hymmen*, Beyträge zur juristischen Litteratur in den Preussischen Staaten, Bd. 4, Berlin 1780, S. 218 f. (227): „Betrift" — der Fall — „Poenam capitalem, und zehnjährige Zuchthaus- oder Festungsstrafe, so wird das expedirte Urthel und Rescript mit einem kurzen koncentrirten Auszug des beygefügten Gutachtens, an Se.K.Majest. zur

Ging der Inquisit durch Einlegung des suspensiven aber nicht devolutiven Rechtsmittels der „weiteren Verteidigung" in die „zweite Instanz", so war eine erneute, das Verfahren in dieser Instanz abschließende Confirmation dann erforderlich, wenn der Urteilsvorschlag von dem Inhalt der in erster Instanz bestätigten Entscheidung abwich.

Allein, damit ist das Bestätigungsrecht nur in seinem objektiven Sinne umschrieben, soweit es als Bestätigungsverfahren organisch in den Ablauf des Strafverfahrens eingebaut ist.

In seinem subjektiven Sinne weist das Bestätigungsrecht mit der Frage nach seiner Ausübungsbefugnis jedoch in einen zweiten Rechtsbereich, den der Gerichtsverfassung. Zur Urteilsbestätigung befugt ist der jeweilige *Gerichtsherr*. Darin bestand Einigkeit, seit der Inhaber der Gerichtsbarkeit nicht mehr nur als berechtigt galt, die Gerichte einzurichten und zu beaufsichtigen, sondern auch, selbst Recht zu sprechen[6]. Seit dem Durchbruch absolutistischer Staatstheorien war es daher durchaus folgerichtig, daß der Landesherr, der sich nunmehr als einziger Gerichts*herr* im Lande verstand, auch das Bestätigungsrecht für die Urteile aller, auch der patrimonialen und städtischen, Gerichte in Anspruch nahm. Daß die dazu notwendigerweise erforderliche Neuordnung des Gerichtswesens durch Entmachtung der zahlreichen Gerichts-Obrigkeiten im Lande auch im Jahre 1717 noch nicht abgeschlossen war, ergibt sich sehr deutlich aus der Criminal-Ordnung von 1717 und dem bereits angeführten Reskript vom 2. März 1717.

Dort heißt es in Anbetracht der Rechtswirklichkeit recht vorsichtig: „Wegen Confirmation der in Peinlichen Sachen einkommenden Urthel, lassen Wir es zuforderst dabey, daß *diejenige Gerichts-Obrigkeiten, so hergebracht, ohne Confirmation dergleichen Urthel exequiren zu lassen, dabey auch ferner sollen gelassen werden*[7]." Erst nach einer solchen Einleitung versucht der König dann aber die soeben im Grundsatz gewährte Freiheit fast gänzlich einzuschränken, indem er eine Vielzahl von Einzelfällen festlegt, in denen *auch diese Gerichts-Obrigkeiten* „die Confirmation bey Uns nothwendig suchen müssen".

---

allerhöchsten Bestätigung eingeschickt. Wird es vollzogen; so erhält das Ministerium und durch dieses das Collegium die Entscheidung nebst der etwa nöthigen Annahmeordre zur Festung zurück: sie wird dem Inquisiten eröfnet; *dies ist die erste Instanz*".

[6] Zu der hier erfolgten Wandlung in der Gerichtsverfassung und der sich daraus ergebenden Sinngehaltsänderung des Begriffes „Gerichtsbarkeit" vgl. *Stölzel*, Rechtsverwaltung und Rechtsverfassung, Bd. 1, S. 25 - 31; *Kern*, Geschichte des Gerichtsverfassungsrechts, München und Berlin 1954, S. 40 und unten 2. Abschn., 3. Kap., A. I.

[7] *CrimO* 1717, Cap. X § 9. Zur ausführlichen Erörterung dieser Vorschriften vgl. unten 4. Abschn., 2. Kap., A. I.

Die gerichtsverfassungsrechtliche Komponente des Bestätigungsrechts zeigt also nicht nur den rechtlichen Bereich auf, in dem die Ergebnisse des zwischen dem Landesherrn und den ständischen Gerichtsinhabern geführten Kampfes um die Bestätigungsbefugnis ihren jeweiligen organisatorischen Niederschlag fanden; sie weist auch gleichzeitig noch auf eine weitergehende Verbindungslinie dieses Rechtes hin: Das Gerichtsverfassungsrecht ist, wie *Kern*[8] festgestellt hat, nämlich nicht nur die organisatorische Grundlage des Verfahrensrechts, es ist auch ein Teil des Verfassungsrechts.

Verfolgt man das Ringen zwischen dem Landesherrn und den Ständen auf den ständischen Landtagen um das künftige „Verfassungsrecht", so wird sehr deutlich, daß vor allem die jeweilige Machtverteilung im Lande die Verhandlungsergebnisse entscheidend geprägt hat. Nur in Perioden der Macht konnte es dem Landesherrn gelingen, seiner Gerichtsbarkeit eine möglichst umfassende Zuständigkeit im Lande zu verschaffen. Perioden landesherrlicher Ohnmacht, das hat *Stölzel*[9] schon richtig gesehen, sind zugleich diejenigen einer zerteilten Gerichtsbarkeit gewesen, in denen ein landesherrliches Bestätigungsrecht nicht hat wirksam werden können.

Will man also den Wurzeln des landesherrlichen Confirmations-Rechtes nachgehen, so wird man das Bestätigungsrecht nicht als eine völlig eigenständige Rechtserscheinung betrachten können. Man wird die Vorbedingungen, die eine Ausprägung dieses Rechtes überhaupt ermöglicht oder doch begünstigt haben, in der Eigenart des Strafprozesses ebenso wie in der der Gerichtsverfassung aufzuspüren haben. Aber auch die Geschichte der Staatsverfassung wird bei einer Ergründung der Wurzeln des Bestätigungsrechts nicht außer acht gelassen werden dürfen. Sie wird vielmehr durch ein Aufzeigen der Ursachen für den seit dem Regierungsantritt des Großen Kurfürsten in Brandenburg-Preußen zu beobachtenden kontinuierlichen Anstieg landesherrlicher Macht sogar die Grundlage und das Gerüst einer solchen Betrachtung abgeben müssen: Denn, solange die Landesherren nicht die Macht im Staate errungen hatten, konnten sie den Anspruch auf ein landesherrliches Bestätigungsrecht nicht in die Rechtswirklichkeit umsetzen.

Nach Hugo *Hälschner*[10] und Eberhard *Schmidt*[11] sollen sich die Anfänge eines landesherrlichen Bestätigungsrechts jedoch bereits im 16. Jahrhundert abgezeichnet haben. Schon um eine Überprüfung dieser These zu ermöglichen, dürfte es sinnvoll sein, eine historische Rück-

---

[8] *Kern*, Geschichte des Gerichtsverfassungsrechts, Vorwort S. V.

[9] *Stölzel*, Rechtsverwaltung und Rechtsverfassung, Bd. 1, S. 26.

[10] *Hälschner*, Geschichte des Strafrechts, S. 141 Anm. 6, S. 186.

[11] *Eb. Schmidt*, Einführung, S. 179.

schau auf die Vorbedingungen des Bestätigungsrechts nicht später als im 16. Jahrhundert zu beginnen. Es gäbe aber noch weitere sachliche Gründe dafür.

Das 16. Jahrhundert bringt mit der „Constitutio Criminalis Bambergensis“ (1507) und der „Constitutio Criminalis Carolina“ (1532) als Reichsgesetz den sich entwickelnden jungen Territorialstaaten des Reiches nicht nur einen geeigneten Ausgangspunkt für die Entwicklung eines neuzeitlichen Straf- und Strafverfahrens- sowie für ein darauf abgestelltes Gerichtsverfassungsrecht. Im 16. Jahrhundert vollzieht sich auch durch den schon im 15. Jahrhundert spürbar gewordenen Vorstoß der Fürsten, ihrer Obrigkeit Geltung zu verschaffen und sich alle autonomen Gewalten unterzuordnen, die Umbildung der mittelalterlichen Territorien zu Territorialstaaten.

Unter dem Einfluß der Rezeption und später der Reformation gaben die Landesherren langsam die — mittelalterlichem Denken verpflichtete — privatrechtliche patrimoniale Herrschaftsauffassung auf, die die Herrschaft als ein der fürstlichen Familie zustehendes nutzbares Recht ansah, das nach den Grundsätzen des Privatrechts veräußert und geteilt werden durfte. Sie begannen, „sich als Träger einer ihrem Wesen nach einheitlichen und um des öffentlichen Wohles willen unveräußerlichen und unteilbaren Staatsgewalt, mit anderen Worten als Landesobrigkeit zu betrachten“[12].

Überall dort, wo die Landesherren auch tatsächlich die Macht besaßen, diesen theoretischen Anspruch auf die „Landes-Obrigkeit“ in die Verfassungswirklichkeit umzusetzen, wurde mit der Schaffung erster eigentlich „staatlicher“ Gebilde überhaupt erst die Voraussetzung für die Ausbildung eines *landes*herrlichen, d. h. sich auf die „Landeshoheit“ stützenden, Bestätigungsrechts geschaffen.

---

[12] *Gierke*, Das deutsche Genossenschaftsrecht, Bd. 1, Berlin 1868, S. 536; vgl. auch *Dahm*, Deutsches Recht, 2. Aufl., Berlin 1963, S. 219, 220.

2. Kapitel

Die Entwicklung der Staatsverfassung vom ständischen Territorialstaat zum fürstlich absolutistischen Staat[1]

A. Die Phasen der Territorialstaatsbildung

Die Ausformung eines landesherrlichen, auf die fürstliche Landeshoheit gestützten Bestätigungsrechts in Strafsachen konnte erst mit der fortschreitenden Entwicklung des Territorialstaates erfolgen. Vor dem Versuch einer schwerpunktmäßigen Darstellung der für den Verlauf der Territorialstaatsentwicklung in Brandenburg-Preußen typischen Fakten und Einzelursachen, dürfte es sinnvoll sein, sich die Grundpositionen der an der Staatsbildung beteiligten Kräfte sowie die großen Linien der Staatswerdung zu verdeutlichen.

Die Bildung des frühneuzeitlichen Staates ist durch einen Prozeß kontinuierlicher Machtverschiebung gekennzeichnet. Während die Reichsgewalt trotz aller Reformversuche immer mehr verfällt, und so ein zunehmend eigenständiges Regiment der deutschen Reichsfürsten ermöglicht wird, beginnt innerhalb der einzelnen Territorien zwischen dem Landesherrn und den Ständen ein Tauziehen um die Macht. Die zentrale fürstliche Gewalt hatte in den Landständen, die die lokale obrigkeitliche Gewalt im Lande weitgehend in der Hand hatten, ihr politisches Gegengewicht gefunden.

---

[1] Selbstverständlich kann hier keine vertiefende Gesamtdarstellung der — terminologisch vereinfacht als „brandenburg-preußisch" bezeichneten Staats- und Rechtsentwicklung des 16. und 17. Jahrhunderts gegeben werden. Es können nur die Grundlinien der Entwicklung der Staats- und Gerichtsverfassung sowie des Strafverfahrensrechts so weit nachgezeichnet werden, als dies für das Verständnis der Strukturen des Bestätigungsrechts von Bedeutung ist.

Die Entwicklung der Staatsverfassung Brandenburg-Preußens vom ständischen Territorialstaat zum fürstlich absolutistischen Staat ist nicht nur im Rahmen der herkömmlichen Verfassungsgeschichten, sondern auch durch zahlreiche Einzeluntersuchungen so gut literarisch aufbereitet, daß die Darstellung sich in den allgemeinen verfassungsgeschichtlichen Problemen im wesentlichen auf diese Literatur stützen kann. Zum Standort der Erforschung der „landständischen Verfassungen" vgl. *Birtsch,* Die landständische Verfassung als Gegenstand der Forschung, in: Ständische Vertretungen in Europa im 17. und 18. Jahrhundert, hrsg. v. Dietrich *Gerhard,* Göttingen 1969, S. 32 ff.

Hartung[2] hat in dem Verhältnis zwischen Reich und Territorien, zwischen Einheitsgedanke und Partikularismus das zentrale Problem der Verfassungsgeschichte des Deutschen Reiches gesehen. In den einzelnen Territorien des Reiches stellten sich jedoch die Probleme nicht anders. Die ständische Macht konnte sich auf Dauer nur gegenüber einer schwachen zentralen Staatsgewalt halten, die landesfürstliche Macht sich nur in einem starken Zentralstaat verwirklichen.

Es erschiene zumindestens vorschnell, allein aus dieser Interessenlage heraus etwa generell auf das Verhältnis schließen zu wollen, das Fürstentum und Ständetum zum sich ausbildenden modernen Staat einnahmen: als ob etwa nur das Fürstentum der entscheidende Faktor der Staatsbildung gewesen sei, das Ständetum jedoch nur negativ in Richtung auf eine Beschränkung dieser fürstlichen Gewalt hin tätig geworden wäre. Zwar besteht gerade in dieser Frage noch keine Einigkeit[3]. Hier scheint aber eine neuere Untersuchung von *Oestreich*[4] in ihrer ausgewogenen Betrachtung die Möglichkeit zu einer künftigen Übereinstimmung zu schaffen. Mit seinem Versuch, den zeitlichen Ablauf der Bildung des deutschen Territorialstaats in drei große Phasen zu unterteilen, hat Oestreich eine Charakterisierung der Territorialstaatsbildung gegeben, die unmittelbar der brandenburgisch-preußischen Geschichte entnommen sein könnte. Er unterscheidet:

1. Die Vorform eines dualistischen politischen Verbandes im 14. und 15. Jahrhundert, in dem die Stände die fürstliche Herrschaft in der zentralen Ebene unterstützen und auch wiederum einschränken, in der lokalen Ebene aber doch durchlöchert haben.

2. Die erste Stufe des frühneuzeitlichen Staates im 16. Jahrhundert, die er mit einem neuen Begriff als Finanzstaat charakterisiert, in

---

[2] *Hartung*, Deutsche Verfassungsgeschichte vom 15. Jahrhundert bis zur Gegenwart, 8. Aufl., Stuttgart 1964, S. 1.

[3] Während *Hartung*, Verfassungsgeschichte, S. 83 ff. (91) nach wie vor die besonderen Leistungen des Fürstentums bei der Staatsbildung betont, stellt *Näf* gerade den Dualismus von Fürst und Ständen als für die Konstitution des Staates „staatsbiologisch unumgänglich" dar (*Näf*, Frühformen des „modernen Staates" im Spätmittelalter, in: Die Entstehung des modernen souveränen Staates, hrsg. v. H. H. *Hofmann*, Köln 1967, S. 101 ff. (104 f.)). Dazu vgl. auch *Gerhard*, Probleme ständischer Vertretungen im frühen achtzehnten Jahrhundert, in: Ständische Vertretungen in Europa, S. 9 f., 21, 28 f.; *Carsten* und v. *Raumer* etwa sehen dagegen im aufkommenden fürstlichen Absolutismus die Ursache, die eine langsame Ausbildung moderner repräsentativer Verfassungen verhindert hat, als deren Vorläufer sie das Ständetum und den Grundsatz ständischer Libertät begreifen. (*Carsten*, Die Entstehung Preußens, Köln 1968, S. 220; v. *Raumer*, Absoluter Staat, korporative Libertät, persönliche Freiheit, in: Die Entstehung des modernen souveränen Staates, S. 173 ff. (198).)

[4] *Oestreich*, Ständetum und Staatsbildung in Deutschland, in: Geist und Gestalt des frühmodernen Staates, Berlin 1969, S. 277 f., 279, 281, 285, 288, 289.

dem die Stände notwendige und oft gleichwertige Partner des Fürstentums in der Staatsbildung gewesen sind.

3. Die zweite Stufe des frühneuzeitlichen Staates, die als Militär-, Wirtschafts- und Verwaltungsstaat seit der zweiten Hälfte des 17. Jahrhunderts sich ausbildet, und die das Fürstentum mehr als Vertreter des allgemeinen Interesses, die Stände aber als Vertreter korporativer Sonderinteressen erscheinen läßt.

Wie *Oestreich* allerdings selbst betont[5], hat es *den* deutschen Territorialstaat gar nicht gegeben[6], sondern vielmehr lauter besondere Typen, die einer pauschalen Beschreibung schwer zugänglich sind. Das wird schon dadurch deutlich, daß die zweite Stufe in der Territorialstaatsbildung von einem großen Teil der kleineren Territorien des Reiches nicht erreicht wird.

Brandenburg-Preußen hat aber nicht nur alle drei Stadien dieser Staatsentwicklung durchlebt, auch die zeitliche Periodeneinteilung trifft in vertretbarer Weise die preußischen Verhältnisse: Ob man dabei dann mit *Hintze*[7] die Grenze zwischen der Vorform und der ersten Phase der Staatsbildung, zwischen Territorium und Territorialstaat in Brandenburg auf den Beginn der Regierungszeit Kurfürst *Joachims I.* (1499) legt, oder ob man mit *Schultze*[8] den Abschluß der mittelalterlichen Geschichte der Mark erst mit dem Tode Joachims I. (1535) für gekommen sieht, dürfte eine Frage zulässiger individueller Bewertung des von den Quellen gewährten Interpretationsspielraums, wenn nicht sogar bereits eine historische Überfeinerung sein.

Die von *Oestreich* herausgearbeitete Periodeneinteilung der Entwicklung des Territorialstaates kann daher einer speziell Brandenburg-Preußen gewidmeten Untersuchung unmittelbar zugrunde gelegt werden.

---

[5] *Oestreich,* Ständetum, S. 277.

[6] So schon *Hintze,* Typologie der ständischen Verfassungen des Abendlandes, in: Staat und Verfassung, hrsg. v. Gerh. *Oestreich,* 2. Aufl. 1962, S. 120; neuerdings *Janssen,* Der deutsche Territorialstaat im 14. Jahrhundert, Der Staat, Bd. 13 (1974), S. 415 f. (418, 419).

[7] *Hintze,* Die Hohenzollern, S. 107; wohl auch *Eb. Schmidt,* Rechtsentwicklung in Preussen, 2. Aufl. 1929, Unveränderter Neudruck, Darmstadt 1961, S. 8.

[8] *Schultze,* Die Mark Brandenburg, Bd. 3, Berlin 1963, Vorwort, S. 5.

B. Die landständische Verfassung in der Mark Brandenburg und den hinzuerworbenen Landesteilen bis zum Regierungsantritt des Großen Kurfürsten (1640)

I. Die Ausbildung einer landständischen Verfassung. Ein notwendiger Rückblick

Im 16. Jahrhundert, also in der ersten Phase der Bildung des Territorialstaates, wird mit der sich ausprägenden Landeshoheit überhaupt erst die Grundlage für die Ausbildung eines Bestätigungsrechts der Landesherren gelegt.

Viel früher jedoch ist die Ursache dafür zu suchen, daß es überhaupt zu einer Auseinandersetzung um das Bestätigungsrecht zwischen Fürstentum und Ständetum kommen konnte: Der Erwerb der Gerichtsbarkeit durch die Stände.

Dieser Erwerb vollzieht sich im Rahmen der Ausbildung landständischer Verfassungen in den mittelalterlichen Territorien. Manche Eigenart späterer Staats- und Gerichtsverfassung läßt sich nur von daher verstehen, so daß ein knapper Rückblick in die Zeit der Frühformen „staatlichen" Werdens notwendig ist.

Den Reichsfürsten war es in Zeiten einer schwachen Reichsgewalt gelungen, durch Erwerb fast aller ehemals königlicher Regalien, manchmal aber auch wohl durch deren Usurpation[9] die Reichsgewalt von unten her einzuengen[10]. Später — etwa seit Beginn des 13. Jahrhunderts — waren es dann zunehmend die Städte und die Ritterschaft, die angesichts immerwährender landesherrlicher Mittellosigkeit die nunmehr landesherrlich gewordenen Regalien im Wege des Kaufes oder der Pfandnahme erwarben.

Die Methode des Machterwerbes bei der Wandlung der Reichsfürsten zu Landesherren war also dieselbe wie bei der Erstarkung der Städte, der Prälaten und der sich zur Ritterschaft des Landes entwickelnden Großgrundbesitzer zu Landständen; nur vollzog sie sich in einer zeitlichen Phasenverschiebung.

Die Spannungen, die sich aus diesem Wechselspiel der Macht auf der territorialen Ebene ergeben sollten, können gleichsam vorgeahnt werden in zwei Urkunden, die König *Heinrich VII.* im Jahre 1231 am gleichen Tage ausstellte und in denen die Landesfürsten, die „Herren der

---

[9] Vgl. *Mitteis*, Der Staat des Hohen Mittelalters, 5. Aufl., Weimar 1955, S. 359 f.

[10] Über die Gründe der Emanzipation der Mark von der Reichsgewalt s. *v. Sommerfeld*, Beiträge zur Verfassungs- und Ständegeschichte der Mark Brandenburg im Mittelalter, 1. Teil, Leipzig 1904, S. 116 ff.

neuen Staatswesen"[11], zum ersten Mal Landesherren (domini terrae) genannt wurden.

In der einen, dem „Statutum in favorem principum", wurden den Landesherren wesentliche königliche Regalien überlassen[12], wodurch der Ausbau der Landesherrschaft gefördert wurde; die andere, die „Sententia de iure statuum terrae", ein Reichsspruch über die Mitwirkung der „Vornehmen und Großen" des Landes an der Gesetzgebung ordnete an, „ut neque principes neque alii quilibet constituciones vel nova iura facere possint, nisi meliorum et maiorum terre consensus primitus habeatur"[13].

Es mag dahinstehen, ob die Tendenz dieses Reichsspruches in mehr konservativer Richtung dahin ging, den in seiner Stellung durch die Landesherrschaft bedrohten Landadel zu schützen, oder ob man in ihm einen Schritt des Königs zur Förderung der ständischen Entwicklung in den Territorien und damit zur Schwächung der Landesherrn sehen muß[14].

Festzuhalten bleibt lediglich, daß Kaiser *Friedrich II.* 1232 bei seiner Bestätigung[15] des Statutums nichts aus der Hand gab, was nicht zu dieser Zeit bereits an die Reichsfürsten vergeben worden war. *Mitteis* ist daher wohl zuzustimmen, wenn er feststellt, „daß die Gesetze von 1220 und 1231/32 weniger normativen, als symptomatischen Charakter tragen; sie bezeichnen das Maß, bis zu dem die „Zersetzung" der Reichsgewalt „schon fortgeschritten war"[16].

Die Stände, zumindest diejenigen der Mark Brandenburg, bildeten zu dieser Zeit in ihrer Gesamtheit jedoch noch keine Macht, die Einfluß auf die Landesherrschaft hätte nehmen können. Sie übten aber schon eine — auf eigenes Recht gegründete — umfassende ortsobrigkeitliche Gewalt aus[17].

---

[11] Begriff von *Conrad*, Deutsche Rechtsgeschichte, Bd. 1, 2. Aufl., Karlsruhe 1962, S. 310.

[12] Im Jahre 1220 waren den geistlichen Fürsten durch die „Confoederatio cum principibus ecclesiasticis" schon wichtige Hoheitsrechte übertragen worden. Abdruck des „Statutums" in den *Monumenta Germaniae Historica*, Constitutiones, Tom. II, Hannover 1896, Nr. 304, S. 418 - 420, auch bei *Zeumer*, Quellensammlung zur Geschichte der Deutschen Reichsverfassung in Mittelalter und Neuzeit, 2. Aufl., Tübingen 1913, Nr. 47, S. 51.

[13] Vgl. *MGH*, Constitutiones II, Nr. 305, S. 420; *Zeumer*, Quellensammlung, Nr. 48, S. 52.

[14] Vgl. *Birtsch*, Landständische Verfassung, S. 46 m. w. Nachw.

[15] *MGH*, Constituiones II, Nr. 171, S. 211 - 213; *Zeumer*, Quellensammlung, Nr. 53, S. 55 - 56.

[16] *Mitteis*, Staat des Mittelalters, S. 352. Dieser Ansicht scheint sich die neuere Literatur zunehmend anzuschließen. Vgl. *Eb. Schmidt*, Die Mark Brandenburg unter den Askaniern (1134 - 1320), Köln - Wien 1973, S. 122 m. w. Nachw.

Die Markgrafen aus dem askanischen Hause hatten zwar stets die Regalien für sich in Anspruch genommen und diese auch ausgeübt, schon seit der Belehnung *Albrechts des Bären* mit der Mark (1134)[18]. Geldmangel hatte sie jedoch gezwungen, in zunehmendem Umfang lokale Hoheitsrechte an die weltlichen und geistlichen Grundherren und schließlich auch an die Städte zu veräußern. Zu den Gegenständen landesherrlicher Veräußerung gehörte besonders häufig die „Gerichtsbarkeit", die damals allerdings noch nicht das Recht auf die Rechtsprechung umfaßte. Neben dem Recht zur „Bestellung der Gerichte" beinhaltete sie das Recht auf die polizeiliche Gewalt[19] und war häufig mit Nutzungen verschiedener Art verbunden[20]. Sie gab ihren Erwerbern die eigentliche ortsobrigkeitliche Gewalt.

In den Jahren 1280 - 82 erhielten nun die Stände mit den Bedeverträgen[21] zum ersten Mal die Möglichkeit einer geschlossenen Einflußnahme auf die *zentrale* Landesverwaltung.

Die Bede, ursprünglich eine aus Anlaß hoher notwendiger Geldaufwendungen bittweise durch den Markgrafen von den Ständen erhobene Steuerleistung, wurde nunmehr von diesem an die Städte und die Vasallen gegen Zahlung einer einmaligen Summe bzw. gegen Entrichtung einer zu bestimmten Terminen fällig werdenden ordentlichen Steuer verkauft. Mag es auch nicht die Absicht der Stände gewesen sein, mit diesen Verträgen letztlich ein Steuerbewilligungsrecht zu erwerben; de

---

[17] *Bornhak*, Staats- und Rechtsgeschichte, S. 13 und Preußisches Staatsrecht, 2. Aufl., 1. Bd., Breslau 1911, S. 6, 7.

[18] Zu Art und Umfang dieser Regalien sowie zum Problem ihres Erwerbs vgl. *Eb. Schmidt*, Mark Brandenburg, S. 121 f., 154 ff. m. w. Nachw. sowie *Eb. Schmidt*, Das Markgrafentum in der Mark Brandenburg, Festschr. f. H. Henkel, Berlin 1974, S. 301 - 307.

Schmidt weist zu Recht darauf hin, daß die dem Markgrafen mit seinem Amt verliehene Gerichtsherrlichkeit (iurisdictio) und die darin eingeschlossene umfassende Übertragung der Regalien diesem im Verhältnis zum König eine Selbständigkeit gegeben hat, wie sie kein anderer Reichsfürst hat in Anspruch nehmen können. Zur Bedeutung der umstrittenen Sachsenspiegel-Stelle (Ssp. Landrecht III 65 § 1: „Der markgreve dinget bi sines selbis hulden ...") immer noch wichtig *Kühns*, Geschichte der Gerichtsverfassung, Bd. 1, Berlin 1865, S. 36 ff.

[19] Vgl. etwa *Stölzel*, Rechtsverwaltung und Rechtsverfassung, Bd. 1, S. 29.

[20] So gibt Markgraf Johann 1432 den Gebrüdern v. Rauch das Schulzenamt „der alten und der newenstatt zu Brandenburg mit allen gutern mit allen nutzen und zugehorungen zu Richten in den vorgeschriebenen unsern Steten", s. *Raumer*, Codex diplomaticus continuatus, Teil 1, Berlin 1831, S. 116.

[21] Zu den Bedeverträgen und deren Bedeutung für die spätere Entwicklung der Landstände vgl. die eingehende Darstellung bei *Spangenberg*, Hof- und Zentralverwaltung der Mark Brandenburg im Mittelalter, Leipzig 1908, S. 335 f., sowie *Spangenberg*, Vom Lehnstaat zum Ständestaat, München und Berlin 1912, S. 45 - 56. Neuerdings: *Schultze*, Mark Brandenburg, Bd. 1, S. 207 ff.

facto haben sie jedoch diese für die zukünftige Entwicklung der Landstände so wichtige Wirkung gehabt.

Mindestens von ebenso großer Bedeutung für die ständische Entwicklung war jedoch ein weiteres Ereignis in diesem Zusammenhang. Als im Jahre 1280 in Berlin eine große Zahl von Adligen zu Vertragsverhandlungen um die Bede zusammenkam, da war dies die erste Versammlung ständischen Charakters zum Zwecke einer gemeinsamen politischen Willensbildung in der Mark[22]. Die sich hier abzeichnenden „Ansätze einer ständischen Verfassung"[23] bedeuteten den Übergang des Lehensstaates zum Ständestaat[24]. Dennoch haben sich die Stände der Mark Brandenburg während des 14. Jahrhunderts nur höchst selten versammelt, obwohl ihnen nach dem Tode Markgraf *Woldemars* (1319) und dem Ende der askanischen Herrschaft in der Mark unter den Dynastien der *Wittelsbacher* (1319 - 1373) und der *Luxemburger* (1373 - 1415) eine Landesherrschaft ohne Autorität gegenüberstand. *Schultze*[25] hat diese Periode die „verworrenste, unruhigste und für das Land unheilvollste" in der Geschichte der Mark bezeichnet.

Die ständischen Gruppen — Städte, Ritterschaft und Prälaten — nutzten diese Situation nicht zu einer Gesamtentwicklung; sie begnügten sich mit einer Konsolidierung ihrer örtlichen Herrschaftssphäre[26]. Neben der Polizei, der niederen und höheren Gerichtsbarkeit erlangen sie sogar das Recht zum Erlaß von Willküren und Ordnungen innerhalb ihres Gerichtes, und gegen Ende des 14. Jahrhunderts befindet sich der größte Teil der Befugnisse, „die recht eigentlich das Wesen der Herrschaft ausmachen"[27] in der Hand der Märkischen Stände.

„Das Land aus Anarchie, innerem und äußerem Zerfall zu erretten und die landesfürstliche Gewalt unter Zurückweisung ständischer An-

---

[22] *Schultze*, Mark Brandenburg, Bd. 1, S. 209, 210.

[23] *Spangenberg*, Lehnstaat, S. 56.

[24] *Schultze*, Mark Brandenburg, Bd. 1, S. 207.

[25] *Schultze*, Mark Brandenburg, Bd. 2, Vorwort, S. 5.

[26] Vgl. etwa die ewig erneuerten Bestätigungen der „Gerechtigkeiten" der Stadt Stendal durch Markgraf *Ludwig:* Im Jahre *1324* (*Gercken*, Codex diplomaticus Brandenburgensis, Bd. 3, Salzwedel 1771, Nr. 153 b, S. 317 - 319); *1344* (*Gercken*, Diplomataria Veteris Marchiae, Bd. 1, Salzwedel 1765, Nr. 33, S. 80 - 83); *1351* (*Gercken*, Diplomataria, Bd. 1, Nr. 41, S. 101 - 107); *1363* (*Gercken*, Diplomataria, Bd. 1, Nr. 54, S. 140, 141); siehe auch die Bestätigung der Privilegien der Stadt Sandow aus dem Jahre 1350 (Gercken, Codex diplomaticus, Bd. 2, Salzwedel 1770, S. 360 - 363). Über die Landesverwaltung und den Zustand der Ortsobrigkeiten in der Neumark Brandenburg des 14. Jahrhunderts vgl. *Raumer*, Die Neumark Brandenburg im Jahre 1337 oder Markgraf Ludwigs des Aelteren Neumärkisches Landbuch aus dieser Zeit, Berlin 1837, S. 50 ff. Zur Eigenbrötelei der einzelnen Ständegruppen in der Mark, vgl. auch *Hartung*, Herrschaftsverträge und ständischer Dualismus, S. 62 ff. (67).

[27] *Urkunden und Aktenstücke*, Bd. 10, S. 5.

maßung wieder herzustellen", das war nach Eberhard *Schmidt*[28] „die nächste Aufgabe des Hauses Hohenzollern, das mit *Friedrich I.* (1415 - 1440) zur brandenburgischen Kurwürde gelangte".

Die Hohenzollern schienen diese Aufgabe nicht nur zu erkennen, sondern auch tatkräftig an ihre Bewältigung herangehen zu wollen. Die Verletzung des wohl nicht ohne Vorbedacht mit den Ständen auf dem Landtag von 1414 vereinbarten Landfriedens verschaffte *Friedrich I.* den offiziellen Anlaß zu einer offenen Auseinandersetzung mit dem revoltierenden Adel. Unter Ausnutzung der zwischen den einzelnen Ständegruppen bestehenden Rivalitäten unterwarf er im Bündnis mit den märkischen Städten den Adel.

Sein Nachfolger *Friedrich II.* (1440 - 1470) drehte den Spieß um und ging, nunmehr vereint mit dem die Hohenzollernherrschaft anerkennenden Adel, gegen die märkischen Städte vor. 1442 unterwarf er die Städte Berlin und Cölln, die den Bau des kurfürstlichen Schlosses dulden mußten, und deren Magistrate nunmehr von der Bestätigung des Kurfürsten abhängig waren.

Johann Cicero (1486 - 1499), der Neffe Friedrichs II. folgte diesem Beispiel und rang die altmärkischen Städte unter Führung von Stendal und Salzwedel nieder[29].

Gelang es den Hohenzollern auch, auf diese Weise die Landesherrschaft zu stärken, so war doch an einen umfassenden Rückerwerb der in der Form von Lehen vergebenen Regalien der verschiedensten Art nicht zu denken. Vielmehr waren auch die Hohenzollern gezwungen, die Vergabe von Regalien zum Zwecke des Gelderwerbs fortzusetzen. Die Gerichtsbarkeit gehört weiterhin zu den bevorzugten Vergabeobjekten[30]; es werden sogar Hof- und Landgerichte[31] veräußert. Vereinzelt

[28] *Eb. Schmidt*, Rechtsentwicklung in Preussen, S. 7.

[29] Zur Bedeutung des Niedergangs der Städte für die politische und soziale Entwicklung Brandenburgs vgl. *Carsten*, Die Entstehung des Junkertums, in: *Dietrich*, Preußen. Epochen und Probleme seiner Geschichte, Berlin 1964, S. 57 ff. (65).

[30] Vgl. allein etwa die bei *Raumer*, Codex diplomaticus, Teil 1, aufgeführten Fälle: *1427:* Otto Bardeleben und Marcus Geremann erhalten das Schulzengericht zu Nauen (Nr. 74, S. 111); *1439:* Peter Bamme erhält das Gericht in Frankfurt a. d. Oder (Nr. 92, S. 123); *1440:* Dorheiden erhält das Gericht in Salzwedel (Nr. 123, S. 144, 145); *1441:* Udow erhält das Stadtgericht zu Wrietzen (Nr. 43, S. 188, 189); *1445:* Benedict von Jewern erhält das Stadtgericht zu Oderberg (Nr. 91, S. 228, 229); die in anderen Territorien offenbar geübte Praxis, neben der Obergerichtsbarkeit die Berechtigung zur Vollstreckung von Todesurteilen als gesondertes Galgen-Lehen auszugeben (vgl. dazu *Eckhard*, Vom Galgen-Lehn, Archiv f. d. theor. u. praktische Rechtsgelehrsamkeit, 1. Teil, Braunschweig 1788, S. 207 - 217) konnte für Brandenburg nicht nachgewiesen werden. Vielmehr war dieses Recht in der Verleihung der Obergerichtsbarkeit enthalten.

[31] Um *1450* erhält Paul v. Kunersdorf das Hofgericht der Mittelmark

findet sich jedoch bereits in dem vereinbarten Vorbehalt der Obergerichtsbarkeit[32] durch den Kurfürsten wenigstens der Ansatz zu dem Versuch, die Landesherrschaft nicht völlig zu entmachten. Immerhin gelang 1455 unter *Friedrich II.* auch die Wiedereinlösung der verpfändeten Neumark[33]. Der landesherrliche Einfluß wird aber noch durch einige weitere Maßnahmen und Erfolge der Hohenzollern gestärkt: Sie sichern sich gegenüber der römischen Kurie das Recht zur Benennung der Landesbischöfe, setzen den Vorrang der weltlichen vor der geistlichen Gerichtsbarkeit durch[34] und hemmen auf diese Weise die Autonomiebestrebungen der geistlichen Stände. 1488 gelingt dem Kurfürsten *Johann Cicero* die Durchsetzung der ersten indirekten Steuer, der Bierziese, mit der er sich eine Grundlage für den Aufbau eines eigenen Finanzwesens schafft.

Gelang es also den Hohenzollern im 15. Jahrhundert die Landesherrschaft wieder zu festigen und zu verstärken, so treten doch seit der Mitte des 15. Jahrhunderts auch die Konturen ständischer Mitregierung in zentralen Landesangelegenheiten deutlicher hervor. Auf dem Landtag von 1472 übernehmen die Stände die Schulden des Kurfürsten, verbinden ihr Entgegenkommen aber mit der Aufstellung von Bedingungen[35]: Das Geld darf nur zur Schuldentilgung verwandt werden, weitere Steuerforderungen dürfen nicht erhoben werden, außer bei einer Niederlage, bei einem auf Rat der Stände geführten Landkrieg oder bei Ausstattung der Töchter des Landesfürsten. Auf dem Landtag von 1480 bewilligen die Stände dem Kurfürsten eine neue Landbede gegen Zugeständnisse wirtschaftlicher Art.

Ob man mit *Kotelmann*[36] das Jahr 1480 als das eigentliche Geburtsjahr der landständischen Verfassung der Mark anzusehen hat, mit *Hartung*[37] die Unterwerfung der Stände im Jahre 1488 durch *Johann Cicero*

(*Raumer*, Codex dipl., Teil 1, Nr. 27, S. 176); *1465* erhält Jasper v. Kockte das Hofgericht zu Tangermünde (*Gercken*, Diplomataria, Bd. 1, Nr. 210, S. 505, 506); ebenfalls *1465* erwirbt Hans Naptiz das Landgericht in Tangermünde (*Gercken*, Diplomataria, Nr. 211, S. 507).

[32] *1432* erhalten Hans und Arnd v. Rauch das Schulzenamt zu Brandenburg, nicht jedoch „unsern ubersten gerichte, das wir uns außnehmen", und das der Kurfürst „uns (und) unsern erben und nachkommen" erhalten wissen will (*Raumer*, Codex dipl., Teil 1, Nr. 82, S. 116).

[33] Vgl. dazu *Dietrich*, Rich., Kleine Geschichte Preußens, Berlin 1966, S. 11.

[34] *Gercken*, Fragmenta Marchica, Teil 3, S. 93, 94.

[35] Vgl. Landtags-Revers von 1472, *CCM*, VI. Teil, 1. Abt., Sp. 9 - 12; s. auch *Hartung*, Herrschaftsverträge, S. 67, 68, sowie die ausführlichen Darstellungen von *Raumer*, Verhandlung Churfürst Albrecht Achills mit den märkischen Landständen, Märkische Forschungen, Bd. 1, Berlin 1841, S. 319 - 352.

[36] *Kotelmann*, Finanzen des Kurfürsten Albrecht Achilles, Zeitschr. f. Preuss. Gesch. u. Landesk., Bd. 3, Berlin 1866, S. 294.

[37] *Hartung*, Herrschaftsverträge, S. 69.

als eigentlichen Schlußstein eines solchen Verfassungsgebäudes ansieht, oder mit *Schotte*[38] gar das Ende der Regierungszeit *Joachims I.* (1535) als Endpunkt der Ausbildung landständischen Verfassungswesens betrachtet, mag dahinstehen. Historische Bewegungen dieser Größenordnung lassen sich nicht auf das Jahr terminieren.

Sicher ist es richtig, daß der fürstlich-ständische Dualismus um die Wende des 15. zum 16. Jahrhundert seinen Höhepunkt noch nicht erreicht hatte, seine Grundstruktur ist aber bereits ausgeprägt: Einer durch Vergabe von Regalien auf der lokalen Ebene ohnehin eingeengten landesherrlichen Gewalt ist nunmehr in den Ständen auch auf der zentralen staatlichen Ebene ein Gegengewicht erwachsen. Organisatorisch vereint in Landtagen und ständischen Ausschüssen, wenn auch in sich häufig zerstritten, treten sie dem Landesherrn gegenüber und achten vor allem durch Bewilligung oder Ablehnung von Steuern und sonstigen Finanzmitteln auf die Bewahrung ihrer ortsobrigkeitlichen Gewalt und die Aufrechterhaltung ihrer Privilegien und Freiheiten.

Auch in der Gerichtsverfassung ist der Dualismus zwischen Ständetum und Fürstentum als Ergebnis einer mehr als zweihundertjährigen Entwicklung deutlich geworden. Soweit der Landesherr sich seiner Gerichtsbarkeit nicht begeben hatte, stand er als Gerichtsherr in den Gebieten seiner ihm noch verbliebenen Ämter und Domänen völlig gleichberechtigt neben einer Vielzahl von patrimonialen und städtischen Gerichtsherren.

Am Ende des 15. Jahrhunderts ist der Kurfürst von der Realisierung eines umfassenden landesherrlichen Bestätigungsrechts in Strafsachen also nicht allein deshalb weit entfernt, weil sich seine Landeshoheit erst auszubilden beginnt. Durch die noch andauernde weitere Vergabe von Gerichtsbarkeiten schwächt er vielmehr zusätzlich die Möglichkeit der Ausbildung einer einheitlichen, landesherrlichen Gerichtsbarkeit.

II. Die Entwicklung der Territorialstaatsverfassung seit Kurfürst Joachim I. (1499 - 1535)

Die Ausformung eines dualistischen Ständestaates, in dem sich Land und Herrschaft, Stände und Kurfürst als Partner aber auch als Gegenpole gegenüberstanden, stellte sich als ein Kompromiß zwischen diesen Mächtegruppen dar, der allerdings den staatlichen Zustand nicht auf unabsehbare Zeiten festschrieb. Vielmehr neigte diese stets auf erneuten Kräfteausgleich angewiesene und daher instabile Form staatlichen Daseins schon aus sich heraus viel eher zu dem Versuch eines der

---

[38] *Schotte*, Fürstentum und Stände in der Mark Brandenburg unter der Regierung Joachims I., Leipzig 1911, S. 3.

Partner, doch die alleinige Herrschaft im Staate anzustreben und auf diese Weise den „status quo“ zu überwinden. Wenn sich in Brandenburg-Preußen das Pendel zugunsten einer Entwicklung des fürstlichen Absolutismus hinneigte, so geschah dies keinesfalls zwangsläufig. Die staatliche Entwicklung in England, Polen, aber auch etwa in Mecklenburg zeigt, daß die Machtstrukturen sich auch in Richtung auf den reinen Ständestaat hin verändern konnten.

Ein Sieg des Absolutismus setzte jedoch entwicklungsgeschichtlich die Überwindung der Ständemacht in zweifacher Weise voraus: „Die politische Macht der Stände und ihrer Organe muß der fürstlichen unterworfen werden, und parallel dazu muß der monarchische Regierungsapparat im Zentrum und in den Provinzen durchgebildet werden[39].“ Mißt man die weitere Verfassungsentwicklung in Brandenburg-Preußen an diesem Maßstab, so werden solche Züge absolutistischer Herrschaft erst in der Politik des Großen Kurfürsten deutlich. Eberhard *Schmidt*[40] hat zwar in der Regierungsweise Joachims I., namentlich in ihrem Verhältnis zu den Städten „einen Anflug von Absolutismus“ erkennen können. Aber schon für dessen Nachfolger muß er das Gegenteil feststellen. In der Tat entwickelt sich unter *Joachim II.* (1535 - 1571) der dualistische Ständestaat zu seiner höchsten Blüte[41]. Selbst am Ende des 30-jährigen Krieges hatte sich daran nicht allzuviel geändert, und „nichts deutete“ damals „auf die Möglichkeit eines künftigen Absolutismus hin“[42].

Bei der Suche nach den Wurzeln und Voraussetzungen für die Ausbildung eines landesherrlichen Bestätigungsrechts mag diese Feststellung dazu berechtigen, die Betrachtung der bis zum Regierungsantritt des *Großen Kurfürsten* im Jahre 1640 verlaufenden Verfassungsentwicklung sehr knapp zu halten.

Hatten wir in dem Erwerb der Gerichtsbarkeit durch die Stände im Rahmen der Ausbildung landständischer Verfassungen überhaupt erst den Grund erkannt, der eine Auseinandersetzung um ein landesherrliches Bestätigungsrecht notwendig machte, so ist nunmehr erst mit der unter dem *Großen Kurfürsten* einsetzenden grundlegenden Machtverschiebung im Staate zugunsten des Landesherrn eine Änderung dieses Zustandes zu erwarten.

---

[39] *Näf*, Epochen der neueren Geschichte, Bd. 1, 2. Aufl., Aarau 1959, S. 418.

[40] *Eb. Schmidt*, Rechtsentwicklung, S. 8; offenbar auch *Schotte*, Fürstentum und Stände, S. 5.

[41] Vgl. dazu die eingehende Abhandlung von *Winter*, Die märkischen Stände zur Zeit ihrer höchsten Blüthe, 1540 - 1550, Zeitschr. f. Preuss. Gesch. u. Landesk., Bd. 19, Berlin 1882, S. 253 - 310; 545 - 613; Bd. 20, Berlin 1883, S. 507 - 716 sowie *Landmesser*, Die Stände der Kurmark Brandenburg unter Joachim II. (1535 - 1571), Diss. Jur. Kiel 1929, S. 1 u. 2.

[42] *Carsten*, Entstehung Preußens, S. 145.

So haben denn auch im 16. Jahrhundert die Veräußerungen und Verpfändungen von Gerichtsbarkeiten keinesfalls aufgehört. Aber langsam wird die Abkehr von dem rein privatrechtlichen Verständnis der landesherrlichen Rechte auch hier in ersten Ansätzen sichtbar. Die pauschale Vergabe der Gerichte wird seltener. Immer häufiger behält sich der Kurfürst die „Halßgerichte" vor oder macht bedeutendere Urteile von seiner Bestätigung abhängig[43]. Hierin, aber auch in dem Vorbehalt weiterer Aufsichts- und Eingriffsbefugnisse[44], wird das langsam in den Fürsten erwachende Pflichtgefühl deutlich, die ihnen verliehenen Regalien nicht nur als wirtschaftliche Nutzobjekte anzusehen, sondern auch darauf zu achten, daß sie zum Wohl ihrer Untertanen ausgeübt werden. An der grundsätzlichen Patrimonialisierung der Gerichtsbarkeit des Landes wurde aber dadurch nichts geändert. Fürst und Stände standen sich also auf der lokalen, ortsobrigkeitlichen Ebene weiter gegenüber.

Aber auch auf der zentralen Ebene entwickelten sich Landesherrschaft und ständisches Regiment nebeneinander her. Je nach Herrscherpersönlichkeit und den allgemeinen politischen Umständen lag das Schwergewicht des Einflusses einmal auf der einen, ein anderes Mal auf der Gegenseite, ohne daß jedoch die Kräfte eines der Partner ein Übergewicht erlangen konnten.

Die Reformation und die ihr folgenden Auseinandersetzungen hatten die weitere Zersetzung der Reichsgewalt gefördert. Lag allein darin schon eine weitere Stärkung landesherrlicher Gewalt, die ja nicht nur im Innern durch die Macht der Stände, sondern auch durch die allerdings schwache Reichsgewalt beschränkt war, so wurde diese durch die schließliche Erlangung des landesherrlichen Kirchenregiments zusätzlich gestärkt. Die Geistlichen empfangen nunmehr ihr Amt vom Landesherrn, der die Aufsicht über das gesamte Kirchenwesen erhält.

Aber noch in anderer Beziehung sollte die Reformation, der sich *Joachim II.* 1539 anschloß, Nutzen bringen, wenngleich dieser zum Teil recht kurzfristig war. Die infolge der Reformation durchgeführte Sä-

---

[43] Vgl. etwa: Vertrag mit der Stadt Berlin wegen der Gerichte von 1508, *Raumer*, Codex dipl., Teil 2, S. 241; Vertrag mit der Stadt Frankfurt wegen des Obergerichts v. 1509, *Raumer*, Teil 2, S. 234 - 235; Verschreibung über das Gericht der Stadt Brandenburg v. 1513, *Raumer*, Teil 2, S. 240; Wiederkäufliche Überlassung der Ober- und Untergerichte an den Rath zu Stendal i. J. 1517, *Gercken*, Diplomataria, Bd. 1, S. 253 - 257.

[44] Vgl. etwa „Ausgesetzte Artikel der Stadt Landsberg an der Warthe v. 1511": Der Kurfürst überläßt der Stadt das Obergericht; erzeigt sich die Stadt jedoch säumig, soll die Strafbefugnis an den Kurfürsten fallen. (*Raumer*, Codex dipl., Teil 2, S. 217); „Ordnung der Stadt Strassburg v. 1515": Hier will der Kurfürst, daß die Fälle unter Zuziehung seines Amtmannes von Boitzenburg verhandelt werden, „damit wir auch mit wissen, wie mit den obersten gerichten umbgegangen und das Jenig so straffbar ist, gestrafft werd." (*Raumer*, Codex dipl., Teil 2, S. 222.)

kularisation des geistlichen Besitzes brachte dem Landesherrn, dessen Besitz sich vor der Reformation zu dem des Adels wie 1 : 8 verhalten hatte, von den 654 Kirchengütern immerhin 235 Orte (Städte, Dörfer und Vorwerke) ein. 133 Orte verblieben bei nunmehr evangelischen Domstiftern. 286 Orte mußte der Kurfürst aber sofort an den Adel veräußern und verpfänden, deren wirtschaftliche Substanz und damit politische Macht dadurch ebenfalls nicht unwesentlich gesteigert wurde[45].

Die Wende vom 16. zum 17. Jahrhundert brachte schließlich auch sichtbare Fortschritte in der Überwindung der alten privatrechtlichen Herrschaftsauffassung des Landesherrn[46]. Nachdem die „Dispositio Achillea" von 1473 nicht hatte verhindern können, daß die Neumark in der Zeit von 1535 - 1571 unter dem Bruder *Joachims II.*, *Johann von Küstrin* ein „staatlich selbständiges Dasein" führen konnte, setzte der 1603 bestätigte Geraische Hausvertrag von 1598/99 praktisch die Unteilbarkeit der Kurlande und aller künftigen Erwerbungen fest. Die landesherrliche Verwaltung entwickelte sich nach den Bedürfnissen und Anforderungen, die das langsam über den Hofstaat hinauswachsende junge Staatswesen erforderte.

Aus der Gruppe der kurfürstlichen Räte, die Hof und Staat gemeinsam verwaltet hatten, hatte sich auf dem Gebiet der Rechtsprechung das Kammergericht, für den Bereich der Kirchenverwaltung das Konsistorium, für die Verwaltung der landesherrlichen Domänen eine Amtskammer und schließlich im Jahre 1604 der Geheime Rat herausgebildet, der im Hinblick auf die zu erwartende Vergrößerung des Landes durch die demnächst anstehende jülichsche und preußische Erbschaft vor allem auf dem Gebiet der äußeren Politik tätig sein sollte[47].

Neben dieser „monarchischen, zentralen, beamtenmäßigen Verwaltung entwickelte sich selbständig die lokale, korporative, selbstver-

---

[45] Vgl. zu diesen Angaben *Schulze*, Brandenburgische Besitzstandskarte des 16. Jahrhunderts. Der ritterschaftliche, geistliche, städtische u. landesherrliche Besitz um 1540. Historischer Atlas von Brandenburg, N. F. Lieferung 1, Berlin 1962, sowie Historischer *Handatlas* von Brandenburg und Berlin, Lieferung 33: Besitzstand und Säkularisation in Brandenburg um die Mitte des 16. Jahrhunderts, bearbeitet von Gerd *Heinrich*, Berlin 1971. Zur Veräußerung der säkularisierten Güter an den Adel s. auch *Carsten*, Entstehung Preußens, S. 135 u. 136.

[46] *Tümpel*, Entstehung des brandenburgisch-preussischen Einheitsstaates, Breslau 1915, S. 9 - 17; *Eb. Schmidt*, Rechtsentwicklung, S. 9.

[47] Zu der noch engen Verbindung von Hof- und Landesverwaltung unter Joachim II. vgl. *Hass*, Die Hofordnung Joachims II. von Brandenburg, Berlin 1910, S. 149 f., 193 f., 219 f., wegen der Einzelheiten des langsam sich vollziehenden „Differenzierungsprozesses" vgl. *Hintze*, Hof- und Landesverwaltung der Mark Brandenburg unter Joachim II., Regierung und Verwaltung, S. 204 - 254.

waltende Tätigkeit der Stände"[48], die mit ihrer Ständeversammlung, dem Landtag und seinen ständischen Ausschüssen in den Gesamtstaat hineinwuchs. Hatte *Joachim I.* den Einfluß der Stände nicht zuletzt aufgrund der zwischen den Städten und den Oberständen (Prälaten und Adel) bestehenden Spannungen noch sehr zurückdrängen können[49], so sah sich sein Nachfolger *Joachim II.* zu umfassenden Zugeständnissen genötigt.

Gegen die Bewilligung von 1 Millionen Gulden zur Deckung seiner Schulden versprach er, „keine wichtige Sachen, davon dem Lande Gedey oder Verderb gelegen, ohn unser gemeinen Land=Ständen vorwissen und Rath" vorzunehmen, sowie ohne „Rath und Bewilligung gemeiner Land Räthe" kein Bündnis zu schließen[50].

Den Haupterfolg erreichten die Stände aber auf den Landtagen von 1549 und 1550, auf denen sie die Schulden des Landesherrn von 2 Millionen Gulden übernahmen. Hier kam es nun nicht nur zu einer erneuten Anerkennung des bereits schon von Joachim I. gebilligten Steuerbewilligungsrechts der Stände. Sie erhielten auch die selbständige und ausschließliche Verwaltung der Steuern. So entstand völlig selbständig neben der landesherrlichen Verwaltung das Ständische Kreditwerk mit ständischen Beamten. Ein Enger und ein Großer Ausschuß der Stände übernahmen die oberste Leitung der Finanzen und schließlich die Gesamtrepräsentation der ständischen Politik[51]. Die Stände wurden zu einem ausschlaggebenden Faktor der inneren Politik.

Trotz mancher späterer Ansätze, etwa unter Kurfürst *Johann Georg* (1571 - 1598)[52], diese Zustände zu ändern, ist der Dualismus von Landesherrschaft und Ständen bis zum Regierungsantritt des *Großen Kurfürsten* für die Landesverfassung der Mark ebenso bestimmend geblieben wie in den inzwischen erworbenen Provinzen Cleve-Mark-Ravensberg und Preußen[53].

---

[48] *Näf*, Epochen der neueren Geschichte, S. 188.

[49] Vgl. *Schotte*, Fürstentum u. Stände, S. 68, 69.

[50] Landtags-Revers von 1540, *CCM*, VI. Teil, 1. Abt., Sp. 59 ff. (61); *Urkunden u. Aktenstücke*, Bd. 10, S. 11.

[51] Landtags-Revers von 1549, *CCM*, VI. Teil, 1. Abt., Sp. 78 f.; vgl. dazu *Mülverstedt*, Die ältere Verfassung der Landstände, Berlin 1858, S. 210 f. sowie *Isaacsohn*, Die Finanzen Joachims II. und das Ständische Kreditwerk, Zeitschrift f. Preuss. Gesch. u. Landesk., Bd. 16, Berlin 1879, S. 455 - 479; *Urkunden u. Aktenstücke*, Bd. 10, S. 11 f.; *Landmesser*, Die Stände der Kurmark, S. 67 f., 243 f.

[52] Vgl. *Urkunden u. Aktenstücke*, Bd. 10, S. 12 ff.

[53] Für Preußen vgl. *Petersohn*, Fürstenmacht und Ständetum in Preußen während der Regierung Herzog Georg Friedrichs 1578 - 1603, Würzburg 1963, S. 172 ff. (173); *Wischhöfer*, Die ostpreußischen Stände im letzten Jahrzehnt vor dem Regierungsantritt des Großen Kurfürsten, Göttingen 1958, S. 185 ff.

Die unter der Regierung *Georg Wilhelms* (1620 - 1640), vor allem unter dem in der Mark residierenden Statthalter *Graf Schwartzenberg* anklingenden absolutistischen Züge dürfen angesichts des Großen Krieges nicht überbewertet werden[54]. Die Aufhebung des von *Schwartzenberg* eingesetzten autoritär regierenden Kriegsrats kurz nach dem Regierungsantritt des *Großen Kurfürsten,* und der Wiedereintritt der Stände und ihres Einflusses in die Verwaltung des Landes zeigten, daß dies eine vorübergehende, durch außerordentliche kriegerische Umstände bedingte Erscheinung war[55].

C. Die Entwicklung der Staatsverfassung in den brandenburgisch-preußischen Ländern vom Regierungsantritt des Großen Kurfürsten bis zum Beginn des 18. Jahrhunderts

I. Der Große Kurfürst — ein Persönlichkeitsbild[56]

Kurfürst *Friedrich Wilhelm,* von dem *Friedrich II.* voll Bewunderung und Anerkennung meinte, schon die Zeitgenossen hätten ihm den Beinamen „der Große" zu Recht verliehen[57], wird stets als „ein Hauptvertreter der modernen Herrschaftsform des fürstlichen Absolutismus" bezeichnet, die als staatsbildende Idee des 17. Jahrhunderts „gegen den landschaftlichen Sondergeist und gegen die ältere Rechtsauffassung der Landstände aufgerichtet war"[58].

Lesen wir indes sein Politisches Testament vom 19. Mai 1667[59], und fragen wir nach der aus ihm ersichtlichen Staatsauffassung, so könnte man zunächst an einer solchen Einordnung zweifeln. Die in der Theorie hier vermittelte kleinstaatliche, ja „altväterliche"[60] Auffassung vom Staate, weist noch in vielen Anklängen ganz auf die territoriale Staatlichkeit des 16. Jahrhunderts hin. Bei genauerem Hinsehen muß man

---

[54] Diese Überbewertung klingt an bei *Lindenau,* Die Verfassung der Mark Brandenburg unter der Regierung des Kurfürsten Georg Wilhelm und seines Ratgebers Graf zu Schwartzenberg, Diss. Jur. Kiel 1937, S. 69 f.

[55] *Carsten,* Entstehung Preußens, S. 151; zu *Schwartzenberg* und seiner Politik vgl. *Schultze,* Mark Brandenburg, Bd. 4, Berlin 1964, S. 277 ff.

[56] Vgl. hierzu vor allem die eindrucksvolle neuere Kurzbiographie von *Oestreich,* Friedrich Wilhelm, der Große Kurfürst, Göttingen 1971.

[57] *Friedrich der Große,* Denkwürdigkeiten zur Geschichte des Hauses Brandenburg, Werke, Hrsg. G. B. *Volz,* Bd. 1, Berlin 1913, S. 54 u. 94.

[58] Vgl. *Schoeps,* Preussen. Geschichte eines Staates, Berlin 1967, S. 33.

[59] Veröffentlicht bei *Küntzel / Haß,* Die politischen Testamente der Hohenzollern, 2. Aufl., Bd. 1, Leipzig 1919, S. 41 - 69; vgl. auch *Erdmannsdörffer,* Das Testament des großen Kurfürsten, Preußische Jahrbücher, Bd. 18, S. 429 ff.

[60] *Hartung,* Die politischen Testamente der Hohenzollern, FBPG, Bd. 25, Leipzig 1913, S. 333 ff. (342).

aber anerkennen, daß zwar der *Große Kurfürst* weniger ein Theoretiker, dafür aber ein um so größerer Praktiker des Absolutismus gewesen ist. In allen seinen Anweisungen an seinen Nachfolger legt er auf die Konservierung der Macht als eine den Staat erhaltende Kraft besonderen Wert. Aus dieser Erkenntnis zieht er „mutig und entschlossen die Folgerungen für die Staatspraxis“[61].

Zu diesem Bild mag es passen, daß *Oestreich* in einer neueren Biographie des Großen Kurfürsten[62] diesen als einen „Mann von gewaltiger Tatkraft, getrieben vom Ehrgeiz“, ja als einen „Vollblutpolitiker“ bezeichnet, „der frühzeitig auf die Bühne des Welttheaters trat, um den Gang der Dinge zu beeinflussen“. Noch im Dreißigjährigen Krieg geboren, mußte er 1640 schon mit 20 Jahren die Regierung im Staate übernehmen, den er seinem politischen Verständnis entsprechend „formidable“ (gewaltig) machen wollte[63]. Diese Zielvorstellung wollte jedoch nicht etwa im Sinne einer barocken, höfischen Prachtentfaltung mißverstanden werden. Hier ging es vielmehr um den Gedanken des Machtstaates, der als Hintergrund immer wieder in der praktischen Politik des Kurfürsten sichtbar wird. So etwa, wenn er seinen Nachfolger anweist, die Festungen auszubauen und zu verbessern „es mach auch Kosten was es woll“, weil, „daran nicht allein die Wolfahrt Ewerer Lande, sondern auch Eweren gantzen Staadts“[64] hängt.

Wie sehr die Staatsräson als „fürstliche Berufsaufgabe“ und die Betonung einer rationalen Machtpolitik in der calvinistischen Glaubensüberzeugung des Großen Kurfürsten wurzelten, ist bereits durch die Forschungen von *Hintze*[65] und *Hinrichs*[66] überzeugend nachgewiesen worden. Die zentrale Bedeutung der Prädestinationslehre bei Calvin, die Verknüpfung zwischen der göttlichen Gnadenwahl und der Erfahrbarkeit der eigenen Schicksalsbestimmung in der persönlichen Lebensführung forderte ihre Anhänger zur Anspannung aller Kräfte bei der täglichen Lebensbewältigung auf. War der Erfolg ein mögliches Zeichen der göttlichen Gnadenwahl, so konnte die Erwartung, sich durch persönliche Bewährung Gewißheit über die eigene Schicksalsbestimmung verschaffen zu können, diese gewaltige innere Lebenskraft und Tatfreudigkeit freisetzen, die in den Unternehmungen des Großen Kurfürsten deutlich werden.

---

[61] *Hartung*, Polit. Testamente, S. 343.

[62] *Oestreich*, Friedrich Wilhelm, S. 10.

[63] *Schoeps*, Preussen, S. 33.

[64] Politisches Testament, *Küntzel / Haß*, S. 58.

[65] *Hintze*, Kalvinismus und Staatsräson in Brandenburg zu Beginn des 17. Jahrhunderts, Regierung und Verwaltung, S. 255 ff. (312).

[66] *Hinrichs*, Der Große Kurfürst 1620 - 1688, Preussen als Historisches Problem, S. 227 ff. (231, 232).

„Verschlagen, unruhig, hart und rücksichtslos, immer gespannt und neuen Zielen nachjagend, für die er sich mit ganzer Person einsetzte, hat Friedrich Wilhelm als erster in Brandenburg die Idee der modernen Staatsräson und europäischen Machtpolitik verkörpert[67].“

II. Die Veränderung der Machtstrukturen im Staat

Bei der Untersuchung der Frage, inwieweit die Verfassungsentwicklung in Brandenburg-Preußen auf die Ausbildung eines landesherrlichen Bestätigungsrechts in Strafsachen eingewirkt hat, konnten bisher eigentlich nur Gründe dargestellt werden, die die Ausformung eines solchen Rechts erschwert, ja verhindert haben: Der umfassende Erwerb von Gerichtsbarkeiten durch die Stände im Zuge der Ausbildung landständischer Verfassungen; die Unfähigkeit und Machtlosigkeit des Landesherrn im dualistischen Ständestaat, an diesem Zustand etwas zu ändern.

Lediglich in dem seit Ende des 15. Jahrhunderts aufkeimenden Gedanken der Landeshoheit und in den seit Beginn des 16. Jahrhunderts doch häufiger werdenden Vorbehalten der Obergerichtsbarkeit bei weiteren Verleihungen von Gerichtsbarkeiten konnten erste Schritte auf einem Weg zurück zu einer einheitlichen Gerichtsbarkeit erkannt werden.

In der Mitte des 17. Jahrhunderts scheinen nunmehr in den Ideen des Absolutismus als einer „beherrschenden kontinentalen Tendenz der Zeit“[68] und in der Person des tatkräftigen *Großen Kurfürsten* die besten Voraussetzungen zu einer grundlegenden Veränderung der Machtstrukturen im Staate zugunsten der Landesherrschaft gegeben zu sein. Der Große Kurfürst hatte jedoch ein schweres Erbe angetreten. Die Verfassungswirklichkeit und der Zustand der durch den 30-jährigen Krieg verwüsteten Mark Brandenburg ließen solche Entwicklungen zunächst nicht zu.

Der Westfälische Frieden von Münster und Osnabrück hatte den einzelnen deutschen Territorialstaaten im Verhältnis zum Reich die volle Landeshoheit in geistlichen und weltlichen Dingen gebracht. War die Landesherrschaft hierdurch auch gestärkt worden, so waren ihr aber in Brandenburg durch den im Friedensschluß ausgehandelten territorialen Gewinn im Innern zusätzliche schwere Aufgaben erwachsen.

Zu den ebenfalls erst jüngst erworbenen Ländern Cleve, Mark, Ravensberg und Preußen erhielt Brandenburg 1648 Hinterpommern sowie

---

[67] *Oestreich*, Friedrich Wilhelm, S. 101; zur Bewertung der Politik des Großen Kurfürsten vgl. auch *Lancizolle*, Ueber Königthum und Landstände in Preußen, Berlin 1846, S. 10 - 12.

[68] *Oestreich*, Friedrich Wilhelm, S. 84.

als Entschädigung für das an Schweden vergebene Vorpommern die ehemaligen Bistümer Kammin, Halberstadt und Minden sowie die Anwartschaft auf Magdeburg, die sich schließlich 1680 realisierte. Diese Neuerwerbungen hatten das brandenburgische Territorium seit 1609 fast verdreifacht.

Durch die Grenzlage Preußens und Cleves wurde Brandenburg viel stärker in die Außenpolitik hineingezogen, als dies früher der Fall gewesen war. Schwieriger noch erschien die Aufgabe der Konsolidierung und Sicherung der Herrschaft in den einzelnen Ländern. Hier waren Landesteile zusammengewürfelt worden, die historisch völlig eigenständige Entwicklungen durchlaufen hatten, die nicht nur unterschiedliche Verwaltungs- und Gerichtsverfassungen, sondern auch voneinander verschiedene Wirtschafts- und Sozialstrukturen aufwiesen. Die Person des Landesherrn, die durch ihn vermittelte Personalunion, war letztlich das einzige Bindeglied unter ihnen.

Dem Streben der Landesherrschaft nach Schaffung von mehr Gemeinsamkeit, ja von zentralen Verwaltungseinrichtungen war überdies durch die Politik der Stände ein deutlicher Riegel vorgeschoben worden. Für diese bedeutete jeder Schritt mehr auf dem Wege zur Zentralisierung des Staates eine Einbuße an bisher innegehabten Rechten und Privilegien. Ihr Ziel war daher die Erhaltung des Partikularismus, die Beachtung territorialer Sonderinteressen, die Wahrung ihrer Privilegien.

Wenn es dem Großen Kurfürsten in einer fast 50 Jahre währenden Herrschaft schließlich doch gelang, die Grundlagen für den brandenburgisch-preußischen Gesamtstaat zu legen, die zentrale Macht des Ständetums zu brechen und die Länder insgesamt wirtschaftlich zu sanieren, so nur durch seine unermüdliche Tatkraft. Seine Taktik umspannte einen ganzen Fächer von Einsatzmitteln, der von der List bis zur notfalls erforderlichen Ausübung von Gewalt alles enthielt, was Erfolg versprach.

Die verfassungsgeschichtliche Forschung hat sich stets erneut mit der Grundlegung der brandenburgisch-preußischen Staatswerdung durch den Großen Kurfürsten befaßt[69]. Man kann daher heute sagen, daß die Faktoren der absolutistischen Staatsschöpfung im stehenden Heer, in dem neu geschaffenen Beamtentum und in einer modernen Finanzverwaltung lagen[70].

---

[69] Vgl. etwa die Übersichten und Literaturangaben im *Handbuch* der europäischen Geschichte, Hrsg. Theodor *Schieder*, Bd. 4, S. 400 ff. (405) oder bei *Gebhardt*, Handbuch, 9. Aufl., Bd. 2, S. 360, 414 ff. (418, 419).

[70] Daß die Ausbildung absolutistischer Staatsformen sich historisch differenzierter vollzogen hat, ist selbstverständlich. So hat neuerdings *v. Kruedener*, Die Rolle des Hofes im Absolutismus, Stuttgart 1973, nach der Rolle des

Erinnern wir uns in diesem Zusammenhang noch einmal an den „Programmsatz“, den Näf[71] gleichsam als Axiom für eine Durchsetzung des Absolutismus aufgestellt hat: „Die politische Macht der Stände und ihrer Organe muß der fürstlichen unterworfen werden, und parallel dazu muß der monarchische Regierungsapparat im Zentrum und in den Provinzen durchgebildet werden.“

In Brandenburg-Preußen verlief nun die Entwicklung fast anders herum. Durch den Auf- und Ausbau einer landesherrlichen Verwaltung wurden die ständischen Systeme überwuchert und verkümmerten. Mit den ständischen Institutionen sank aber auch die zentrale Bedeutung des Ständetums dahin; in der fortdauernden ständischen Gliederung der Gesellschaft und in den ständischen Einrichtungen auf örtlicher und auf Kreisebene sollte es aber selbst noch das 18. Jahrhundert überdauern.

Doch vergegenwärtigen wir uns kurz den Gang dieser Entwicklung, um sodann nach ihrer Bedeutung für die Ausbildung eines landesherrlichen Bestätigungsrechts zu fragen.

1644 hatte der Große Kurfürst mit der Errichtung des stehenden Heeres begonnen. Dies war nicht nur eine Erscheinung, die der überkommenen ständischen Ordnung fremd war, die Unterhaltung der Soldaten erforderte auch laufend Geldmittel, die der Kurfürst aus eigenen Einnahmen nicht decken konnte. Es war daher nur natürlich, daß die Stände mit der Beendigung des großen Krieges die Auflösung des Heeres forderten[72]. Der Kurfürst verweigerte dies, denn er hatte erkannt, daß angesichts der innen- und außenpolitisch unsicheren Lage nach dem Kriege ein stets einsatzbereites Heer für ihn die staatliche Existenzgrundlage bildete. Es zeichnete sich ab, daß es ohne langwierige Auseinandersetzungen nicht zu einer Einigung kommen würde. Die märkischen Stände lenkten jedoch als erste ein.

Im Landtags-Rezess vom 26. Juli 1653[73] bewilligten sie dem Kurfürsten 530 000 Taler für sechs Jahre. Die Stände in Cleve-Mark und in Preußen fügten sich dagegen erst nach Androhung von Gewalt. In den Cleve-Märkischen Landtagsabschieden von 1660 und 1661[74] und dem

landesherrlichen Hofes in diesem Prozeß gefragt. Diese schon von *Hinrichs*, Staat und Gesellschaft im Barockzeitalter, Preussen als Historisches Problem, S. 205 ff. (212 f.) gestreifte Frage ist allerdings für Brandenburg-Preußen, wie *Kruedener*, S. 1, 80 feststellt, erwartungsgemäß dahin zu beantworten, daß der Einfluß gegenüber den anderen Faktoren gering war.

[71] *Näf*, Epochen der neueren Geschichte, Bd. 1, 2. Aufl., Aarau 1959, S. 418.

[72] Vgl. *Urkunden u. Aktenstücke*, Bd. 10, S. 169 - 289; *Schultze*, Johannes, Die Mark Brandenburg, Bd. 5, Berlin 1969, S. 18; *Dietrich*, Kleine Geschichte Preußens, Berlin 1966, S. 36 f.

[73] *CCM*, VI. Teil, 1. Abt., Sp. 425 f.

[74] *Scotti*, Sammlung Cleve/Mark, Bd. 1, Düsseldorf 1826, Nrn. 262 u. 265 (S. 374).

Preußischen Landtagsabschied vom 1. Mai 1663[75] wurde schließlich die Heeressteuer bewilligt. Aber ohne erhebliche Zugeständnisse des Kurfürsten an die Stände war die Einigung in allen drei großen Provinzen nicht zu erreichen gewesen.

Der Erhalt der sozialen und lokalen Privilegien wurde dem Adel verbrieft, der die Zusage der Heeresgelder gegen den Eintausch einer „magna charta des ständischen Prinzips“[76] schon deshalb als einen Erfolg des Ständetums betrachtete, weil aufgrund des überkommenen Privilegs der Steuerfreiheit diese Gelder nicht von ihm, sondern von den Gutsuntertanen aufzubringen waren.

Das aus der Sicht unserer Fragestellung wichtigste Ergebnis dieser Landtage war aber, daß den Ständen die ungehinderte Justiz ihrer Patrimonial- und Stadtgerichte in dem bisher geübten Umfang zugestanden wurde. Damit hatte der Kurfürst als Preis für das Heer auch eine weiterhin zersplitterte Gerichtsbarkeit in Kauf genommen.

Die Stände hatten aber auf den Landtagen durch die Bewilligung langfristiger laufender Abgaben für das Heer den ersten Schritt getan, um ihre in den Auseinandersetzungen mit dem Landesherrn bisher schärfste Waffe, das Steuerbewilligungsrecht, stumpf werden zu lassen. Hier stieß nun *Friedrich Wilhelm* mit dem Plan der Einführung einer neuen gerechteren Steuer nach. Sein Ansinnen, das alte Kontributionensystem, durch Einführung einer indirekten Konsumsteuer, der sogenannten Akzise, abzulösen, stieß vor allem bei dem Adel auf Widerstand, der sein altes Privileg der Steuerfreiheit gefährdet sah. So kam es auch hier zum Kompromiß. Die Akzise wurde nur in den Städten eingeführt, zunächst in der Mark, dann auch in den übrigen Provinzen[77]. Auf dem Lande blieb es bei dem überkommenen Kontributionensystem mit der Folge, daß die Steuerfreiheit des Adels fortbestand. De facto hatten aber die Stände ihr Steuerbewilligungsrecht verloren und damit einen maßgeblichen Teil ihres Einflusses.

Die Schaffung des stehenden Heeres, das jetzt nur auf den Kurfürsten vereidigt war, hatte aber auch eine neue ständige Verwaltungsorganisation für das Intendanturwesen erforderlich gemacht. In den Städten und Kreisen wurden Kommissare, in den Provinzen Oberkommissare als landesherrliche Beamte eingesetzt, die einem General-Kriegs-Kommissar, der für den gesamten Bereich der kurfürstlichen Lande verantwortlich war, unterstellt wurden.

---

[75] *Urkunden u. Aktenstücke,* Bd. 16, S. 418 f.

[76] *Schultze,* Mark Brandenburg, Bd. 5, S. 19.

[77] Vgl. zur Einführung der Akzise *Urkunden u. Aktenstücke,* Bd. 10, S. 475 f.; Bd. 16, S. 430 f.; s. auch *Carsten,* Entstehung Preußens, S. 157 f.

Diese neue Behörde übernahm auch sehr bald die Eintreibung der Akzise und der Kontributionen und maßte sich auch wohl weitere Verwaltungsaufgaben an, die bisher von den ständisch-partikularistisch gesinnten obersten Landeskollegien, den Justiz- und Verwaltungsbefugnisse in sich vereinigenden Regierungen, wahrgenommen worden waren. Wie wirksam die Kommissariate durch Anmaßung von Kompetenzen somit zu einer Zentralisierung der Verwaltung beitrugen, ergibt sich sehr beredt aus den ständischen Beschwerden. In Brandenburg etwa führte man Klage darüber, daß die Übergriffe des Kriegskommissariats „die Total Ruine des Landes und der Verfassung" herbeiführe, „ja die privilegia der Stände gänzlich zernichten werden"[78].

In Preußen beschwerte man sich darüber, daß das Kommissariat und andere iurisdictiones „merklich und nicht ohne sonderbaren Nachteil des Landes der hiesigen Regierung in Kirchen- und Profansachen ihre wohlfundierte ... Gewalt" nähmen. Sie seien daher abzuschaffen[79].

Neben den Kriegskommissariaten hatten die die landesherrlichen Domänen verwaltenden Amtskammern in den einzelnen Provinzen den Regierungen weitere Aufgaben entzogen, vor allem dadurch, daß sie sich langsam auch eine ihre Verwaltungsaufgaben berührende Jurisdiktion zulegten. 1689[80] wurde die Geheime Hofkammer als Aufsichtsorgan für die Amtskammern aller kurfürstlichen Provinzen eingeführt und damit ein weiteres gesamtstaatliches Regierungs- und Verwaltungsorgan geschaffen.

Schon 1651[81] hatte der Große Kurfürst den 1604 gegründeten, während der Zeit des 30-jährigen Krieges verkümmerten, dann aber unter seiner Regierung wiederbelebten Geheimen Rat von einer märkischen Landesbehörde zu einem gesamtstaatlichen Regierungsgremium umgestaltet. Die Verteilung der Geschäfte erfolgte in neunzehn Expeditionen[82], von denen einige die außenpolitischen Sachen umfaßten, eine

---

[78] *Urkunden u. Aktenstücke*, Bd. 10, S. 587; s. auch S. 594, 595.

[79] Vereinigtes Bedenken der Stände v. 13. November 1679, *Urkunden u. Aktenstücke*, Bd. 16, S. 911; vgl. auch Beilage zum vereinigten Bedenken v. 24. Mai 1680, ebenda, S. 923, 924.

[80] Verordnung über die Einsetzung der Geheimen Hofkammer vom 26. April 1689, *Altmann*, Ausgewählte Urkunden, Bd. 1, 2. Aufl., Berlin 1914, S. 170 f.

[81] Vgl. die Instruktion vom 4. Dezember 1651; *Meinardus*, Protokolle und Relationen, Bd. 4, S. 394 f.

[82] Vgl. *Oestreich*, Der brandenburg-preussische Geheime Rat, S. 105, sowie *Kühns*, Die Ressortverhältnisse des preußischen Geheimen Staatsraths bis in das 18. Jahrhundert, Zeitschrift f. Preuss. Gesch. u. Landesk., Bd. 8, S. 141 ff. (162, 163). Zur Regierung mit bzw. durch den Geheimen Rat vgl. *Meisner*, Die monarchische Regierungsform in Brandenburg-Preußen, Forschungen zu Staat u. Verfassung. Festgabe f. Fr. Hartung, Berlin 1958, S. 219 ff.

zweite Abteilung die gesamte innere Politik des brandenburgisch-preußischen Staates. Hier existierte in den Provinzialkommissionen zunächst für jede Provinz eine Kommission. Weitere Kommissionen für Finanzfragen, Militärwesen, das Postregal, die Juden-, Lehns-, Münz- und Salzhandlungssachen betreffen die aus der Territorialverwaltung der Provinzen herausgehobenen, die zentrale Politik interessierenden Aufgaben.

Wenn diese Ordnung auch schon bald umgestellt werden mußte, so hat sie doch insofern für die weitere Entwicklung der brandenburgisch-preußischen Regierungsgremien eine Bedeutung gehabt, als in den Expeditionen die ersten Ansätze späterer Ressortministerien zu erkennen sind.

Es war nur natürlich, daß mit dem stehenden Heer, dem Verlust des Steuerbewilligungsrechts und mit der Zunahme von Kräften zentralisierender Staatsbildung in der Verwaltung der zentrale Einfluß des Ständetums abnehmen mußte. Symbolisch wird dies deutlich in dem allmählichen Ausbleiben ständischer Landtage. Während in der Kurmark etwa bereits im Jahre 1653 der letzte Vollandtag tagt[83], gelingt es in Preußen, in dem der Kurfürst 1657 die Souveränität erhält, erst *Friedrich I.* mit einem Reskript vom 8. November 1705[84] die Einberufung eines neuen Landtages für überflüssig zu erklären. In Cleve-Mark existierte der Landtag zwar noch das ganze 18. Jahrhundert hindurch, doch hatte *Friedrich Wilhelm I.*, nachdem er die Abhaltung eines Landtages zunächst untersagt hatte[85], diesen zwar am 5. April 1722 erneut genehmigt, jedoch dazu geschrieben: „Weill ich itzo nichts höre von Ihre untreue gegen mir aber sich treue aufführen also sollen sie den landtdag wieder haben ich rahte sie aber gegen mir, das sie sich wohl aufführen sollen und meinem befehll Paricion leisten[86].“ Ein solcher Landtag war aber letztlich nur noch „eine Formalität oder Schattenwerk der vormaligen ständischen Influenz in Regierungssachen“, wie das Generaldirektorium 1753[87] in einem Bericht feststellte.

Wir haben gesehen, daß die Verfassungsentwicklung in Brandenburg-Preußen bis zum Ende des 17. Jahrhunderts der Ausbildung einer einheitlichen Gerichtsverfassung oder auch nur einer Zentralisierung der Justiz, aus der ein umfassendes *landesherrliches* Bestätigungsrecht in Strafsachen sich hätte entwickeln können, ungünstig war.

---

[83] *Urkunden u. Aktenstücke*, Bd. 10, S. 49.

[84] *Hintze*, Staat und Gesellschaft unter dem ersten König, S. 332.

[85] Erlaß an die Clevische Regierung vom 3. Oktober 1721, *AB*, Bd. 3, S. 369 ff. (371).

[86] *AB*, Bd. 3, S. 476, 477.

[87] *AB*, Bd. 9, S. 703 (Bericht vom 12. Dezember 1753).

Lediglich im Bereich der Verwaltung kommt es zur Ausbildung zentraler Leitungsgremien, die unter landesherrlichem Einfluß stehen. Die den Ständen verliehene Gerichtsbarkeit ist dem Adel und den Städten ausdrücklich bestätigt worden. Den ständisch orientierten Regierungen sind durch die Entmachtung auf dem Verwaltungssektor die Rechtsprechungsaufgaben verblieben[88]. Korrespondierend dazu fehlen die Justizangelegenheiten in der Geschäftsverteilung des Geheimen Rates von 1651[89]. Sie stellten keine der aus der Provinzialverwaltung herausgehobenen Aufgaben von zentraler Bedeutung dar, ein Zeichen dafür, daß die noch im Mittelalter so bedeutende Justiz unter den Erfordernissen „moderner" Landesverwaltung im 17. Jahrhundert der Verwaltung den Rang abgetreten hat.

Wie umfangreich der anscheinend nicht sehr große Einfluß des Landesherrn auf die Rechtspflege in der zweiten Hälfte des 17. Jahrhunderts nun wirklich war, wird im Anschluß bei der Betrachtung der Gerichtsverfassung zu untersuchen sein.

Es war auf Grund der Verfassungsentwicklung aber doch schon eines vorauszusehen: Wenn der Landesherr die von ihm erworbene Macht nicht wieder aufs Spiel setzte, mußte sich die auf dem Gebiet der Verwaltung voranschreitende Zentralisierung und Vereinheitlichung irgendwann auch auf dem Gebiet der Rechtspflege bemerkbar machen. Mit dem Geheimen Rat stand hier schon ein landesherrliches Gremium zur Verfügung, das zentrale Aufsichtsbefugnisse auch in der Rechtspflege wahrnehmen konnte.

Daß der den Ständen in den Landtags-Rezessen zugesicherte Erhalt ihrer Gerichtsbarkeit dabei kein Hindernis auf Dauer darstellen mußte, ergibt sich aus der Regierungspraxis absoluter Herrscher zur Genüge. Ihnen aus heutiger Sicht einen Vorwurf machen zu wollen, hieße, sie zu überfordern. Für diese, in „vorkonstitutionellen Räumen" tätigen Landesherren waren die verbrieften Rechte der Stände bedeutungslos, wenn sie meinten, man müsse zum Wohl des Landes über sie hinweggehen.

---

[88] Diese Zuständigkeitsverlagerung ist endgültig gewesen. Aus den Regierungen sind später die Oberlandesgerichte hervorgegangen, während die eigentlichen „Regierungs"-gremien sich über die das Domänenwesen verwaltenden Behörden ausbilden.

[89] Der Geheime Rat hat sich dennoch mit Justizangelegenheiten befaßt. Einmal, weil er weiterhin auch als märkische Landesbehörde anstelle der in der Kurmark nicht vorhandenen „Regierung" mit ihnen befaßt war, zum Teil aber auch aus anderen Gründen. Näher s. unten S. 90.

3. Kapitel

Die Entwicklung der Gerichtsverfassung und des Strafverfahrensrechts

A. Die Gerichtsverfassung im ständischen Territorialstaat und die Ausbildung eines „gerichtsherrlichen" Bestätigungsrechts

I. Die Gerichtsverfassung und ihre Umwandlung infolge der Rezeption

„Die Ausbildung der landesherrlichen Gewalt ließ die ursprünglich vom Reiche abgeleitete oberste Gerichtsgewalt in den Territorien zum eigenständigen Recht des Landesherrn, schließlich mit der Entstehung der Landeshoheit zum landesherrlichen Hoheitsrecht werden. Zunächst war allerdings die oberste Gerichtsgewalt des Landesherrn noch eingeschränkt. In der Mittel- und Unterinstanz waren die Gerichte noch weitgehend in der Hand ständischer oder anderer Gewalten, vor allem der Städte und Gutsherren." Mit diesen treffenden Worten von *Conrad*[1] könnte man die Entwicklung der Grundzüge der Gerichtsverfassung zusammenfassen, soweit sie oben bei der Betrachtung der Entwicklung der Staatsverfassung sichtbar geworden sind.

Aber diese, bisher lediglich auf der Auswertung von Urkunden über die Verleihung von Gerichtsbarkeiten beruhende These, einer durch weitgehende Veräußerung von Ober- und Untergerichten an die Stände bedingten geschwächten, keineswegs einheitlichen Gerichtsgewalt des Landesherrn, bedarf angesichts einiger Literaturstimmen einer erneuten Überprüfung. Immerhin wäre es denkbar, daß Vertragsnorm und Rechtswirklichkeit differierten[2], daß sich die Machtsphäre des Landesherrn in Wirklichkeit über die auf dem Papier festgelegten Grenzen ausdehnen konnte[3].

---

[1] *Conrad*, Deutsche Rechtsgeschichte, Bd. 2, S. 283.

[2] Vgl. die folgenden Anm. 4 - 7.

[3] Die in der rechtsgeschichtlichen Forschung immer wieder erhobene Forderung nach stärkerer Einbeziehung auch der Rechtswirklichkeit in die historische Analyse ist mehr als berechtigt und ist jüngst gerade von *Merzbacher* unter Anknüpfung an Hans *Fehr* erneut als Aufgabe gesehen worden, vgl. *Merzbacher*, Norm und Wirklichkeit in der Rechtsgeschichte, Festschrift f. Schnorr v. Carolsfeld, Köln 1972, S. 351 ff.

In diesem Sinne könnten etwa die folgenden Anmerkungen von Erich *Döhring*[4] verstanden werden, die, wie die weiteren noch anzuführenden Meinungen auch, ihrer Wichtigkeit wegen im Wortlaut wiedergegeben werden sollen:

„Je mehr die staatsrechtliche Stellung der Landesherrn sich festigte, desto mehr gewann in den Territorien auch die Vorstellung vom Landesfürsten als dem obersten Richter an Geltungskraft. In Brandenburg nahm der Kurfürst bereits 1483 für alle seine Länder das oberste Richtertum in Anspruch. Auch später trat dieser Gedanke immer wieder hervor, so z. B. in der Joachimica (1527) und im brandenburgischen Landtagsrezeß von 1534. Alle Stellen, die eine Jurisdiktion ausübten (Städte, Grundherren usw.), versuchten im Laufe der Zeit, sie mit ausdrücklicher oder stillschweigender Verleihung seitens des Landesherrn zu begründen. Die Stellung des Landesherrn als des obersten Richters im Territorium war auch die Grundlage für seine persönliche Rechtsprechung. Ursprünglich hatte er eine solche nur als Schiedsrichter auf Grund Vereinbarung der Parteien gehabt. Kraft seiner landesherrlichen Gewalt hatte er sie lediglich in einigen wenigen eng umgrenzten Fällen ausgeübt, deren Umkreis sich jedoch bald erweiterte."

„Er nahm auch das sogenannte Straßengericht als landesherrliches Regal für sich in Anspruch und bekam auf diese Weise die Verfolgung vieler Mordtaten und Raubüberfälle in die Hand, die damals vorwiegend auf den Landstraßen verübt wurden. Die mächtigeren Territorialherren hielten darauf, daß die gutsherrlichen Gerichte sich hier nicht einmischten, auch wenn sie im Einzelfall mit der höheren Strafgerichtsbarkeit belehnt worden waren[5]."

Auch folgende Feststellungen von Eberhard *Schmidt*[6] zwingen zu einer Überdenkung der These von der geschwächten Gerichtsgewalt des Landesherrn:

„Die Aufgabe des Fürsten, für die Sicherheit des Landes und der Untertanen zu sorgen, das Interesse an Wahrung der eigenen fürstlichen Autorität und nicht zuletzt das fiskalische Interesse an Vermögenseinziehungen und Geldbußen drängte schon im 16. Jahrhundert dazu, die Strafrechtspflege unter landesherrliche Leitung zu stellen. Der Landesherr nimmt, da Gewaltenteilungsgesichtspunkte nicht in Frage kamen, eine oberstrichterliche

---

[4] *Döhring*, Geschichte der deutschen Rechtspflege seit 1500, Berlin 1953, S. 3 u. 6.

[5] *Döhring*, Geschichte d. Rechtspflege, S. 6.

[6] *Eb. Schmidt*, Einführung, 3. Aufl., S. 179; vgl. auch insoweit *Eb. Schmidt*, Rechtssprüche u. Machtsprüche, S. 12: „Das Landesfürstentum hat aber seit seinem Aufkommen im Mittelalter ... die Leitung dieser polizeilich obrigkeitlichen Ermittlungsverfahren durchaus als seine Angelegenheit betrachtet. Frühzeitig entwickelt sich hieraus eine landesherrliche Spruchtätigkeit in Strafsachen. Auch in Brandenburg nimmt der Kurfürst eine eigene richterliche Tätigkeit in Anspruch. Sie ist im 16. Jahrhundert ganz deutlich entwickelt, wird entweder von ihm persönlich ausgeübt oder in seinem Namen von Mitgliedern der Ratsstube." Siehe weiter: *Eb. Schmidt*, Die Justizpolitik Friedrichs des Grossen, Heidelberger Jahrbücher, Bd. 6, Berlin 1962, S. 95 ff. (99): „Schon seit dem 16. Jahrhundert hat sich für den Bereich der Strafrechtspflege das sogenannte ‚Bestätigungsrecht' des Landesherrn entwickelt."

Stellung in Anspruch. Er kann sie in eigener Person oder durch beauftragte Staatsdiener ausüben, indem er Untersuchungsaufträge erteilt oder gerichtliche Urteile, wo er nicht selbst entscheiden will, zur Überprüfung einfordert. So entwickelt sich in Strafsachen seit dem 16. Jahrhundert neben dem Begnadigungsrecht das sogenannte *Bestätigungsrecht*. Dieses geht dahin, daß der Landesherr gerichtliche Urteile entweder sanktioniert oder durch Milderung oder Schärfung seinen landesherrlichen Intentionen anpaßt. Welche Urteile er zu solchem Zwecke an sich zieht, ist seinem Ermessen überlassen."

Schon 1855 hatte Hälschner[7] ausgeführt:

„Während früher die Landesherren, um eine Controlle über die Gerichte auszuüben, sich für einzelne Fälle die Bestätigung richterlicher Urtheile vorbehielten, wurde es im 17.ten und 18.ten Jahrhundert allgemeiner Gebrauch, wenigstens bei allen, eine schwerere Strafe verhängenden Urtheilen, die landesherrliche Bestätigung einzuholen." „In der Mark hatte sich dies Recht, wie gezeigt, schon im Anfange des 16. Jahrhunderts gebildet."

Diese in Einzelheiten unterschiedlichen Aussagen stimmen doch insoweit überein, als sich ein landesherrliches Bestätigungsrecht, das kraft einer oberstrichterlichen Stellung des Landesfürsten in Anspruch genommen wird, seit dem 16. Jahrhundert entwickelt haben soll.

Vor dem Hintergrund der allgemeinen Verfassungsentwicklung wäre dies immerhin denkbar, denn gegen Ende des 15. und am Anfang des 16. Jahrhunderts wird mit dem nunmehr aufkeimenden Gedanken der Landeshoheit nicht nur die Grundlage für die Entstehung eines staatlichen Gemeinwesens überhaupt gelegt. Die Idee einer öffentlichen, unteilbaren und unveräußerlichen Hoheitsgewalt ist die Grundvoraussetzung für die Entwicklung einer in der Ausübung eines Bestätigungsrechts sichtbar werdenden höchstrichterlichen Gewalt des Landesherrn, wie sie etwa für den Verfassungszustand des ausgehenden 18. Jahrhunderts im brandenburgisch-preußischen ALR, Teil II, Titel 17, § 18 ausformuliert ist: „Die allgemeine und höchste Gerichtsbarkeit im Staate gebührt dem Oberhaupt desselben und ist als ein Hoheitsrecht unveräußerlich[8]."

Bedenken gegen die Terminierung der Anfänge des landesherrlichen Bestätigungsrechts auf das 16. Jahrhundert könnten sich jedoch darauf gründen, daß mit der Regierung *Joachims II.* (1535) die eigentliche Blüte ständischer Macht im dualistischen Ständestaat beginnt, die mit geringen Schwankungen etwa bis zum Regierungsantritt des *Großen Kurfürsten* anhält.

---

[7] *Hälschner*, Geschichte des Brandenburgisch-Preußischen Strafrechts, S. 141 mit Anmerkung 6; s. auch S. 186: „Der Ursprung des landesherrlichen Rechtes der Bestätigung der Strafurtheile fällt in der Mark, wie oben gezeigt wurde, schon in den Anfang des 16. Jahrhunderts. In welchem Sinne es hier aufgefaßt und geübt wurde, ergiebt sich am besten aus der Cabinets-Ordre des großen Churfürsten vom 24. November 1663."

[8] *Allgemeines Landrecht* f. d. Preußischen Staaten v. 1794, Textausgabe, Hrsg. H. Hattenhauer, Frankfurt a. M. 1970, S. 620.

Eine Lösung des Problems kann letztlich nur durch eine Analyse der richterlichen Tätigkeit des Kurfürsten gefunden werden, die sich seit der 2. Hälfte des 15. Jahrhunderts nachweisen läßt, und die uns vor allem mit dem von Adolf *Stölzel*[9] herausgegebenen urkundlichen Material aus den Brandenburger Schöppenstuhlsakten einen Blick in die Rechtswirklichkeit der damaligen Zeit ermöglicht.

Zunächst einmal ist aber zu klären, warum der Kurfürst seit dem Ausgang des 15. Jahrhunderts überhaupt als Richter auftritt, „denn die eigentliche Rechtsprechung gehörte in frühen Zeiten nicht zu den Hoheitsrechten des Landesherrn. Sie lag in den Händen der Volksgerichte“[10].

Nachdem unter *Karl dem Großen* das Gericht der vollversammelten Gerichtsgemeinde sich bereits zum Schöffengericht gewandelt hatte, beginnt etwa im 16. Jahrhundert, bedingt durch die Rezeption, die Periode eines gelehrten weltlichen Richterstandes, der schließlich die ungelehrten Schöffen in einer territorial und zeitlich sehr unterschiedlich verlaufenden Entwicklung gänzlich aus den Gerichten verdrängt[11]. Die Schöffen verstanden das neue Recht nicht mehr, auch konnten sie das schriftliche Verfahren wegen mangelnder Schreibkenntnisse nicht bewältigen. Sprachen früher die Schöffen als Urteiler alleine das Recht, so wird nunmehr der Gerichtsherr, der ursprünglich als Vorsitzender des Gerichts lediglich die Verhandlung zu leiten hatte, immer mehr selbst an der Urteilsfällung beteiligt. Wo der Gerichtsherr beamtete Richter eingesetzt hatte, tauchte langsam die Frage auf, warum er selbst nicht auch das tun könne, was seine Diener taten.

So wandelt sich der Begriff der Gerichtsbarkeit im Laufe der Zeit um. Der Gerichtsherr ist nun nicht mehr nur als Verwalter der Gerichtsbarkeit tätig, er spricht auch selbst Recht.

Die Gerichtsverfassung der Carolina von 1532[12] ist von diesem Gedanken des selbst urteilenden Gerichtsherrn schon durchdrungen, hält aber an der Einrichtung der Schöffenverfassung zunächst fest. Die

---

[9] *Stölzel*, Urkundliches Material aus den Brandenburger Schöppenstuhlsakten, 4 Bde., Berlin 1901.

[10] *Thiesing*, Geschichte des Preußischen Justizministeriums, 200 Jahre Dienst am Recht, Hrsg. Fr. Gürtner, Berlin 1938, S. 15.

[11] Vgl. hierzu und zum Folgenden; *Stölzel*, Die Entwicklung des gelehrten Richterthums, Bd. 1, Stuttgart 1872, S. 235; *Stölzel*, Rechtsverwaltung und Rechtsverfassung, Bd. 1, S. 29 - 31; *Siegel*, Zur Entwicklung der Unabhängigkeit der Rechtsprechung, Annalen d. Deutschen Reichs, Jg. 1898, 221 ff.; *Wagner*, Die Wissenschaft des gemeinen römischen Rechts u. das Allgemeine Landrecht f. d. Preußischen Staaten, Wissenschaft u. Kodifikation d. Privatrechts im 19. Jahrhundert, Bd. 1, Frankfurt a. M. 1974, S. 119 ff.; vgl. auch *Kern*, Der gesetzliche Richter, S. 54; *Kern*, Gerichtsverfassungsrecht, S. 34 - 36.

[12] Vgl. dazu *Kern*, Gerichtsverfassungsrecht, S. 34 - 36.

Carolina geht dabei davon aus, daß der Richter entweder vom Landesherrn oder von einer Stadt bestellt ist, oder daß der Patrimonialherr selbst zu Gericht sitzt. In Art. 1 bemängelt die Carolina, daß die adligen Gerichtsinhaber sich bisher häufig ihres Standes wegen geweigert hätten, Richter in peinlichen Sachen zu sein. Sie geht davon aus, daß die Patrimonialherren künftig selbst als Richter an der Verhandlung teilnehmen. In Art. 2 sieht sie nämlich eine Stellvertretung im Richteramt, die der Genehmigung der Obrigkeit bedarf, nur für den Fall vor, daß der Patrimonialherr wegen körperlicher oder geistiger Gebrechen oder aber aus Altersgründen sein Richteramt nicht wahrnehmen kann[13].

Richter und Schöffen finden das Urteil gemeinsam, denn sie sollen „miteinander unterreden und beschliessen, was sie zu recht sprechen wollen“[14]. Dabei geht die Carolina davon aus, daß der Richter in der Regel noch nicht rechtsgelehrt sein wird und schreibt daher als Ausgleich die Aktenversendung an die Oberhöfe, die Obrigkeit oder auch an Rechtsfakultäten vor.

II. Der Landesherr als oberster Richter in Zivilsachen

Es ist also für das beginnende 16. Jahrhundert nichts Fremdartiges, wenn der Landesherr als Gerichtsherr in Zivil- und Strafsachen entweder selbst richtet, die Urteile seiner beamteten Richter bestätigt oder auch abändert.

Schon aus der zweiten Hälfte des 15. Jahrhunderts sind uns zahlreiche Urteile in Zivilsachen bekannt, in denen der Landesherr entweder selbst oder durch seine Räte Recht gesprochen hat. *1465* konfirmiert Markgraf *Friedrich* ein von seinen Räten auf der Elbfähre bei Sandau gesprochenes Urteil[15], daß der Hof zu „Großen Swechten mit wiesen, ackern, zinsen, renten und aller zugehorunge Lehen sey und nicht Erbe“.

Weitere Entscheidungen aus den Jahren *1471 - 1483*, die *Stölzel*[16] aus dem von *Raumer*[17] gesammelten Urkundenmaterial mitteilt, beweisen, daß die kurfürstlichen Räte im Auftrage des Landesherrn in Zivilverfahren Zeugen verhören und Urteile sprechen. Entweder ist der Markgraf selbst an der schließlichen Urteilsfindung beteiligt oder aber der Spruch der Räte wird zu seiner Bestätigung vorgelegt. Dabei richtet sich die Auswahl der Urteiler nach dem Stande der prozeßführen-

[13] *Carolina*, Textausgabe v. Radbruch, Art. 1 u. Art. 2 (S. 29, 30).

[14] *Carolina*, Art. 81 (S. 64).

[15] *Gercken*, Fragmenta Marchica, Teil 4, S. 63, 64.

[16] *Stölzel*, Rechtsverwaltung und Rechtsverfassung, Bd. 1, S. 100 - 103.

[17] *Raumer*, Codex dipl., Teil 2, Berlin 1833; vgl. auch das Urteil der kurfürstlichen Räte aus dem Jahre 1483 in Sachen des Bauern Jürgen Muselow gegen die Stadt Köpenick, *Raumer*, Codex dipl., Teil 2, S. 180, 181.

den Parteien. War der Kurfürst selbst als Partei in einen Zivilstreit verwickelt, so einigte man sich häufig auf eine schiedsrichterliche Entscheidung der Landstände[18].

1483 wird in einem Urteil ganz deutlich die Legitimation für diese Rechtsprechung des Landesherrn in Zivilsachen angesprochen. Auf eine Bitte um Zulassung der Appellation gegen ein Zivilurteil entscheiden die Räte, „das sein gnade billich und von rechts wegen *ein oberster richter ist als ein lantsfurst.* In seiner gnaden furstenthumen und landen und das man sich billich unnd von rechts wegen an sein gnade beruffen und appelliren mag"[19]. Dieser landesherrliche Anspruch auf das oberste Richteramt in Zivilsachen ist, wie sich aus Zeugnissen des 16. Jahrhunderts ergibt, später auch von den Ständen im Grundsatz anerkannt worden.

Mit der Kammergerichtsordnung von 1516[20] wird das Kammergericht zum höchsten Zivilgericht der Mark umgestaltet und ist Berufungsgericht für die Urteile aller Untergerichte sowie erstinstanzliches Gericht für den von den Untergerichten eximierten Adel. Im Gericht sollte nach Gemeinem Kaiserlichen Recht gesprochen werden. Unter den zwölf Beisitzern des Gerichts befanden sich vier landesherrliche Räte, während der ständische Einfluß überwog. Einen der vier Räte konnte der Kurfürst als „Richter an unser statt"[21] verordnen. Aber der Landesherr hatte nicht daran gedacht, seinen Anspruch auf das oberste Richteramt in Zivilsachen aufzugeben. Wer sich durch eine Entscheidung des Kammergerichts beschwert fühlte, konnte binnen zehn Tagen nach Urteilsausspruch die Supplikation an den Landesherrn ergreifen. „Was Wir alsdann durch Uns oder Unser dazu freundliche verordnete Commissarien uff solich ihr Einbringen und Acta und zu Recht sprechen werden, dabei soll es ungeweigert und endlich bleiben[22]."

Hiermit war letztlich der bestimmende Einfluß des Landesherrn in der Zivilrechtspflege gewahrt, es war aber gleichzeitig auch das Tor aufgestoßen worden für einen Rechtsbehelf, der sich zu „einer wahren Landplage für Justiz und Verwaltung entwickeln sollte"[23]. Schon die Joachimica von 1527[24], mit der im Bereich des märkischen Erbrechts

---

[18] *Förstemann,* Zur Geschichte der preußischen Monarchie, Nordhausen 1867, S. 63 ff. (68, 69); *Loening,* Gerichte und Verwaltungsbehörden in Brandenburg-Preußen, Halle 1914, S. 7 u. 8 m. w. Nachw.

[19] *Raumer,* Codex dipl., Teil 2, S. 180.

[20] *CCM,* II. Teil, 1. Abt., Sp. 1 ff. = *Prinz,* Quellenbuch zur br.-pr. Geschichte, Bd. 1, S. 344 ff.

[21] *CCM,* II. Teil, 1. Abt., Sp. 10.

[22] *CCM,* II. Teil, 1. Abt., Sp. 17.

[23] *Hülle,* Das Supplikenwesen in Rechtssachen, S. 194 ff. (198); vgl. auch *Thudichum,* Ueber Ausfertigung richterlicher Urtheile im Namen des Staatsoberhaupts, Preußische Jahrbücher, Bd. 27, S. 413 ff. (418).

das römische Recht eingeführt wurde, ist für den Kurfürsten ein neuer Anlaß, auf sein höchstes Richteramt in Zivilsachen hinzuweisen. In den Landtags-Rezessen von 1534[25] und 1538[26] wird die Supplikation schon als ganz selbstverständliche Einrichtung behandelt. Der Kurfürst verspricht, daß er die „Appellation in Form einer Supplication an Uns" niemandem abschneiden möchte, und daß er unparteiische Räte in Kommissionen zur Erledigung dieser Beschwerden bestellen werde.

Die „Reformation" des Kammergerichts von 1540[27] erwähnt noch einmal das Recht der Supplikation an den Landesherrn. Allerdings deutet die festgesetzte Geldstrafe für eine erfolglose Supplikation schon auf erste Mißbräuche dieses Rechtsbehelfs hin.

„In der kurfürstlichen Entscheidung über die Supplication (Appellation) tritt uns die höchstrichterliche Tätigkeit des Landesherrn in Zivilsachen entgegen[28]." Seine Tätigkeit auf diesem Gebiet hat sich in zahlreichen Schöppensprüchen des Brandenburger Schöppenstuhles niedergeschlagen, den er bei Ausübung seiner oberstrichterlichen Funktion durchaus um Rechtsbelehrung bat.

Im 17. Jahrhundert hat sich für die höchste zivilrichterliche Entscheidung des Landesherrn der allgemeinere Begriff des „Machtspruches" durchgesetzt[29], denn der Landesherr griff nunmehr auch in schwebende Verfahren ein, oder er fällte eine Sachentscheidung ohne jedes Gerichtsverfahren. Daß es dem Kurfürsten hierbei nicht darum ging, Macht vor Recht ergehen zu lassen, sondern daß der Machtspruch nur den rein formalen Gegensatz zum Gerichtsspruch deutlich machen sollte, darauf hat Eberhard *Schmidt*[30] zu Recht hingewiesen.

Das oberste Richterrecht des Landesherrn in Zivilsachen, das in Brandenburg-Preußen erst um die Mitte des 18. Jahrhunderts von *Friedrich II.* aufgegeben wurde, hat sich also bereits in der zweiten Hälfte des 15. Jahrhunderts ausgebildet.

---

[24] *CCM*, II. Teil, 1. Abt., Sp. 19 ff. (20). Die Joachimica hat auch der schnellen Einführung der Carolina in Brandenburg den Weg geebnet, vgl. *Heydemann*, Die Elemente der Joachimischen Constitution vom Jahre 1527, Berlin 1841, S. 17.

[25] *CCM*, VI. Teil, 1. Abt., Sp. 25 ff. (26).

[26] *CCM*, VI. Teil, 1. Abt., Sp. 43 ff. (46).

[27] *CCM*, II. Teil, 1. Abt., Sp. 29 ff. (31).

[28] *Eb. Schmidt*, Kammergericht und Rechtsstaat, S. 8.

[29] Der Begriff taucht bereits in den Protokollen des Geheimen Rates vom 10. 1. 1645 und 4. 11. 1648 auf; vgl. *Meinardus*, Protokolle, Bd. 3, S. 13; Bd. 4, S. 152.

[30] *Eb. Schmidt*, Kammergericht u. Rechtsstaat, S. 11. Dieser rein formale Unterschied wird bereits deutlich in einem Prozeß aus dem Jahre 1647: Das Kammergericht „soll sich bemühen, ob sie die Leute zur Pilligkeit vereinigen können. Sonsten möchte S.CH.D. etwas ex plenitudine potestatis thun". (*Meinardus*, Protokolle, Bd. 3, S. 660.)

III. Das „gerichtsherrliche" Bestätigungs- und Begnadigungsrecht des Landesherrn in Strafsachen

a) Die rechtlichen Grundlagen eines „gerichtsherrlichen" Bestätigungsrechts

Wenn sich also die oben zitierten Literaturmeinungen hinsichtlich der *Zivilrechts*pflege bestätigt haben, so ist die bei der Betrachtung der allgemeinen Verfassungsentwicklung zunächst aufgestellte These einer durch Verleihungen von Gerichtsbarkeiten geschwächten uneinheitlichen Gerichtsgewalt des Landesherrn in der *Strafrechts*pflege damit noch nicht widerlegt worden.

Die Ursachen für eine möglicherweise unterschiedliche Machtposition des Landesherrn auf verschiedenen Gebieten der Rechtspflege könnten bereits in der andersartigen Gerichtsverfassung der Strafrechtspflege und in den Abweichungen des Verfahrensrechts deutlich werden.

Bei den Verleihungen von Gerichtsbarkeiten hatten die Landesherrn zwar auch die Gerichtsgewalt in Zivilsachen an die städtischen und ständischen Gerichtsherrn vergeben. Nach der märkischen Gerichtsverfassung hatte es sich hierbei jedoch stets nur um die *Untergerichte* in Zivilsachen gehandelt. Der Gedanke einer Anfechtbarkeit von erstinstanzlichen Zivilurteilen war aber in der Mark stets lebendig gewesen[31]. So hatte etwa 1358 schon *Ludwig der Römer* ausgesprochen, daß die Klage in letzter Instanz der Markgraf selbst oder sein Hofrichter in Tangermünde zu entscheiden habe[32]. Nur so ist auch zu erklären, daß dem im Laufe des 15. Jahrhunderts sich verfestigenden Brauch einer direkten Berufung von jedem Gericht erster Instanz an den Kurfürsten und seine Räte so wenig ständischer Widerstand entgegengesetzt wurde. Man war sich klar darüber, daß die Verleihung der Zivilgerichtsbarkeit nur die Gerichtsgewalt der ersten Instanz umfaßte, und daß diese Urteile im Wege der Appellation wieder aufgchoben werden konnten. Seit dem 16. Jahrhundert war mit der Möglichkeit der Appellation an das Kammergericht und einer Supplikation an den Kurfürsten in der Zivilrechtspflege sogar ein dreistufiges Gerichtssystem vorhanden.

Die Entwicklung des Strafverfahrens nahm dagegen nicht nur hinsichtlich der Möglichkeit einer Appellation an die obersten Reichsgerichte einen viel rechtsmittelfeindlicheren Verlauf.

Gegen Ende des 15. Jahrhunderts macht sich in der Mark Brandenburg eine langsame Durchbrechung des altdeutschen Akkusationsprin-

---

[31] Vgl. dazu *Kühns*, Geschichte der Gerichtsverfassung, Bd. 2, S. 531 ff.

[32] Vgl. *Kühns*, Geschichte d. Gerichtsverfassung, Bd. 1, S. 146; *Stölzel*, Rechtsverwaltung und Rechtsverfassung, Bd. 1, S. 108.

zips zugunsten der Offizialmaxime bemerkbar. 1479 ordnet der Kurfürst ein amtliches Einschreiten gegen Landfriedensbrecher an[33]; die von *Schotte*[34] veröffentlichten Ständeakten des beginnenden 16. Jahrhunderts weisen aus, daß gegen „Rauberei und plackerei" von Amts wegen eingeschritten werden soll. Das geschieht zunächst in Klagen von Amts wegen, aber auch schon in inquisitorischen Formen. Wie schnell die Grundsätze des italienisch-kanonischen Strafprozesses Eingang in die Mark gefunden haben, zeigt auch der große und berühmte Prozeß aus dem Jahre 1510 gegen die märkischen Juden, der ganz von inquisitorischen Formen beherrscht ist[35]. Denselben Eindruck vermitteln die seit 1521 überlieferten Sprüche des Brandenburger Schöppenstuhls, deren meist mit abgedruckte Anfragen im wesentlichen die Anwendung der in der Bambergensis enthaltenen inquisitorischen Prozedurform[36] durch die Belehrung suchenden Gerichte beweisen.

Bei dem Erscheinen der Carolina im Jahre 1532, die durch den Landtags-Rezess von 1540[37] in Brandenburg eingeführt wird, hat sich das inquisitorische Verfahren nicht nur in Brandenburg schon weitgehend durchgesetzt[38].

§ 95 des Reichsabschiedes zu Augsburg von 1530 hatte in Strafsachen die Appellation an das Reichskammergericht untersagt. Daraus hatte man teilweise auf die Unzulässigkeit der Appellation im inquisitorischen Verfahren überhaupt geschlossen. Andere Meinungen hielten die Appellation keineswegs als mit der Natur des Inquisitionsprozesses unvereinbar. Die Carolina hatte daraufhin, offenbar, um verschiedenen Prozeßgebräuchen in den einzelnen Territorien nicht vorzugreifen, die Appellation nicht erwähnt.

Der sich in Brandenburg ausbildende Inquisitionsprozeß hat die Appellation als ordentliches Rechtsmittel nicht gekannt. Das Kammergericht ist seit seiner Gründung bis ins 18. Jahrhundert hinein ein reines

---

[33] *Eb. Schmidt*, Fiskalat und Strafprozeß, S. 20, 21.

[34] *Schotte*, Fürstentum und Stände, S. 102 ff. (113).

[35] Zum Prozeß und Verfahren vgl. *Holtze*, Das Strafverfahren gegen die märkischen Juden im Jahre 1510, Schriften d. Vereins f. d. Geschichte Berlins, Heft 21, Berlin 1884; *Holtze*, Die Bambergensis in der Mark, FBPG, Bd. 3, S. 59 - 87; siehe auch *Prinz*, Quellenbuch zur br.-pr. Geschichte, Bd. 1, S. 302 ff.: Die Judenverfolgung zur Zeit Joachims I. (1510).

[36] *Eb. Schmidt*, Fiskalat und Strafprozeß, S. 25.

[37] *CCM*, VI. Teil, 3. Abt., Anhang zum Register 1, Sp. 54 - 56 (55). Die *Brandenburgica*, die „Brandenburgische Halsgerichts-Ordnung von 1516" (Ausgabe v. 1582 ist abgedruckt bei *Boehmer*, Joh. Sam., Meditationes in Constitutionem criminalem Carolinam, Halle 1774, im Anhang) galt in den Fürstentümern Ansbach und Bayreuth, nicht dagegen in der Mark Brandenburg.

[38] *G. Schmidt*, Sinn und Bedeutung der CCC, Sav. Z. Germ. Abt., Bd. 83, 1966, S. 239 ff. (246).

Zivilgericht geblieben. Aber nicht nur das Fehlen eines dem Kammergericht entsprechenden obersten Strafgerichtes deutet darauf hin, daß die Appellation gegen Urteile im Inquisitionsprozeß nicht üblich war. Die von *Stölzel* mitgeteilten Brandenburger Schöppensprüche weisen eine solche Übung ebenfalls nicht auf und die Landes-Constitution von 1594[39] bestimmte in ihren wenigen Sätzen, mit denen sie den im Lande üblichen Inquisitionsprozeß umschrieb, „Soll der Scheppenstuel zu Brandenburgk mit Zuziehunge des Berichts der beschehenden offenbahren mißhandelung oder der freywilligen bekendtnus, alleine wie der ubeltheter zu straffen, befraget, und dasselbe, was gesprochen *ohne einige Appellation* exequiret werden".

Da der Schöppenstuhl in Brandenburg als Oberhof auch dann tätig wurde, wenn das peinliche Verfahren in den Formen des Anklageprozesses betrieben wurde, kann man davon ausgehen, daß das Appellationsverbot auch für diese Prozeßform gelten sollte. Kriminalsachen sollten eben schnell abgetan werden.

Dieser Grundsatz wird im Jahre 1619 noch einmal bestätigt. Damals geriet in der Stadt Bernau eine 70-jährige Frau in den Verdacht der Hexerei. Die Universität Frankfurt erkannte auf die Tortur. Als der Defensor der Frau gegen diese Entscheidung appelliert, behauptet der Rat der Stadt, die Observanz im Lande gestatte eine solche Appellation nicht. Dem tritt der Kurfürst in einem Reskript bei: Die eingewandte Appellation sei nach dem kundbaren und notorischen Landesgebrauch nicht zulässig, sonst würde jeder Maleficant dadurch der Strafe entgehen[40].

In der Mark Brandenburg konnten aber in dieser frühen Phase der Entwicklung inquisitorischer Prozeßformen auch noch keine Spuren für das später gegen Ende des 17. Jahrhunderts nachweisbare suspensive aber nicht devolutive Rechtsmittel der „weiteren Verteidigung" gefunden werden. Das ist auch verständlich, denn *Carpzov*, der allgemein als „Erfinder" dieses Rechtsbehelfs gilt, hat die Präjudizien für dieses, offenbar in der Praxis der Schöppenstühle ausgeformte Rechtsmittel erst in seiner 1635 in erster Ausgabe erschienenen „Practica"[41] mitgeteilt.

---

[39] *CCM*, VI. Teil, 3. Abt., Sp. 55 ff. (165); zur Geschichte dieses unveröffentlicht gebliebenen Projektes vgl. neuerdings *Scholz*, Der brandenburgische Landrechtsentwurf v. 1594, Köln 1973, S. 28 - 33.

[40] *Raumer*, Actenmässige Nachrichten von Hexenprozessen und Zaubereien in der Mark Brandenburg vom sechszehnten bis ins achtzehnte Jahrhundert, Märkische Forschungen, Bd. 1, Berlin 1841, S. 236 - 265.

[41] *Carpzov*, Practica nova rerum criminalium. Editio nov., Frankfurt a. d. Oder 1758, Qu. 115, n. 68 u. 71; Qu. 139, n. 14 f. (37 - 41); vgl. dazu *Döring*, Wilh., Der Anklage- und Inquisitionsprozeß bei Carpzov, Emsdetten 1935, S. 80; *Bollmann*, Die Stellung des Inquisiten bei Carpzov, Diss. Jur. Marburg 1963, S. 188 ff.

Dennoch wird man davon ausgehen können, daß das einmal in einem peinlichen Verfahren ausgesprochene Urteil nicht für alle Zeiten unverrückbar feststehen mußte. Der in Brandenburg für den Beginn des 16. Jahrhunderts nachweisbare feste Brauch, sich in Strafsachen durch Aktenversendung Rat vor allem beim Brandenburger Schöppenstuhl zu holen[42], ermöglichte zunächst dem Gerichtsherrn, das eingeholte Urteil bei Nichtgefallen zu „kassieren" und die Akten zum anderweitigen Spruch zu verschicken[43]. Aber auch der Inquisit hatte die Möglichkeit durch geschicktes Prozeßverhalten (Benennung von neuen Zeugen, Einwand von Strafmilderungsgründen etc.) eventuell eine neue Verschickung der Akten zu veranlassen. Die Anrufung der Gnade des Gerichtsherrn war aber wohl noch die wirksamste Methode, den Vollzug eines gesprochenen Urteils eventuell verhindern zu können.

Im Fehlen eines devolutiven Rechtsmittels, das ermöglicht hätte, die Entscheidung in einer Strafsache an ein oberstes Gericht oder an den Landesherrn zu bringen, wird ein wesentlicher Unterschied zum Zivilprozeßverfahren deutlich. Dadurch, daß das Urteil, selbst wenn es „angefochten" wurde, stets bei dem Gericht desselben Gerichtsherrn verblieb, wurde ein Zugriff des Landesherrn auf das Erkenntnis sehr erschwert.

Darüber hinaus bestand aber auch eine lehnsrechtliche Schranke, die die Ausbildung eines umfassenden *landesherrlichen* Bestätigungsrechts nicht gerade erleichterte. Der Landesherr hatte bei der Veräußerung von Gerichtsbarkeiten diese meistens in der Form von Regalien-Lehen vergeben. Ein Hauptgrundsatz des Lehnsrechts bestand aber darin, daß der Lehnsherr in der Ausübung des verliehenen Regals nicht mit dem Lehnsmann konkurrieren durfte, es sei denn, er hatte einen solchen Vorbehalt ausdrücklich bei der Verleihung zum Ausdruck gebracht[44].

Wo der Landesherr also Unter- und Obergerichte ohne Bestätigungsvorbehalt als Lehen ausgegeben hatte, hatte er seine Gerichtsherrlichkeit eingebüßt. Hatte er sich die Urteilsbestätigung vorbehalten, so konnte er ebenfalls richterlich tätig werden. Auch ein Begnadigungsvorbehalt ermöglichte es dem Landesherrn, die Vorlegung des Urteils zu erreichen.

---

[42] *Stölzel*, Entwicklung der gelehrten Rechtsprechung, Bd. 1, S. 279.

[43] Es war offenbar auch nicht gänzlich unmöglich, die Akten erneut an den Brandenburger Schöppenstuhl zu verschicken unter Angabe des Wunsches, wie erkannt werden sollte. Erst später scheint sich auch der Brauch verfestigt zu haben, daß Urteile, die von anderen Schöppenstühlen oder Fakultäten eingeholt wurden, der Sanktionierung durch einen Brandenburger Spruch bedurften, *Stölzel*, Entwicklung d. gel. Rechtsprechung, Bd. 1, S. 585 ff.

[44] Vgl. dazu *Semler*, Ueber das Hoheitsrechts-Lehn, Archiv f. d. theoretische u. prakt. Rechtsgelehrsamkeit, Teil 3, Braunschweig 1789, S. 136 ff. (179).

Nun hätte eine solche Rechtsschranke die Ausbildung eines Bestätigungsrechts nicht generell verhindern können, wenn der Landesherr entsprechende Machtmittel in seiner Hand gehabt hätte. Auch gab es mögliche juristische Einwände. So rechtfertigt etwa *Quistorp*[45] in Überdehnung des lehnsherrlichen Rechtes zur Mißbrauchsaufsicht später das landesherrliche Bestätigungsrecht mit folgenden juristischen Überlegungen:

„Da auch die landesherrliche Oberaufsicht über verliehene Gerechtsame bey dem Mangel einer ausdrücklichen Erklärung des Gegentheils, ihrer Natur und Eigenschaft nach, so wenig wegen der besonderen Größe des begangenen Verbrechens, als wegen des besonderen Vorzugs der Gerichte, irgend einige Einschränkung zuläßt, so erhellet auch hieraus von selbst, daß es bey der aus landesherrlicher Macht und Gewalt geschehenen Abforderung der Acten mit dem darin vielleicht schon abgefaßten Erkenntnisse nicht darauf ankomme, ob sich jemand über Gewalt und Unrecht beschwere, oder nicht, ob das Verbrechen von größerer, oder minderer Beträchtlichkeit sey; ob das bisher beobachtete Verfahren an und für sich zu rechtfertigen stehe, oder nicht."

Hier wird letztlich also nur ein Blick in die damalige Rechtswirklichkeit klären können, ob der Kurfürst als Landesherr sich in seiner strafrichterlichen Tätigkeit im Bereich der ihm verbliebenen Gerichtsherrlichkeit bewegte, oder ob er ein oberstes Richteramt, ein umfassendes landesherrliches Bestätigungsrecht auch bezüglich der Strafurteile der anderen im Lande vorhandenen Gerichtsherren hat durchsetzen können.

b) Die strafrichterliche Tätigkeit, Urteilsbestätigung und Begnadigung durch die Gerichtsherren insbesondere in der Praxis des Brandenburger Schöppenstuhls

Eine Analyse der Sprüche des Brandenburger Schöppenstuhls zeigt mit hinreichender Deutlichkeit, daß die strafrichterliche Tätigkeit des Landesherrn bis zum Regierungsantritt des Großen Kurfürsten die Schranke der eigenen Gerichtsherrlichkeit noch nicht hat überspringen können, und daß die ständischen Gerichtsherren sich neben ihm im Bereich der ihnen verliehenen Gerichtsbarkeit unabhängig von landesherrlichem Einfluß bewegen.

Schon am Ausgang des 15. Jahrhunderts wird eine persönliche Strafgerichtsbarkeit des Markgrafen bezeugt. Als sich *1483* in einem Streit

---

[45] *Quistorp*, Von der Landesherrlichen Bestätigung in peinlichen und Strafsachen, Beyträge zur Erläuterung verschiedener Rechtsmaterien, 2. Aufl., Rostock 1787, S. 552 ff. (555); Im 19. Jahrhundert versuchte man mit der zunehmenden Kritik an der Kabinettsjustiz immer mehr Rechtsangelegenheiten in den Bereich der „Polizei" zu ziehen: Vom *Unterschied* zwischen Justiz- und Polizei-Sachen, Sophronizon, 4. Jg., Bd. 4, 4. Heft, Heidelberg 1822, S. 49 - 54.

zweier Adliger abzeichnet, daß die Sache „peinlich zu verhandeln" sein wird, „haben unnsers gnedigen Herrn Marggrave Johannsen Rete uber ere und peinliche sachen nicht erkennen wollen, sunder die sachen widerumb an sein gnade geweist"[46].

Im beginnenden 16. Jahrhundert tritt vor allem in Landfriedensbruchangelegenheiten eine persönliche Strafgerichtsbarkeit des Markgrafen hervor, die man noch am ehesten als den Zugriff des Landesherrn auf eine umfassende landesherrliche Strafkompetenz werten könnte[47]. Sieht man jedoch die einzelnen Fälle genauer an, so muß man feststellen, daß die überwiegende Mehrzahl der Landfriedensbrecher Adlige, darunter auch Mitglieder schloßgesessener Familien waren[48]. Die Gerichtsbarkeit über den Adel gehörte aber durchaus zur Gerichtsbarkeit des Markgrafen.

So fragt der Markgraf als Gerichtsherr über Daniel v. Redern *1591* in Brandenburg in einer Totschlagssache um Rat. Redern, der einen v. Bismarck erschlagen hat, soll mit dem Schwert hingerichtet werden. Der Kurfürst mildert die Strafe und erkennt auf Landesverweisung[49]. *1608* taucht im soeben errichteten Geheimen Rat die Frage auf, ob der Mörder Christoph v. Düsedow, dessen Todesstrafe kurz vor dem Tode des alten Kurfürsten noch bestätigt worden war, von seinem Nachfolger aus Anlaß des Regierungsantritts nicht etwa doch begnadigt werden soll[50].

Zahlreicher sind die Zeugnisse einer strafrichterlichen Tätigkeit des Markgrafen in Fällen, in denen Straftaten im Bereich der Gerichtsbarkeit der kurfürstlichen Schlösser oder Ämter begangen wurden. Hier sehen wir die markgräflichen Beamten, die Amtmänner, Amtsschreiber, Kastner und Hausvogte in einer eifrigen berichtenden Tätigkeit. Der Kurfürst ist häufig nicht erst nach Einholung des Urteils mit der Sache befaßt, er nimmt schon während des Prozeßverlaufs teilweise erheblichen Einfluß auf den Gang des Verfahrens. Einige Fälle erweisen aber auch nur indirekt die These, daß der Landesherr nur *innerhalb seiner Gerichtsbarkeit* selbst richterlich tätig wird oder Gnade übt.

---

[46] *Raumer*, Codex diplomaticus, Teil 2, S. 181, 182.

[47] So muß man wohl *Eb. Schmidt*, Kammergericht und Rechtsstaat, S. 6 u. 8 verstehen.

[48] Vgl. zur Räuberei des v. Otterstädt dessen im Jahre 1509 geleistete Urfehde, *Raumer*, Codex dipl., Teil 2, S. 244; *Schotte*, Fürstentum und Stände, S. 99 verzeichnet etwa 35 Mitglieder schloßgesessener Familien der Mark, die als Friedebrecher verurteilt wurden.

[49] *Stölzel*, Schöppenstuhlsakten, Bd. 3, S. 106 - 108.

[50] *Acta Brandenburgica*, Bd. 4, S. 226; zu einer weiteren Sache betr. Daniel v. Rödern vgl. *Acta Brandenburgica*, Bd. 3, S. 382 - 383; in den Jahren 1604, 1611 und 1614 führen der Kurfürst bzw. seine Geheimen Räte weitere Prozesse gegen Adlige wegen Zauberei und Hexerei; vgl. *Raumer*, Actenmässige Nachrichten von Hexenprozessen, S. 249 - 253.

Im Jahre 1529 fragt Hans Kolbe[51], Amtsschreiber auf dem Schloß Spandau, in Brandenburg wegen einer Diebstahlssache an. Die beiden Täter, die „auf kurf. gehegten heyden" einen Eichbaum gestohlen haben, sollen gehängt werden „es wär dan daz unser gnädig herr die theter in gnädiglicher geldstraf und buß wollt kommen lassen". Das Recht der Begnadigung wird also dem Kurfürsten als zuständigem Gerichtsherrn vorbehalten.

1565 fragt der kurfürstliche Hausvogt zu Zechlin[52] nach der Zulässigkeit der peinlichen Befragung eines Gefangenen auf Grund der belastenden Aussage eines anderen Gefangenen. Er tut es, „derowegin mein gnediger furst und herr auf sulche gethane bokentnus" ihm befohlen hat, bei den Schöppen anzufragen. Die Brandenburger entscheiden, daß ohne weitere Indizien die Tortur nicht stattfinden dürfe.

1566 übersendet derselbe Hausvogt „abermall *aus bevelch meins g. h.* marggraff Johans" eine Pferdediebstahlssache[53]. Nach dem Spruch soll der Dieb gehängt werden.

Ebenfalls *1566* entscheiden die Schöppen in einem Anklageprozeß des Claus Brandt auf einen angehängten Bericht des Amtsschreibers zu Bellin, daß die Täter, „do inen unser genedigster herr mit enthaltunge in der gefengknus solange, bis sie einen genugsamen vorstandt, das sie sich an gleich und recht genugen lassen wollen, gethan, nicht genade erzeugen wollte", mit Abhacken der Hand bestraft werden sollen[54].

Im selben Jahr fragt der Kurfürst bei den Schöppen persönlich an, ob er einen offenbaren Hehler, der aber der Bruder des Inquisiten sei, mit der Tortur belegen dürfe, was bejaht wird[55].

1574 versucht der Kurfürst auf die Entscheidung selbst einzuwirken. Die Brandenburger hatten auf die Anfrage des kurfürstlichen Hausvogts wegen eines, des Mordes Angeklagten, „so (= zu) gnedigk" gesprochen. Der Kurfürst schickt die Akten zurück mit dem Bemerken, die Schöffen sollten nicht den Rechten ungemäß sprechen. Die Brandenburger Schöppen erkennen auf die Strafe des Rades[56]. Interessant und auffällig an diesem Fall ist, daß sich der Kurfürst offensichtlich nicht für befugt hielt, die Strafe selbst zu schärfen.

---

[51] Vgl. *Hälschner*, Geschichte des Br.-Pr. Strafrechts, S. 104.

[52] *Stölzel*, Schöppenstuhlsakten, Bd. 1, S. 449 - 451.

[53] *Stölzel*, Schöppenstuhlsakten, Bd. 1, S. 482, 483.

[54] *Stölzel*, Schöppenstuhlsakten, Bd. 1, S. 468, 469.

[55] *Stölzel*, Schöppenstuhlsakten, Bd. 1, S. 481 - 482.

[56] Die erste vorgeschlagene Strafe ist leider nicht mitgeteilt worden. Vgl. *Stölzel*, Schöppenstuhlsakten, Bd. 1, S. 612. Zu diesem Fall s. auch *Stölzel*, Entwicklung der gelehrten Rechtsprechung, Bd. 1, S. 352.

1574 ergeht auf den Bericht des Hauptmanns der Altmark über die von einem Pfarrer mit einer Klosterjungfrau zu Dambeck geübten Unzucht der Befehl des Kurfürsten, es sei wohl das beste, in dieser Sache Rat aus Brandenburg einzuholen. Die Schöppen verurteilen den Pfarrer zum Tod durch das Schwert, die geschwängerte Klosterfrau zur Verweisung aus den kurfürstlichen Gerichten[57].

1576 ergeht eine kurfürstliche Anordnung an den Kastner zu Tangermünde, mit der die Entlassung eines kränklichen Gefangenen aus der Haft gegen Bürgschaft genehmigt wird[58].

1578 befiehlt der Kurfürst dem Kastner zu Tangermünde, gegen zwei in Rathenow gefangene Personen nach erfolgter Einlieferung in das Amt nach peinlichem Rechte zu verfahren und ein eingeholtes Brandenburgisches Urteil zu vollstrecken[59].

Nach einem von *Stölzel* in seinen Vorträgen[60] mitgeteilten Fall erging *1583* an den Hausvogt des Schlosses der Befehl, er solle den diebischen Boten, der im Schlosse silberne Löffel gestohlen habe, „trotz vielfältiger fleißiger Fürbitten" für dessen Leben nunmehr ohne weitere Verzögerung aufhängen. „Im Fall Du es aber nicht thun wirst, wollen Wir Dich selbst an einen Baum hängen lassen." Wenn *Stölzel* zur Erläuterung des Falles hier jedoch noch meint, um 1580 habe der Kurfürst in Kriminalsachen selbst geurteilt, erst später sei die Aktenversendung an den Schöppenstuhl üblich geworden, so ist das nicht zutreffend, wie seine späteren Veröffentlichungen auch zeigen[61].

1602 haben die Brandenburger Schöppen in einer Ehebruchssache aus dem Amt Tangermünde einen ledigen Knecht, der mit der adligen Ehefrau seines adligen Gutsherrn Ehebruch getrieben hat, zum Tod durch das Schwert, die Frau jedoch nur zur Verweisung aus den Gerichten verurteilt. Darauf weist der Kurfürst den Kastner in Tangermünde an, er solle sich die „Rationes decidendi" aus Brandenburg zuschicken lassen. Das geschieht sodann[62].

1626 wendet sich der Berliner Hausvogt wegen einer durch adlige Mansfeldische Reiter an einem Mädchen im Amte Bellin begangenen Notzucht an die Schöppen. Nach 14 Tagen läßt der Kurfürst in dieser Sache durch den Geheimen Rat nachfragen, warum das Urteil noch

---

[57] *Stölzel*, Schöppenstuhlsakten, Bd. 1, S. 613, 614.

[58] *Stölzel*, Schöppenstuhlsakten, Bd. 1, S. 674 - 677.

[59] *Stölzel*, Schöppenstuhlsakten, Bd. 1, S. 702 - 703.

[60] *Stölzel*, 15 Vorträge aus der Br.-Pr. Rechtsgeschichte, S. 85, 86.

[61] Vgl. *Stölzel*, Vorträge, S. 85, 86, andererseits *Stölzel*, Entwicklung der gelehrten Rechtsprechung, Bd. 1, S. 279.

[62] *Stölzel*, Schöppenstuhlsakten, Bd. 2, S. 335 - 337.

nicht da sei. Darauf ergeht die Rechtsbelehrung dahin, daß er die adligen Täter mit dem Schwert zum Tode bringen solle[63].

Diesen Fällen, die den Landesherrn als Strafrichter im Bereich seiner Gerichtsbarkeit zeigen, stehen nun eine ganze Anzahl weiterer Fälle gegenüber, aus denen deutlich wird, daß Patrimonialherren und Städte völlig selbständig in Strafsachen tätig gewesen sind, Urteile selbst bestätigt haben und vom Schöppenstuhl unter Begnadigungsvorbehalt verurteilte Täter begnadigt haben, ohne daß ersichtlich ist, daß der Markgraf als Landesherr an diesen Verfahren beteiligt war oder hätte gefragt werden müssen.

1521 haben in der Stadt Straussberg ein Kuhhirt und seine Frau gelegentlich eines Brandes zwei Kessel gestohlen. Die Brandenburger Schöppen verurteilten beide, obwohl sie „sehr geringe Sachen gestohlen" haben, zum Tode, es sei denn, daß sie der Rat zu Straussberg „begnaden und befristen wolle"[64]. Die harte Strafe ergeht, weil die Dieberei in „Feuersnot" erfolgt sei.

1529 geht dem Bürgermeister und dem Rat der beiden Städte Berlin und Cölln eine Rechtsbelehrung aus Brandenburg zu, nach der ein Betrüger, der auf dem platten Lande „rechenpfennige" für Gulden ausgegeben hatte, zur Feuerstrafe verurteilt wird, „es wehr dan, das yhr Ihn aus gunst zur geldstraff wollet kommen lassen"[65].

1530 haben sich in einer Totschlagssache die Angehörigen des Täters mit Einwilligung des Gerichtsherrn v. Bredow mit den Angehörigen des Opfers durch Geldzahlung verständigt. Die Brüder und Vettern v. Bredow erkennen aber diese Sühnung nicht an und verweigern, da ihnen allen die Gerichtsbarkeit nur gemeinschaftlich zustünde, die Loslassung des Täters[66].

1535 fragen Bürgermeister und Ratmannen der Stadt Prenzlau in einer Bigamiesache an. Ein Bürger hatte in einem Ehevertrag bekundet, wenn er eine zweite Frau nähme, so sollte man ihm mit einem Balken den Kopf abstoßen. Die Schöppen meinen, der Bürger habe statt der sonst in diesen Fällen üblichen Staupe und Stadtverweisung die von ihm selbst in seiner eigenen Willkür festgesetzte Strafe verwirkt, „Aber aus Gnaden mach er mit dem Swerde zum toth gericht werden"[67].

1559 teilt der Gerichtsherr v. Quitzow in einer Zauberei-Sache mit, *er habe die Angeschuldigte in Haft genommen und sie auf hinreichende*

[63] *Stölzel*, Schöppenstuhlsakten, Bd. 2, S. 646 - 652.

[64] *Stölzel*, Entwicklung der gelehrten Rechtsprechung, Bd. 1, S. 285.

[65] *Hälschner*, Geschichte des Br.-Pr. Strafrechts, S. 105.

[66] *Hälschner*, Geschichte, S. 106.

[67] *Hälschner*, Geschichte, S. 110.

Indizien durch den Scharfrichter der Tortur unterworfen. Die Frau hatte „gestanden" und wird von den Schöppen zur Feuerstrafe verurteilt[68].

1574 hat Lents Leman in der Stadt Potsdam einer Dienstmagd einen Gulden gestohlen. In seinem Urfehdeeid bedankt er sich beim Rat der Stadt, daß dieser ihm die an sich verdiente Leibesstrafe erlassen und ihn auf Zubitten anderer Leute nur mit Verweisung aus den Gerichten bestraft habe[69].

1585 fragen Ludolf und Abraham v. Bismarck zu Krevese wegen eines Pferdediebstahls in Brandenburg an. Die Schöppen sind der Ansicht, daß der Täter, wenn er bei seinem Geständnis bleibt, „und yhr yhm nicht gnade erzeigen und mit staupschlegen eurer gerichte wollet verweisen lassen, so magk er nach scherfe der rechte wegen begangenes diebstahls am galgen mit dem strange vom leben zum tode verrichtet werden"[70].

1591 ergeht ebenfalls auf die Rechtsfrage eines v. Bismarck in einer Verleumdungssache der Spruch: Es soll eine willkürliche Strafe ausgesprochen werden, „die ihr bis auf die verweisung euer gerichte zu erweitern wohl befugt"[71].

1592 ergeht in einer Injuriensache aus der Stadt Stendal der Spruch, man solle dem Täter, falls man ihn nicht zu einer Geldbuße begnadigen wolle, nach der Schärfe des Rechts mit Staupschlägen und Verweisung der Gerichte bestrafen[72].

1593 ist einer Diebin aus der Stadt Trebbin durch Brandenburgischen Spruch der „staupschilling" zuerkannt worden. In ihrer Urfehde bedankt sie sich beim Rat der Stadt, der sie zur Gefängnisstrafe begnadigt hat[73].

1594 ergeht in einer in den v. Schulenburgischen Gerichten vorgefallenen Kindesmordsache ein Spruch der „Magdeburgischen schöppen zu Halle", daß die Inquisitin „als eine kiendermorderin mit einem hunde, schlangen, hahn und anstadt eines affen einer katzen in einen sagk stecken und also in das waßer werfen", und ertränkt werden soll. Einem beigefügten Vollstreckungsbericht ist zu entnehmen, daß die Täterin ertränkt, „mit der schlangen, hundt, hahn und katzen aber verschonet" worden ist[74].

---

[68] *Stölzel*, Schöppenstuhlsakten, Bd. 1, S. 351.
[69] *Stölzel*, Schöppenstuhlsakten, Bd. 1, S. 617.
[70] *Stölzel*, Schöppenstuhlsakten, Bd. 3, S. 70 - 72.
[71] *Stölzel*, Schöppenstuhlsakten, Bd. 3, S. 112.
[72] *Stölzel*, Schöppenstuhlsakten, Bd. 2, S. 185.
[73] *Stölzel*, Schöppenstuhlsakten, Bd. 2, S. 199 - 200.
[74] *Stölzel*, Schöppenstuhlsakten, Bd. 2, S. 203 - 204.

1601 teilt Christian Distelmeier als Gerichtsherr zu Malsdorf mit, daß er gemäß dem Brandenburger Spruch seinen ehebrecherischen Vogt zwar mit der Leibesstrafe verschont, ihn aber der Gerichte verwiesen habe. Nun will er wissen, ob er dem Vogt nach dessen Verlangen die Hälfte seiner Güter herausgeben muß, oder ob diese ebenfalls dessen Frau und Kindern verbleiben sollen[75].

Das bisher dargestellte Fallmaterial des Brandenburger Schöppenstuhls weist deutlich einen Dualismus zwischen landesherrlicher und ständischer Gerichtsherrlichkeit in Strafsachen aus.

Es sind jedoch auch einige Fälle überliefert, in denen der Landesherr auf Anfragen von städtischen oder patrimonialen Gerichtsherren strafrichterlich tätig geworden ist. Nun wäre das auch im Sinne der bisher in dieser Arbeit entwickelten These einer durchaus zersplitterten, uneinheitlichen Gerichtsverfassung in der Strafrechtspflege nichts Ungewöhnliches, denn bei der Betrachtung der Verfassungsentwicklung hatten wir festgestellt, daß der Landesherr keineswegs an *alle* ständischen Gerichtsherren auch die Obergerichtsbarkeit verliehen hatte. Manchmal hatte er auch die Obergerichtsbarkeit vergeben, hatte sich aber die Bestätigung der entsprechenden Urteile vorbehalten.

Wurde der Markgraf also auf Anfrage solcher ständischen Gerichtsherren tätig, so bewegte er sich ganz im Rahmen seiner ihm verbliebenen Gerichtsbarkeit und nahm nicht etwa auf Grund seiner landesherrlichen Stellung Kompetenzen anderer Gerichtsherrn in Anspruch.

Inwieweit die überlieferten Anfragen jedoch auf Grund einer derartigen eingeschränkten Gerichtskompetenz der Stände erfolgten, ist nicht durchweg mit hinreichender Klarheit zu erkennen, da der Umfang der zur Zeit der landesherrlichen Entscheidung bestehenden Gerichtsgewalt aus den Quellen nicht deutlich ermittelt werden konnte. Keineswegs alle Anfragen ständischer Gerichtsherren scheinen aber von dem Gedanken bestimmt worden zu sein, der Markgraf möge als Gerichtsherr ihm vorbehaltene Rechte wahrnehmen. So ist es wohl nicht unüblich gewesen, daß ständische Gerichte sich nicht nur in Brandenburg, sondern auch beim Kurfürsten als Landesherrn Rechtsrat im Wege der Aktenversendung einholten. Der Rechtsrat des Landesherrn war aber — wie der des Schöppenstuhls auch — keinesfalls allein verbindlich, im Gegensatz etwa zu einem richterlichen Akt des Landesherrn als eines obersten Richters. Hierher scheinen die beiden folgenden Fälle zu gehören.

1529 fragt der Rat der Stadt Spandau beim Kurfürsten an[76], wie er sich in einer Zauberei- und Vergiftungssache verhalten solle. Dieser

[75] *Stölzel*, Schöppenstuhlsakten, Bd. 2, S. 327 - 328.

meint, der Rat möge in diesem aber auch in künftigen Fällen in Brandenburg um Rechtsbelehrung bitten.

Bedenkt man, daß dies einer der ersten Zauberei- und Hexereifälle gewesen ist, die aus der Mark Brandenburg bekannt geworden sind[77], so ist es durchaus wahrscheinlich, daß sich der Rat der Stadt angesichts der bestehenden Rechtsunsicherheit lediglich eine Rechtsauskunft beim Landesherrn einholen wollte.

Ähnlich scheint ein Fall zu liegen, der *1555* aus der Altstadt Brandenburg an den Kurfürsten gelangte. Auf den Bericht des Rates äußert der Kurfürst, „das ir gedachten Jurgen Derben nach gelegenheit dieser sachen am leibe straeffet und dermaeßen wider ine gebharen lasset, darob andere ein abscheu haben mogen. Ir woltet ime dan selb die straeffe etwas lindern“[78].

Auch hier scheint lediglich ein Rechtsrat eingeholt worden zu sein, denn der Kurfürst stellt die Entscheidung über eine Begnadigung — ähnlich wie der Schöppenstuhl — in das Ermessen des Rates und entscheidet also gerade nicht als oberster Richter selbst.

1573 wird der Kurfürst dagegen aller Wahrscheinlichkeit nach in seiner Eigenschaft als Landesherr angesprochen, um dem Vorwurf eines begangenen Lehns-Fehlers vorzubeugen[79]. Ein Junker zu Schlabberndorf hatte in einer Zaubereisache eine Rechtsbelehrung aus Brandenburg erhalten, die die Tortur nicht zuließ. Der Junker hatte sich daraufhin an die Magdeburger Schöffen gewandt, die die Tortur erlaubten. „Damit er nicht zuviel und nicht zuwenig tue“ legte er die Entscheidungen dem Kurfürsten vor. Dieser meint, bei ordnungsgemäßer Zusammenstellung der Indizien hätten sicher auch die Brandenburger auf die Tortur erkannt. Der Schöppenstuhl in Brandenburg, in der Sache erneut um Rat gebeten, erkennt denn auch auf die Tortur.

Das auf dem Lehnsverhältnis beruhende Oberaufsichtsrecht scheint auch der Grund für das Einschreiten des Kurfürsten im folgenden Falle aus dem Jahre 1590 gewesen zu sein. In einer Zaubereisache hatten die adligen Gerichte der v. Guntersberg den Prozeß so unförmlich betrieben, daß der Schöppenstuhl bei der Befragung zunächst ein Interlokut

---

[76] *Stölzel,* Schöppenstuhlsakten, Bd. 1, S. 112 - 114; vgl. zum Fall auch *Stölzel,* Entwicklung der gelehrten Rechtsprechung, Bd. 1, S. 349.

[77] Vgl. dazu *Raumer,* Actenmässige Nachricht von Hexenprozessen, S. 236 ff. (238).

[78] *Stölzel,* Schöppenstuhlsakten, Bd. 1, S. 309; vgl. zu einem ähnlichen Fall *Stölzel,* Schöppenstuhlsakten, Bd. 1, S. 360 - 361: *1560* fragt die Stadt Perleberg beim Kurfürsten an. Dieser verweist sie an den Schöppenstuhl, der daraufhin eine Geldstrafe ausspricht, die aber *von der Stadt* bis zur Gerichtsverweisung geschärft werden könne.

[79] *Stölzel,* Entwicklung der gelehrten Rechtsprechung, Bd. 1, S. 350.

auf ordentliche Prozeßführung und Zeugenverhörung erließ. Als die Schöppen bei erneuter Befragung die Zulässigkeit der Tortur wegen mangelnder Indizien verneinen, läßt der Kurfürst durch seinen Hoffiskal die Sache erneut aufgreifen. Eine Belehrung, diesmal durch den Magdeburger Schöppenstuhl, erlaubt nunmehr die Tortur[80].

Ebenfalls greift der Kurfürst in einer Strafsache aus dem Jahre *1573* ein. Die Schöppen in Brandenburg hatten einer Frau, die mit ihrem Bruder Blutschande getrieben und danach ein Kind abgetrieben hatte, lediglich Staupschläge zuerkannt. Auf die Beschwerde des Probstes zu Distorf wendet sich der Kurfürst an den Schöppenstuhl und meint, „das fur solche begangene that die zuerkante straffe fast zu linde sey". Die Schöppen werden aufgefordert, sich das Geständnis der Frau noch einmal durchzulesen und darauf zu erkennen „was recht ist". Nunmehr ergeht der Spruch dahin, daß die Missetäterin „mit dem Wasser vom Leben zum Tode gestraft werden solle"[81]. Unklar bleibt, ob der Probst Gerichtsherr in dieser Sache war, ob der Spruch wegen mangelnder Obergerichtsbarkeit zur Bestätigung vorgelegt wurde, oder ob der Probst sich lediglich des größeren Einflusses des Landesherrn beim Schöppenstuhl bedienen wollte, um ein schärferes Urteil zu erlangen. Fast ist letzteres zu vermuten, denn der Kurfürst spricht in seiner Eingabe an den Schöppenstuhl von einer „supplication" des Probstes.

In weiteren fünf Fällen hat der Kurfürst eigene strafrichterliche Entscheidungen getroffen oder Begnadigungen ausgesprochen. In vier Fällen sind Gerichte adliger Patrimonialherren betroffen. Da der Umfang der hier jeweils bestehenden Gerichtsbarkeit nicht festgestellt werden konnte, kann nur *vermutet* werden, daß der Kurfürst sich in diesen Fällen die Obergerichtsbarkeit oder zumindestens die Urteilsbestätigung vorbehalten hatte. Nur wenn das Gegenteil bewiesen werden könnte, würde es sich um Fälle der Inanspruchnahme eines obersten landesherrlichen Richterrechts in Strafsachen handeln:

1555 ist die Tortur einer der Zauberei beschuldigten Frau ergebnislos verlaufen. Auf Ansinnen der kurfürstlichen Räte scheint die Frau, die aus den Gerichten der von Koenigsmark zu Kötzelin stammt, dann vom Kurfürsten (?) aus der Haft entlassen worden zu sein[82].

1559 ist in Strodehne in den Gerichten der Familie v. d. Hagen ein Bauernknecht erschlagen worden. Die angeblichen Täter, auf frischer Tat ertappt, sind durch einen Brandenburgischen Spruch verurteilt

---

[80] *Raumer*, Actenmässige Nachricht, S. 247, 248.

[81] *Stölzel*, Schöppenstuhlsakten, Bd. 1, S. 589 - 590.

[82] Mit letzter Sicherheit kann eine persönliche Entscheidung des Kurfürsten aber der Urkunde nicht entnommen werden; vgl. *Stölzel*, Schöppenstuhlsakten, Bd. 1, S. 311.

worden. Der Kurfürst gebietet, diesen Fall zunächst weiter aufzuklären und setzt zu diesem Zweck eine Kommission ein.

1562 hat der Brandenburger Schöppenstuhl auf Anfrage der adligen Familien Bardeleben, Schelen und Retzow in einer Brandstiftungssache die Tortur eines verdächtigen Gefangenen für den Fall erlaubt, daß die Zeugen ihre Aussagen mit einem Eid bekräftigen. Der Kurfürst hat eine Kommission eingesetzt, die die Zeugen noch einmal vernommen hat. Auf erneute Anfrage *des Kurfürsten* entschieden die Schöppen nunmehr auf Zulässigkeit der Folter[83].

1632 erlauben die Brandenburger Schöppen auf Anfrage des Erbgesessenen David v. Lüderitz zu Nackel, einen vermeintlichen Pferdedieb der Folter zu unterwerfen. Auf Ansuchen des von Lüderitz bestätigt der Kurfürst diesen Spruch[84].

Diese Bestätigung kann aber auch deshalb eingeholt worden sein, weil der Kurfürst dem v. Lüderitz „Amtshilfe" geleistet hat. Aus dem Bestätigungsreskript ergibt sich, daß der Gefangene durch v. Lüderitz dem Amt Alten Ruppin überstellt worden ist und dort im Gefängnis einsitzt, da der Adlige aller Wahrscheinlichkeit nach nicht über ein eigenes Gefängnis verfügt.

In einer weiteren Sache mildert der Kurfürst im Jahre *1583* einen wegen gebrochener Urfehde ergangenen Brandenburger Spruch, der auf Abhacken der Finger gelautet hatte, in Staupenschlag und Landesverweisung[85]. Ungeklärt bleibt jedoch, wie die seinerzeit geleistete Urfehde gelautet hat, und in welchen Gerichten die Sache verhandelt wurde.

Es konnte lediglich eine Entscheidung aus dem Jahre 1630 aufgefunden werden, die mit Sicherheit von der Existenz eines *landes*herrlichen Bestätigungsrechts ausgeht. Ein Leipziger Schöffenspruch in einer Frankfurter Strafsache wegen Blutschande verurteilt eine Frau „kegen leistung eines gewöhnlichen urfriedens, *jedoch mit vorbewust der hohen obrigkeit*" zur ewigen Landesverweisung[86].

c) Das lediglich „gerichtsherrliche" Bestätigungs- und Begnadigungsrecht des Landesherrn in Strafsachen

Der knappe, aber wohl doch ausreichende Blick in die Strafrechtspraxis der Mark Brandenburg im 16. und beginnenden 17. Jahrhundert hat gezeigt, daß auch die Praxis dieser Zeit die besonderen, in der

---

[83] *Stölzel*, Schöppenstuhlsakten, Bd. 1, S. 349 - 351 sowie S. 396, 397.

[84] *Stölzel*, Schöppenstuhlsakten, Bd. 2, S. 668 - 669.

[85] *Raumer*, Actenmässige Nachrichten, S. 246.

[86] *Stölzel*, Schöppenstuhlsakten, Bd. 2, S. 656, 657.

Gerichtsverfassung und im Strafverfahrensrecht angelegten Schranken für die Ausbildung eines obersten Richterrechts des Landesherrn in Strafsachen noch nicht hat überwinden können. Landesherr und ständische Gerichtsherren bewegen sich vielmehr innerhalb der ihnen verbliebenen bzw. verliehenen Gerichtsherrlichkeit — ganz anders, als in der Zivilrechtspflege — mehr oder weniger gleichberechtigt nebeneinander.

Für die ständischen Gerichtsherrn wird dies in den vom Brandenburger Schöppenstuhl ausgesprochenen Begnadigungs*vorbehalten* fast noch deutlicher, als durch wirklich vorgekommene, ab und zu nachweisbare Begnadigungen selbst. Der Schöppenstuhl in Brandenburg besaß in der Strafrechtspflege einen besonderen Schwerpunkt seiner Spruchtätigkeit und war zumal als einheimischer Oberhof mit den Rechtsgebräuchen der Mark besonders vertraut. Hätte in der Praxis ein Bestätigungsrecht des Landesherrn für *alle* im Lande gesprochenen Strafurteile bestanden, so wäre der Ausspruch eines Begnadigungsvorbehaltes für den städtischen und patrimonialen Gerichtsherrn sinnlos gewesen. Der Schöppenstuhl hätte dem Landesherrn ein solches Begnadigungsrecht zugesprochen, da dieser durch den abschließenden richterlichen Akt der Urteilsbestätigung die letzte aber eigentliche Entscheidung in der Sache getroffen hätte.

Um einen richterlichen Akt der Strafrechtspflege ging es jedoch bei der Urteilsbestätigung, ganz gleich, ob diese durch den Kurfürsten als Landesherrn oder aber durch einen ständischen Gerichtsherren vorgenommen wurde. Zwar holten beide Gerichtsherren ihre Sentenzen in schweren Kriminalfällen beim Brandenburger Schöppenstuhl ein. Dieser hatte dadurch aber noch nicht die Stellung eines obersten Strafgerichtes der Mark gewonnen; Landesherr und Stände hatten sich nicht etwa ihrer Gerichtsbarkeit begeben. Der Spruch der Schöppen bestand vielmehr lediglich in einem Rechtsrat, der erst dadurch zu einem vollstreckbaren Urteil wurde, daß der Gerichtsherr ihn als *sein* Urteil übernahm und verkündete[87].

So hat die nähere Betrachtung der Gerichtsverfassung und des Strafverfahrensrechts in dem Auffinden eines noch in der ersten Hälfte des 17. Jahrhunderts bestehenden Dualismus in der Strafrechtspflege, zwischen dem Markgrafen als Landesherrn und den Ständen als unabhängigen Gerichtsherren, das bei der Betrachtung der allgemeinen Verfassungsentwicklung bereits gewonnene Bild einer uneinheitlichen und geschwächten landesherrlichen Gerichtsgewalt bestätigt.

---

[87] *Stölzel*, Entwicklung der gelehrten Rechtsprechung, Bd. 1, S. 523, 524; *Weber*, Schöppenstuhl und Landesherr, Festschrift f. R. Thoma, Tübingen 1950, S. 257 ff. (263).

Soweit die oben dargestellten Literaturmeinungen von *Döhring*, Eb. *Schmidt* und *Hälschner*[88] davon ausgehen, daß sich ein auf eine oberstrichterliche Stellung des Landesherrn gegründetes landesherrliches Bestätigungsrecht seit dem 16. Jahrhundert entwickelt hat, können diese nur für den Bereich der Zivilrechtspflege uneingeschränkt bestätigt werden.

In der Strafrechtspflege hat sich diese These nicht, oder doch nur mit erheblichen Vorbehalten bewahrheitet. Betrachtet man die strafrichterliche Tätigkeit des Landesherrn, so kann man zwar mit Eb. *Schmidt*[89] feststellen, daß der Kurfürst seine richterliche Tätigkeit in eigener Person oder durch beauftragte Staatsdiener ausübt. Er erteilt Untersuchungsaufträge und fordert etwa den Schöppenstuhl in Brandenburg zur Überprüfung seiner Sprüche auf. Der Kurfürst sanktioniert Urteile oder paßt sie durch Milderung oder Schärfung seinen Intentionen an. Auch liegt es in seinem Ermessen, welche Urteile er zu diesem Zwecke an sich zieht.

Ausschlaggebend ist aber — und insofern bedarf die obige These einer entscheidenden Einschränkung —, daß dem Kurfürsten trotz seiner landesherrlichen Stellung keineswegs *alle* im Lande durchgeführten Strafverfahren und gefällten Strafurteile in dieser Weise zur Disposition stehen. Vielmehr findet diese seine Macht im Rahmen seiner eigenen ihm verbliebenen Gerichtsbarkeit ihre Grenze. Neben ihm stehen städtische und patrimoniale Gerichtsherren, die ebenso wie der Landesherr alle aus der Gerichtsherrlichkeit fließenden Rechte in Anspruch nehmen.

Die strafrichterlichen Befugnisse des Landesherrn können daher nur als ein „gerichtsherrliches" Bestätigungsrecht umschrieben werden. Dabei ist die strafrichterliche Tätigkeit des Landesherrn begrifflich nur insoweit zu eng erfaßt, als seine richterlichen Befugnisse sich keinesfalls auf die Bestätigung oder Nichtbestätigung eines ergangenen Spruches beschränken. Er wird vielmehr schon während des Prozesses tätig; er ordnet die Vornahme einzelner Prozeßhandlungen an, ja, durch seine Initiative kann es überhaupt erst zur Einleitung eines Strafverfahrens kommen.

Der Begriff des Bestätigungsrechts, der schon als Umschreibung der eigentlichen Entscheidung über das Endurteil zu eng ist, weil dieses auch gemildert oder geschärft werden kann, bezeichnet also, über den eigentlichen engeren Wortsinn hinaus, ein Kompetenzbündel, das für

---

[88] *Döhring*, Geschichte der deutschen Rechtspflege, S. 3 u. 6; *Eb. Schmidt*, Einführung, 3. Aufl., S. 179; *Hälschner*, Geschichte d. Br.-Pr. Strafrechts, S. 141 mit Anm. 6 und S. 186.

[89] *Eb. Schmidt*, Einführung, S. 179.

den Umfang der jeweiligen Gerichtshoheit die höchsten richterlichen Befugnisse umfaßt.

Obwohl dem Landesherrn das Bestätigungsrecht in diesem Sinne lediglich in dem Umfang seiner bestehenden Gerichtshoheit zukam, war es nicht etwa staatspolitisch bedeutungslos. Sein gerichtsherrliches Bestätigungsrecht stellte vielmehr einen Kristallisationskern dar, aus dem sich durch Anlagerung weitergehender Kompetenzen ein umfassendes, auf die Landeshoheit gestütztes, landesherrliches Bestätigungsrecht ausbilden konnte[90]. Schon im 16. Jahrhundert boten sich mögliche Ansätze für eine solche Entwicklung an, nachdem sie durch den sich langsam ausbildenden Gedanken der Landeshoheit überhaupt erst möglich geworden ist.

Der Ausbau der bisher offenbar nur von Fall zu Fall selten geübten landesherrlichen Spruchtätigkeit etwa war möglich. Mehr Erfolg mußte allerdings der Versuch versprechen, durch eine verstärkte, auf das Lehnsverhältnis zu den anderen Gerichtsherren gegründete, Oberaufsicht Einfluß auf fremde Gerichtsbarkeiten zu nehmen.

Daß diese Mißbrauchsaufsicht ein wirksames Machtinstrument sein konnte, zeigt ein Vorgang aus den Jahren um 1500. Der Rat der Stadt Frankfurt a. d. Oder hatte einen Verwandten des Bischofs von Lebus, einen v. Bülow, als Straßenräuber hinrichten lassen, ohne zuvor die auch damals schon übliche Anfrage an die Brandenburger Schöppen gerichtet zu haben. Auf eine Immediatbeschwerde entzog der Kurfürst damals der Stadt das Obergericht[91], gab es aber im Jahre 1509, wenn auch unter dem Vorbehalt der Bestätigungspflicht von Todesurteilen wieder zurück[92].

Im Jahre 1607 droht der Kurfürst der Stadt Berlin den Entzug der Gerichte an, wenn nicht sofort etwas gegen das sich ausbreitende Hurenwesen unternommen würde[93].

Der Landesherr war sich also der Machtmittel, die sich ihm hier eröffneten, durchaus bewußt. Auf Grund der realen Machtverhältnisse im Staate war er nur noch nicht in der Lage, diese auf „breiter Front“ einzusetzen.

---

[90] Nur insoweit kann den oben zitierten Ansichten von *Döhring*, *Eb. Schmidt* und *Hälschner* zugestimmt werden. Auch *Holtze*, Strafrechtspflege unter König Fr. W. I., S. 26, 76, scheint die Entwicklung des Bestätigungsrechts in dieser Weise gesehen zu haben.

[91] *Schmoller*, Das Städtewesen unter Friedrich Wilhelm I., Zeitschr. f. Preuss. Gesch. u. Landesk., Bd. 8, S. 521 ff. (528, 529); *Stölzel*, Entwicklung der gelehrten Rechtsprechung, Bd. 1, S. 279.

[92] *Raumer*, Codex dipl., Teil 2, S. 234 - 235.

[93] Reskript v. 30. Dezember 1607, *Acta Brandenburgica*, Bd. 3, S. 306 - 307.

Neben dem Bestätigungsrecht nimmt der Kurfürst das Begnadigungsrecht in Anspruch, das nach damaligem Verständnis Ausfluß der Gerichtshoheit ist[94]. Als solches steht es aber auch den mit der Gerichtsbarkeit beliehenen ständischen Gerichtsherren zu, die es, ausweislich der in den Brandenburger Schöppensprüchen niedergelegten Praxis, auch ganz selbstverständlich ausüben[95].

Hälschner[96] kann daher nicht zugestimmt werden, wenn er meint, in der Mark Brandenburg habe der Kurfürst bereits im 16. Jahrhundert die Begnadigung als ein ihm *allein* gebührendes Recht in Anspruch genommen. Die von ihm als Beweis angeführten Verleihungsurkunden von Gerichtsbarkeiten an einzelne märkische Städte können einen derart umfassenden Anspruch des Landesherrn ebensowenig beweisen, wie das Bestehen eines landesherrlichen Bestätigungsrechts im 16. Jahrhundert durch Erlasse und Reskripte aus dem 17. und 18. Jahrhundert belegt werden kann[97].

Mit dem sich immer mehr verfestigenden Gedanken der Strafrechtspflege als einer staatlichen Aufgabe werden seit dem 16. Jahrhundert aber entsprechende Tendenzen zur Zurückdrängung der aus dem Mittelalter überkommenen vielfältigen Gnaden*formen* deutlich.

Das Fehlen einer strafrechtlichen Dogmatik und die daraus resultierende Unfähigkeit zu einer unter dem Blickwinkel der Einzelfallgerechtigkeit erforderlichen differenzierenden Aburteilung von Straftaten hatten im Mittelalter zur Ausbildung der Erscheinung des „Richtens nach Gnade" geführt[98]. Bei Vorliegen besonderer Tatumstände (fehlender Vorsatz, Notwehr etc.), von Strafmilderungsgründen, oder aber auch nur auf Fürbitte einer hochgestellten Persönlichkeit konnte der

[94] Darin hat *Grewe*, Gnade und Recht, Hamburg 1936, S. 92 eine „politisch-juristische Hilfskonstruktion zur Erlangung des Gnadenrechts durch die Landesherren" vermutet. Sehr geschickt war diese Konstruktion zumindestens nicht, denn spätestens mit Beginn der Veräußerungspraxis der Gerichte an ständische Gewalten mußte sie sich auch gegen die Landesherren auswirken.

[95] In der Mitte des 17. Jahrhunderts befürwortet *Carpzov* dieses Recht der ständischen Gerichtsherren noch. Vgl. *Carpzov*, Practica nova rerum Criminalium, Qu. 150, n. 14, 19 - 21, 49, 51; vgl. weiter *Lobe*, Die allgemeinen strafrechtlichen Begriffe nach Carpzov, Leipzig 1894, S. 63, 64.

[96] *Hälschner*, Geschichte d. Br.-Pr. Strafrechts, S. 51 - 53 und *Hälschner*, System des Preußischen Strafrechts, 1. Teil, Bonn 1858, S. 548.

[97] Vgl. *Hälschner*, Geschichte des Br.-Pr. Strafrechts, S. 141, Anm. 5 u. 6. Dort führt *Hälschner* den Erlaß vom 24. November 1663 (*Hymmen*, Beyträge, Bd. 4, S. 218 - 220) und das Edikt vom 13. Dezember 1714 über die Bestätigungspflicht von Urteilen in Hexenprozessen (*CCM*, II. Teil, 3. Abt., Nr. 28, Sp. 57 u. 58) als Beleg an.

[98] Über die wichtige Rolle kirchlicher Begnadigungslegenden beim Eindringen des Gnadengedankens in das weltliche Recht vgl. *Hattenhauer*, Die Begnadigung im Spiegel der Legende, ZStW, Bd. 78, 1966, S. 184 ff. (198, 213).

Richter „nach Gnade" richten und auf eine vom strengen Recht abweichende mildere Strafe erkennen[99].

Aber die mittelalterliche Rechtspflege hatte in Erkenntnis der „brutalen Härte" ihres Strafrechts noch zu anderen „seltsamen Aushilfen" gegriffen, „um eine im Einzelfall unerträgliche Ungerechtigkeit"[100] vermeiden zu können. In den Freistätten oder Asylen[101] schützte das Asylrecht den Täter vor der Ergreifung auf handhafter Tat und somit häufig vor dem Recht des Verfolgers zur bußlosen Tötung. Die Zahl dieser Freistätten hatte sich im Laufe der Zeit nicht unerheblich vermehrt, ja mancherorts scheint in einer „seltsamen Überspannung der Idee des Hausfriedens"[102] jedes Haus als Freistatt angesehen worden zu sein.

Das Recht der Losbitte oder Fürbitte eines Geistlichen, einer hochgestellten Person, das im Sachsenspiegel erwähnte Recht des Scharfrichters auf den zehnten Mann, die Bitte einer Jungfrau, ihr den Täter zum Ehemann zu geben — dies alles waren Formen der Gnade, die es erlaubten, „Gerechte" und „Ungerechte" dem Arm der Justiz zu entziehen[103].

Darüber hinaus waren das Mißlingen der Hinrichtung (Reißen des Stricks, Zerspringen des Schwerts), oder aber das Berühren von Kleidung oder Steigbügel des Fürsten weitere mögliche Gründe, Gnade zu erlangen[104].

Bei der Handhabung dieser Gnadenformen konnten Mißbräuche nicht ausbleiben. Die häufig vorkommende Koppelung von „Richten nach Gnade" mit der Zahlung einer Geldbuße deuten darauf hin, daß die Richter in diesem Instrument eine Pfründe erkannt hatten[105].

---

[99] Außer einigen Dutzend kurzer Notizen in Lehrbüchern und einigen kürzeren Aufsätzen fehlt es, soweit ersichtlich, heute noch an einer umfassenden Abhandlung über diese hochinteressante Erscheinung des „Richtens nach Gnade". In einer Analyse der Zusammenhänge dieser richterlichen Befugnis mit dem später sich ausbildenden richterlichen Strafmilderungsrecht und dem Grundsatz der „Bindung des Richters an das Gesetz" dürfte eine reizvolle Aufgabe liegen. Zu einigen Erscheinungsformen des „Richtens nach Gnade" vgl. *Osenbrüggen*, Gnade bei Recht, Studien zur deutschen u. schweizerischen Rechtsgeschichte, Schaffhausen 1868, S. 367 - 382.

[100] *Eb. Schmidt*, Die Maximilianischen Halsgerichtsordnungen, Schloß Bleckede a. d. Elbe 1949, S. 46.

[101] Vgl. etwa *Zaupser*, Von den Asilen oder Freiungen, Gedanken über einige Punkte des Kriminalrechts in vier Abhandlungen, 4. Aufl., München 1781, S. 89 ff. (106 - 111); *Eb. Schmidt*, Maximilianische Halsgerichtsordnungen, S. 46, 47.

[102] *Eb. Schmidt*, Einführung, S. 68.

[103] Zu diesen Gnadenformen vgl. *Malblank*, Geschichte der Peinlichen Gerichtsordnung, Nürnberg 1783, S. 26 - 31; *Geerds*, Gnade, Recht und Kriminalpolitik, S. 8.

[104] *Hofmann*, Das Strafrecht der Reichsstadt Ravensberg bis zur Carolina, Diss. Jur. Marburg 1926, S. 49.

So verbot denn die Bambergensis in ihrem Art. 272 unter ausdrücklicher Erwähnung der „Taschen Richter" das „Richten nach Gnade". Doktrin[106] und Gesetzgebung des 17. Jahrhunderts wandten sich gegen die Ausuferungen dieser Gnadenmöglichkeiten. Das Landrecht des Herzogtums Preußen von 1620 ordnete ausdrücklich den weiteren Vollzug der Exekution bei einem ersten Mißlingen der Hinrichtung an und verbot die Übung der Losbitte[107].

Aber die Rechtswirklichkeit sah doch wohl anders aus. Noch steckte die Dogmatik des Strafrechts in ihren Anfängen. Auf die Begnadigung als Korrektiv in solchen Fällen, in denen man sonst zu im Einzelfall ungerechten Strafen hätte greifen müssen, konnte auch im Urteilsausspruch selbst noch nicht verzichtet werden, wie die zahlreichen Begnadigungsklauseln in den Sprüchen des Brandenburgischen Schöppenstuhls oder auch anderer Spruchgremien[108] beweisen.

Aber dieser Überrest eines „Richtens nach Gnade" zeigt sich doch in „rechtlicheren" Formen. Wo Richter und Gerichtsherr nicht identisch sind, kann nur der Gerichtsherr, nicht aber etwa der bestellte Richter begnadigen. Das Begnadigungsrecht konzentriert sich also in zunehmendem Maße bei den Gerichtsobrigkeiten.

Vereinzelt sind die mittelalterlichen Begnadigungsformen aber selbst noch im 18. Jahrhundert in Brandenburg-Preußen in Übung, oder zumindestens im Bewußtsein des Volkes gegenwärtig. So wurde etwa bei der Huldigung *Friedrichs des Großen* in der Grafschaft Mark im Jahre 1740 durch einen Herrn v. Syberg, „wie herkömmlich" das „Gnadenseil" ausgeworfen. Syberg ritt durch die Stadt (deren Name nicht genannt ist) und rief aus: Wer Untaten begangen oder sich vergriffen habe, solle das Seil ergreifen, und die Gnade des Königs erwarten. Er brachte 36 Delinquenten in die Verhörkammer, wo sie zu Protokoll

---

[105] Vgl. *Grewe*, Gnade und Recht, S. 94; *Geerds*, Gnade, Recht und Kriminalpolitik, S. 8.

[106] Hier gab es aber auch durchaus unterschiedliche Auffassungen. Während *Carpzov*, Practica, Qu. 75 n. 65 u. Qu. 149 n. 49 ff. die Ehebitte eines unbescholtenen Mädchens nach wie vor als Begnadigungsgrund anerkannte, sah *Antonius Matthäus II.* in diesem Brauch das Eingeständnis, daß es schlimmer sei, verheiratet zu sein, als hingerichtet zu werden. (*Schlüter*, Antonius Matthäus II. aus Herborn, der Kriminalist des 17. Jahrhunderts, Breslau 1929, S. 71.)

[107] *Landrecht* des Herzogthumbs Preussen, Rostock 1620, 6. Buch, Titel 11, Artikel 1, §§ 1 und 2 (S. 203, 204).

[108] So etwa noch zu Beginn des 18. Jahrhunderts bei *Harpprecht*, Responsa Juris Criminalia et Civilia, Tübingen 1701: Responsum Tricesimum quintum v. 10. 7. 1701, Nrn. 5 und 31. Dieser Brauch lebte in Brandenburg-Preußen noch im 18. Jahrhundert nach Verbot der Aktenversendung in den Gutachten der Kriminalkollegien der Provinzregierungen und des Berliner Kriminalkollegiums fort.

vernommen wurden. Es sind allerdings nicht alle vom König begnadigt worden[109].

Ein seltsamer Fall ereignete sich in den Jahren 1791/92 in Preußen[110]. Eine Kindesmörderin war durch Urteil des Hofhalsgerichts in Königsberg zur Staupe und lebenswierigen Festungshaft verurteilt worden. Die Criminaldeputation des Berliner Kammergerichts erkannte im Verlauf des eingeleiteten Bestätigungsverfahrens auf Todesstrafe durch das Schwert. Das in dieser Form bestätigte Urteil wurde der Kindesmörderin publiziert, die das Rechtsmittel der weiteren Verteidigung ergriff. Aber auch in dem zweiten Bestätigungsverfahren, der sogen. zweiten Instanz, wurde das Todesurteil durch den König bestätigt.

Nunmehr übt ein polnischer Edelmann die alte Sitte des Losbittens aus und erbietet sich, die Kindesmörderin zu heiraten. Auf sein beim König eingereichtes Immediatgesuch meinte dieser in einer Resolution an den Staatsminister v. Goldbeck: „Der Gedanke, die zum Thode durch Urthel und Recht verurtheilte Kindesmörderin v. K. zu ehelichen, und sie dadurch der Todesstrafe zu entziehen, kann in keiner vernünftigen Seele aufsteigen.“ Er lehnte die Bitte ab und blieb auch bei einem erneuten Vorstoß hart, so daß die v. K. hingerichtet wurde.

B. Die Begünstigung der Ausformung eines Bestätigungsverfahrens durch die Grundsätze des gemeinen Prozeßrechts — Schriftlichkeit, Aktenversendung, gesetzliche Beweistheorie —

Eine genauere Betrachtung der Sprüche des Brandenburger Schöppenstuhls hat das bereits bei der Darstellung der allgemeinen Verfassungsentwicklung und der Untersuchung des Strafverfahrens- und Gerichtsverfassungsrechts vermutete Ergebnis bestätigt: Noch in der ersten Hälfte des 17. Jahrhunderts übt der Landesherr in Strafsachen kein umfassendes, auf seine landesherrliche Stellung gegründetes Bestätigungsrecht aus. Er ist in seiner strafrichterlichen Tätigkeit beschränkt auf den Umkreis der ihm verbliebenen Gerichtsbarkeit und übt somit ein lediglich „gerichtsherrliches“ Bestätigungsrecht aus.

Das Fehlen eines devolutiven Rechtsmittels im Brandenburgischen Strafprozeß war zwar als eine der Ursachen erkannt worden, die die Ausbildung eines landesherrlichen obersten Richterrechtes in Straf-

---

109 Vgl. *AB*, Bd. 6, 2. Hälfte, S. 79 ff. (81).

110 Der Fall ist ausführlich behandelt in der Schrift von Theodor *v. Hippel*, Beytrag über Verbrechen und Strafen, 2. Aufl., Königsberg 1797. (Die 1. Aufl. dieser Schrift erschien 1792 in Königsberg unter dem Titel: Nachricht, die v.K-sche Untersuchung betreffend.)

sachen verhindert hatten. Es gab aber Grundsätze des gemeinen Strafprozeßrechts, die wiederum die verfahrensmäßige Ausgestaltung eines Bestätigungsrechts förderten, ja überhaupt erst ermöglichten.

Einer dieser Grundsätze war der der Schriftlichkeit. Er bildete gleichzeitig die Voraussetzung für die im gemeinen Strafprozeßrecht weithin — auch in der Mark Brandenburg — übliche Aktenversendung. Um bei den teilweise weit entfernten Spruchgremien einen Rechtsrat einholen zu können, mußte der Prozeßstoff notwendigerweise konserviert werden. Die Carolina, die vor allem in ihrem Art. 219 den Gerichten auferlegt hatte, in allen Zweifelsfällen Rat bei Rechtsverständigen zu holen, war daher durchgehend von einem schriftlichen Prozeßverfahren ausgegangen.

Aber der Brauch der Aktenversendung, der auch vor der Carolina schon geübt worden war, ging in der allgemeinen Gewohnheit schon bald über die gesetzlichen Bestimmungen der Carolina hinaus. „Die Einholung des Strafurteils durch Versendung der Akten an ein erkennendes Organ wurde in allen bedeutenden Fällen die Regel"[111], und „seit Ausgang des 16. und vor allem im Laufe des 17. Jahrhunderts zu einem festen Bestandteil des Prozeßrechts in Zivil- und Strafsachen"[112].

Die Aktenversendung brachte für den Zustand, in dem sich die Rechtspflege befand, zunächst Vorteile, da sie das Defizit an gelehrten Juristen ausgleichen und eine wenigstens in groben Zügen einheitliche Rechtsprechung innerhalb eines Territoriums gewährleisten konnte. Häufig konzentrierten sich nämlich — wie etwa in der Mark Brandenburg — die Konsultationen auf wenige Spruchgremien. Sie war aber auch zeitraubend, vor allem dadurch, daß nach allgemeinem Brauch — nicht nur in der Mark Brandenburg — die an die Amtmänner oder sonstigen Beamten eingehenden Sprüche zunächst an den Gerichtsherrn zur Bestätigung eingesandt werden mußten[113].

Sobald aber die Beamtenstellen in den zentralen Landesgremien mit einer hinreichenden Zahl rechtsgelehrter Juristen besetzt waren, konnte man auf den Gedanken kommen, die Akten mit der Anfrage sogleich an das landesherrliche Gremium zu schicken, so daß Spruch und Bestätigung praktisch in einer Entscheidung vereint waren.

---

[111] *Hegler*, Die praktische Tätigkeit der Juristenfakultäten, Freiburg 1899, S. 1 u. 2.

[112] *Klugkist*, Die Aktenversendung an Juristenfakuläten, JZ 1967, S. 155 m. w. Nachw. über Literatur zur Geschichte der Aktenversendung.

[113] Vgl. etwa für Sachsen: *Döpler*, Theatrum poenarum, Sondershausen 1693, S. 259; *Carpzov*, Peinlicher Inquisition- und Achts-Prozeß, Leipzig 1733, S. 140, 141. Das Verfahren wird sehr plastisch durch die bei *Volckmann*, Tractatus criminalis, Teil 2, Leipzig 1656, S. 86 mitgeteilten Formularanweisungen für das ganze Aktenversendungsverfahren.

So hatten sich die Verhältnisse etwa im — 1618 an Brandenburg gekommenen — Herzogtum Preußen ausgestaltet. Dort war die Versendung der Criminalsachen zum Spruch an auswärtige Fakultäten und Schöppenstühle nicht üblich. Soweit die Gerichte nicht im Besitz der Obergerichtsbarkeit waren, hatten sie ihre Akten zur Justifikation an das Hofgericht einzuschicken. Ebenso mußten in Cleve die königlichen Richter in den Ämtern und Städten ihre Urteile zur eigentlichen Urteilsfindung an die Clevische Regierung senden.

Wichtiger war aber noch, daß Aktenversendungs- und Bestätigungsverfahren sowohl ihrem Charakter als auch ihrem äußeren Ablauf nach sehr ähnlich waren. Wollte man also Einfluß auf die Rechtsprechung gewinnen, so konnte man die Spruchgremien einfach austauschen. Die Aktenversendung an unabhängige Gremien konnte verboten, und eine Einsendepflicht an die mit eigenen Beamten besetzten neuen Spruchkörper befohlen werden.

Diesen Weg sollte in späteren Zeiten *Friedrich Wilhelm I.* beschreiten, indem er bei den Regierungen der Provinzen Criminal-Collegien errichtete, die die Aufgaben der Spruchfakultäten übernahmen[114]. *Kern*[115] hat also Recht, wenn er in der Aktenversendung einen Ansatz zur späteren Kabinettsjustiz sieht.

Aber auch ohne die „gesetzliche Beweistheorie" des Inquisitionsprozesses der Carolina und die „gesetzlichen Beweisregeln" des durch die Strafrechtsdoktrin und die Spruchpraxis weitergebildeten späteren gemeinen Prozeßrechts wäre weder die Aktenversendung noch das Bestätigungsverfahren möglich gewesen. In beiden Verfahren konnte ein Urteilsspruch nur auf Grund bestimmter formaler Beweiserfordernisse (z. B. Geständnis des Täters, Beweis durch zwei „klassische" Zeugen) gesprochen werden. Etwas anderes erlaubte das geheime, schriftliche Verfahren nicht.

C. Die Lehre von der Souveränität in der absolutistischen Staatstheorie und der Gedanke eines landesherrlichen Bestätigungs- und Begnadigungsrechts in Strafsachen

Neben dem Lehns- und Strafverfahrensrecht enthält vor allem die Staatslehre des 17. Jahrhunderts Ansätze zu einer möglichen Über-

---

[114] Vgl. Allgemeine *Ordnung* und Declaration wegen der Inquisitions- und Criminalprozesse v. 12. Juli 1732, *AB*, Bd. 5, 1. Teil, S. 418 - 419.

[115] *Kern*, Geschichte der Gerichtsverfassung, S. 37; vgl. auch *Förstemann*, Zur Geschichte der preußischen Monarchie, S. 90; vgl. dazu neuerdings *Hornung-Grove*, Beweisregeln im Inquisitionsprozeß Johann Brunnemanns, Johann Paul Kress' und Johann Samuel Friedrich Boehmers, Diss. Jur. Göttingen 1974.

windung des „gerichtsherrlichen" Bestätigungsrechts des Landesherrn in Strafsachen. Diese finden sich vor allem in der Lehre von der Souveränität, einem Kernstück der Staatstheorie des Absolutismus, der „beherrschenden kontinentalen Tendenz der Zeit"[116].

Konnte bisher noch an Hand von Quellenbeispielen eine mögliche Wirksamkeit solcher Ansätze in der Rechtspraxis direkt nachgewiesen werden, so ist dies hier ungleich schwieriger.

Politische und staatstheoretische Ideen werden nicht schon dadurch durchgesetzt, daß sie gedacht werden. *Forsthoff*[117] warnt daher nicht ohne Grund vor dem Versuch, „die Verfassungsentwicklung seit der Mitte des 17. Jahrhunderts allein von diesen Theorien her verstehen zu wollen. Es wird überhaupt nicht möglich sein, die verfassungspolitische Entwicklung seit der Mitte des 17. Jahrhunderts lediglich im Spiegel der politischen Theorie zu sehen. Denn der Anteil dieser Theorien an der tatsächlichen Gestaltung der Dinge ist ungeklärt und auch nicht mehr aufklärbar". Dieses Bedenken erhält um so mehr Gewicht, als die staatstheoretischen Anschauungen des *Großen Kurfürsten*, ganz anders als bei seinen Nachfolgern, in seinem Politischen Testament keineswegs klar hervortreten, und man in ihm vielmehr den Praktiker als den Theoretiker des „Absolutismus" erkennt[118].

Überdies ist heute unbestritten, daß es *die* ständische Verfassung ebensowenig gegeben hat wie *den* Absolutismus. Hier lassen sich stets nur besondere Typen beschreiben, etwa der Brandenburgische, dessen „von Luther her erwachsenes Gottesgnadentum ... der Souveränität jeweils ihre besondere, allen rationalen Nivellierungen entrückte Eigenart gab"[119].

Dennoch läßt sich nicht leugnen, daß die Kernaussagen der Staatslehre als ein gemeinsamer „Bodensatz" an Theorie in der Verfassungsentwicklung der Einzelstaaten Bedeutung erlangt haben. Wenigstens diese Grundlinien sollen daher hier kurz angerissen werden[120].

Eine entscheidende Grundlage für die Staatstheorie des Absolutismus legte Niccolò *Machiavelli* (1469 - 1527), der als erster das Problem der Staatsmacht aufwarf und in seiner Lehre von der Staatsräson den

---

[116] *Oestreich*, Friedrich Wilhelm, der Große Kurfürst, S. 84.

[117] *Forsthoff*, Deutsche Verfassungsgeschichte der Neuzeit, 4. Aufl., Stuttgart 1972, S. 37.

[118] s. oben 2. Abschn., 2. Kap. C. I.

[119] *Forsthoff*, Verfassungsgeschichte, S. 38.

[120] Angesichts des hohen Standes der sehr speziellen internationalen Forschung kann hier ausschließlich auf bereits vorliegende Forschungsergebnisse zurückgegriffen werden. Zu der allein über die Staatslehren von *Bodin* und *Hobbes* erschienenen neuesten Literatur vgl. *Schnur*, Neue Forschungen über Jean Bodin, Der Staat, 1974, S. 111 ff.

Staat als eine wirksame Macht über alle seine Glieder forderte. Wenn es gilt, die dem Staat nötige Macht zu gewinnen oder zu behaupten, so sind im staatlichen Handeln alle Mittel gerechtfertigt, seien sie „gerecht oder ungerecht, mild oder grausam, löblich oder schimpflich“[121]. Ähnlich wie Machiavelli hat Jean *Bodin* (1530 - 1596) „die Frage nach der höchsten Gewalt im Staate noch nicht geschieden von der Frage nach der höchsten Gewalt des Staates“[122]. In der klaren Herausstellung des Begriffs der Souveränität als Eigenschaft des Staates, führt er der absolutistischen Staatslehre eines ihrer wesentlichsten Elemente zu[123]. Diese „suprema potestas“ ist die „absolute, höchste und ewige, durch Gesetze ungebundene Gewalt über die Bürger“[124], die unteilbar ist. Diese Souveränität des Staates ist für Bodin nur denkbar in Verbindung mit der des jeweiligen Souveräns. Er entschied sich nicht generell für eine Staatsform, nur eines galt unabdingbar. Es konnte keinen Herrschaftskompromiß geben. Die Souveränität war als höchste Gewalt unteilbar. Neben dem Inhaber der Souveränität konnte es keinen zweiten Träger der Souveränität geben[125].

Für die monarchische Staatsform mußte dies das Ende eines bestimmenden Einflusses der Stände bedeuten.

So definiert Bodin denn auch die Souveränität des Monarchen als „summa in cives ac subditos legibusque soluta potestas“. Die höchste Gewalt äußert sich vor allem in der Befugnis des Gesetzgebungsrechts, aus dem alle weiteren Souveränitätsrechte abgeleitet werden. Zu diesen gehören das oberste Richterrecht und das Begnadigungsrecht[126].

Für Bodin waren diese Rechte keinesfalls identisch mit den Regalien. Zu deren Eigenart gehörte es, „daß sie als Einzelrechte existieren. Sie waren nicht Funktionen einer einzigen potestas, und ihre Summe bildete nicht eine rechtlich unteilbare Einheit“[127]. Waren die Souveräni-

[121] Vgl. dazu *Meinecke*, Die Idee der Staatsräson in der neueren Geschichte, 3. Aufl., München 1963, S. 29 ff. (34, 43, 52); *Dahm*, Deutsches Recht, 2. Aufl., Stuttgart 1963, S. 223, 224; *Hubatsch*, Das Zeitalter des Absolutismus, 2. Aufl., Braunschweig 1965, S. 4.

[122] *Meinecke*, Idee der Staatsräson, S. 67.

[123] *Hubatsch*, Zeitalter des Absolutismus, S. 4. Grundlegend *Quaritsch*, Staat und Souveränität, Frankfurt a. M. 1970, S. 39 ff.

[124] *Würtenberger*, Die Legitimität staatlicher Herrschaft, Berlin 1973, S. 78.

[125] *Scupin*, Der Begriff der Souveränität bei Johannes Althusius und bei Jean Bodin, Der Staat, 1965, S. 1 ff. (23); *Quaritsch*, Staat u. Souveränität, S. 306.

[126] *Henkel*, Untersuchungen zur Rezeption des Souveränitätsbegriffs durch die deutsche Staatstheorie in der ersten Hälfte des 17. Jahrhunderts, Diss. Jur. Marburg, 1967, S. 24; *Quaritsch*, Staat u. Souveränität, S. 256.

[127] *Quaritsch*, Staat u. Souveränität, S. 258. Anders neuerdings *Willoweit*, Territorialgewalt, S. 55, Anm. 176, der in dem Regalitätsprinzip bereits eine eigentümliche Zwischenstufe auf dem Wege von der bloßen Sammlung persönlicher Herrschaftsrechte hin zum Souveränitätsbegriff Bodins erblickt.

tätsrechte aber unmittelbar abgeleitet aus der unteilbaren höchsten Gewalt, der Souveränität, so bedeutete das, daß eine Teilhabe Dritter an diesen Rechten nicht möglich war.

Hier werden die Unterschiede zu der alten, vom Lehnsrecht bestimmten, Regalienlehre deutlich. Bestand die Landeshoheit in der Summe *unverbundener* Einzelrechte (Regalien), so konnte eine „Teilung und Verteilung dieser Rechte auf verschiedene Inhaber nicht schon theoretisch negiert werden“[128].

In der Souveränitätslehre Bodins eröffnete sich für den fürstlichen Landesherrn daher die Möglichkeit, unter Hinweis auf ein ihm kraft seiner Souveränität zustehendes oberstes Richterrecht, ein umfassendes landesherrliches Bestätigungs- und Begnadigungsrecht zu fordern; nicht dadurch, daß er etwa die als Lehen ausgegebenen Gerichtsbarkeiten den Ständen entzog. Ein umfassendes landesherrliches oberstes Richterrecht in Strafsachen war gewahrt, wenn ihm die Urteile der ständischen Gerichte vor ihrer Publikation oder ihrer Exekution zur Bestätigung eingesandt wurden.

Der Souveränitätsbegriff Bodins, der durch die Lehren von *Hobbes* (1588 - 1679) eher noch im Sinne einer weiteren Stärkung fürstlicher Gewalt gesteigert wurde, ist bei seiner Rezeption durch die deutsche Staatstheorie zwar nicht durchgängig in der von ihm entwickelten reinen Form übernommen worden. Häufig wurde er auch gerade mit der von *Bodin* abgelehnten Regalienlehre wieder verknüpft[129]. Auf *Pufendorf* etwa, der als Hofhistoriograph und Geheimer Rat am Hofe des *Großen Kurfürsten* tätig war, haben seine Lehren jedoch Einfluß gehabt.

Wenn sich, wie schon erwähnt, ein genau umschreibbarer direkter Einfluß der Souveränitätslehre auf den Gang der Entwicklung zum landesherrlichen Bestätigungsrecht schwer nachweisen läßt, so klingen ihre Grundgedanken doch in vielen Quellenzeugnissen an.

D. Das landesherrliche Bestätigungs- und Begnadigungsrecht in der Rechtswirklichkeit der zweiten Hälfte des 17. Jahrhunderts

Noch um die Mitte des 17. Jahrhunderts ist die oberstrichterliche Gewalt des Landesherrn in Strafsachen auf den Bereich seiner ihm verbliebenen Gerichtsbarkeit beschränkt. Neben ihm üben ständische Gerichtsherren das Recht der Urteilsbestätigung und der Begnadigung in den ihnen verbliebenen Gerichten.

---

[128] *Quaritsch*, Staat u. Souveränität, S. 262, 263.

[129] Vgl. *Henkel*, Rezeption des Souveränitätsbegriffs, S. 61 ff.

Das im Lehnsverhältnis begründete Oberaufsichtsrecht des Landesherrn, die im Strafverfahren übliche Aktenversendung und die in der absolutistischen Staatstheorie entwickelte Lehre von der Souveränität boten zwar Ansätze zu einer möglichen Erweiterung des lediglich „gerichtsherrlichen“ Bestätigungsrechtes zu einem sich in der Kompetenz auf alle Strafgerichte erstreckenden landesherrlichen Bestätigungsrecht. Eine Betrachtung der allgemeinen Verfassungsentwicklung hatte aber schon deutlich gemacht, daß die Verfassungswirklichkeit diese Entwicklung noch nicht zuließ. Dem Kurfürsten fehlte es an der Macht, eine solche *grundlegende* Veränderung im dualistischen Ständestaat zugunsten der Landesherrschaft herbeizuführen.

In der zweiten Hälfte des 17. Jahrhunderts hatte der *Große Kurfürst* zwar den zentralen Einfluß der Stände brechen können. Dies war jedoch um den Preis der Bestätigung ihrer ortsobrigkeitlichen Gewalt, und damit ihrer Gerichtsbarkeit geschehen.

So war der in der Mitte des 17. Jahrhunderts bestehende Rechtszustand auch an seinem Ende noch *im Grundsatz* unverändert: Der Kurfürst übt in Zivilsachen eine das ganze Land umfassende oberstrichterliche Tätigkeit aus, in Strafsachen beschränkt sich seine höchstrichterliche Macht auf den Bereich seiner Gerichtsbarkeit.

Allerdings zeigt ein Blick in die Rechtspraxis dieser Zeit, daß es dem Kurfürsten doch gelungen war, den *Umfang* dieser Gerichtsbarkeit durch Anlagerung von zusätzlich erworbenen Kompetenzen zu erweitern, und so auf dem Weg zu einem umfassenden landesherrlichen Bestätigungsrecht einen bedeutsamen Schritt voranzukommen.

Dabei hatten Brandenburg-Preußens territoriale Gewinne im 17. Jahrhundert, die Angliederungen neuer Provinzen, die Ausbildung eines solchen landesherrlichen Bestätigungsrechts noch zusätzlich kompliziert.

Gerichtsherrliche Aufsichts- und Bestätigungsbefugnisse in Strafsachen standen dem Landesherrn zunächst *nur in der Kurmark* zu.

In den übrigen Provinzen übten die ständisch gesinnten Regierungen die Aufsicht über die Justizpflege aus. Selbst die Strafurteile aus den königlichen Ämtern wurden zur Bestätigung an diese Regierungen oder an gesondert neben diesen bestehende Hofgerichte mit ständischen Mehrheiten geschickt und kamen somit im Grundsatz über die Grenzen der Provinz nicht hinaus.

Ein auf die Landeshoheit gestütztes Bestätigungsrecht ließ sich also nur noch erreichen, wenn die dem Kurfürsten in der Kurmark zustehenden Befugnisse auch auf die anderen Provinzen ausgedehnt werden konnten, und wenn es dem Landesherrn zusätzlich gelang, die noch ständischen Gerichtsbarkeiten *im ganzen Lande* ebenfalls seiner Aufsicht und seinem Einfluß zu unterwerfen.

Zwar waren die Provinzialregierungen *fürstliche* Behörden, und für unser heutiges Empfinden ist es einfach unverständlich, warum die Bestätigungsbefugnis von kurfürstlichen Beamten nicht auch unmittelbar eine Kompetenz des Kurfürsten selbst beinhalten sollte.

Es ist jedoch zu beachten, daß diese Regierungen damals noch „keine schlechthin abhängigen, gehorsamen Provinzialregierungen waren, sondern verhältnismäßig selbständige Landeskollegien, die dem Landesherrn gegenüber den Rechtsboden der Landesverfassungen und der ständischen Rezesse vertreten und die oft mehr ständisch als fürstlich gesinnt erscheinen“[130]. Das ist schon deshalb nicht verwunderlich, weil die Stände mit großem Eifer auf Einhaltung des Indigenatsrechtes achteten, nach dem nur Landeseingeborene Mitglieder der Regierungen werden durften. Diese grundsätzliche Neigung seiner Landesregierungen zu ständischer Politik und Bewahrung partikularistischer Sonderheiten und Privilegien hatte der *Große Kurfürst* auch durch die Einsetzung von Statthaltern als persönlichen Stellvertretern nur bedingt zurückdrängen können.

So nahmen denn die Regierungen die ihnen zustehenden Bestätigungsbefugnisse auch als ein *eigenes Recht* in Anspruch, weniger meinten sie, im Namen des Landesherrn tätig zu werden.

Die daraus entstehenden Spannungen, aber auch die Unsicherheit des *Großen Kurfürsten,* wie man diesen Zustand abstellen solle, werden deutlich in dem folgenden Reskript vom 24. November 1663:

Von Gottes Gnaden Friderich Wilhelm Marggraf zu Brandenburg

Unsern gnädigen Gruß zuvor, Wollwürdige, Wollgebohrne, Vester Hochgelahrter, Räthe und liebe getreue! Wir geben euch hiermit in gnaden zu vernehmen, daß Wir eine Zeithero wahr genommen, Wie euch dann auch zum theill Selbst bekant, welchergestalt sich die Criminal-Sachen in Unserm geheimen Rath sehr heufen, und von vielen orten nicht allein die Urtell anta executionem eingeschicket, besondern auch zum öfftern vorhero vielfältige relationes einkommen, worin man Verordnung desideriret, und instruiret sein will, wie in der Sachen zu verfahren; So viel nun anfänglich die Aggratyrung betrift, Ists nicht mehr alß billich, daß so woll Unsere Regierungen, alß auch alle andere, so in Unserm Nahmen, Gerichte zu verwalten haben, selbige ohn Unsern Vorwißen und gnadigsten Consens nicht verordnen, wie Wir es dann auch dabey allezeit gelassen haben wollen, daß solche begnadigungen allemahl an Uns selbst gebracht werden sollen. Was hienechst das übrige belanget, ob nehmlich die Torturae, nach eingeholetem Urtheill, vorzunehmen oder zu unterlassen? Ob die Execution, nach einhalt des Urtheils zu verrichten oder zu ändern, und dergleichen? befinden Wir bedencklich, daß in Unserm geheimen Rath, weill die Acta offters nicht ein-

---

[130] *Hintze,* Staat und Gesellschaft unter dem ersten König, S. 319.

geschickt werden oder da solches geschiehet, dennoch andere Staats-Geschäffte nicht zulassen wollen, selbige mit solchem Fleiß durchzulesen, daß darauf mit Bestande und Sicherheit, in Blutsachen, entweder einem Menschen das Leben aberkannt oder aber, wann Er dasselbe verbrochen, geschencket werden könne; Damit aber gleichwohl in diesen Sachen, Woran so viell gelegen, eine gewisse Verfassung gemacht werden möge; So befehlen Wir gnädigst, Euch Collegialiter zusammen zu thun, und mit allem Fleiß zu überlegen, was sich am besten dabey thun lasse, ob allen Regierungen zu befehlen, daß sie nicht allein Unser ungefraget alle Criminal-Processe jedes Ohrts dirigiren, besondern auch die eingeholete Urtheile exquiren sollen, oder aber, ob ihr vermeinet? daß es der Sache Nothdurft erfordert, daß an diesem Orte ein gewisses Criminal-Gerichte zu bestellen und allen Unsern Regierungen anzubefehlen, alle und jede Criminal-Sachen ad Executionem einzuschicken, damit bey solchem Criminal-Gerichte die Acta denuo revidiret und Uns ein absonderliches unterthänigstes Bedenken an die Hand gegeben werden könne, ob in der Sache recht verfahren und geurtheilet sey oder nicht? Und ob auf solchen Fall nicht dienlich wäre? daß eine rechte Verfassung aufgesetzet werde, danach die Criminal-Processus von Jedermänniglichen dirigiret werden können, worüber Wir ewres unterthanigsten Bedenckens erwarten wollen. Und verbleiben Euch mit gnaden woll gewogen. Geben Cöln an der Spree den 24 ten Novbr. 1663.

Friderich Wilhelm[131]

Das angeforderte Gutachten wurde zwar abgestattet, es geschah jedoch nichts, so daß alles blieb wie zuvor[132].

Aber im Laufe der zweiten Hälfte des 17. Jahrhunderts machen sich doch einige Veränderungen in der Struktur der Gerichtsverfassung bemerkbar — erste Ansätze zu einer Ausweitung des lediglich in der Kurmark bestehenden „gerichtsherrlichen" Bestätigungsrechts zu einem landesherrlichen obersten Richterrecht. Die sich im Bereich der Verwaltung deutlich abzeichnende Tendenz zur Zentralisierung war auch an der Strafrechtspflege nicht ganz vorbeigegangen. Da in diesem Bereich der Rechtspflege zentrale Leitungsgremien oder Obergerichte mit Zuständigkeiten für alle Provinzen fehlten, ist es daher nicht verwunderlich, wenn diese Tendenzen nur in der Tätigkeit des Geheimen Rats sichtbar werden.

Der Geheime Rat, der nach den ersten „Geheimen-Rats-Ordnungen" keine Zuständigkeiten in der Rechtspflege wahrnehmen sollte, hatte sich in der Praxis doch sehr schnell zu einer *märkischen* obersten Justizaufsichtsbehörde entwickelt, die etwa auch die aus dem Lande

---

131 *Hymmen*, Beyträge, Bd. 4, S. 218 - 220.

132 *Klein*, Annalen, Bd. 9, S. 160; keineswegs hatte der Große Kurfürst durch dieses Reskript „schon die Bestätigung für die allgemeine Strafgerichtsbarkeit umfassend geregelt" (so aber *Hülle*, Das Auditoriat in Brandenburg-Preußen, S. 27). Auch die alleinige Inanspruchnahme des Begnadigungsrechts in der zivilen Strafrechtspflege war 1663 mehr Wunsch als Wirklichkeit.

von den kurfürstlichen Amtmännern zur Bestätigung eingeschickten Kriminalurteile beriet und die Entscheidung des Kurfürsten vorbereitete. Eine solche Entwicklung läßt sich deutlich aus den seit 1616 an die Geheimen Räte oder Statthalter ergangenen Instruktionen ablesen[133].

Nach seiner Wiederbelebung im Jahre 1640 hatte der Geheime Rat diese Aufsichtstätigkeit über die märkische Justiz wieder aufgenommen[134]. Bei seiner Umgestaltung zu einem zentralen Regierungsgremium für alle Provinzen im Jahr 1651 hatte der Geheime Rat zwar zentrale Kompetenzen für die Rechtspflege nicht erhalten. Dennoch beschäftigt er sich ausweislich der Protokolle schon vor 1651, aber auch danach mit Zivil- und Strafsachen nicht allein aus der Kurmark, sondern auch aus anderen Provinzen. Eine systematische Auswertung dieser Fälle ergibt, daß sie sich in der Strafrechtspflege fast ausschließlich auf drei Bereiche konzentrieren: auf die Kriegsgerichtsbarkeit[135], auf Fälle der Landesverweisung[136] und auf Duellsachen[137].

Schon vor dem Regierungsantritt des *Großen Kurfürsten* ist der Landesherr an Strafverfahren gegen Soldaten beteiligt[138]. Von 1641 - 1642 war dem Geheimen Rat sogar die Jurisdiktion aller Obersten unterstellt[139]. Obwohl dem Geheimen Rat diese Befugnis 1642 offiziell entzogen wurde, finden sich auch in den folgenden Jahren zahlreiche Fälle, in denen er die Bestätigungsentscheidung des Kurfürsten vorbereitet hat. 1655 erhält der Geheime Rat das Recht zur Beaufsichtigung der Militärjustiz offiziell wieder zurück[140].

---

[133] Vgl. die Instruktionen von *1616, 1617, Stölzel,* Rechtsverwaltung, Bd. 1, S. 322, 323; sowie die Anweisungen von *1632* und *1638, Stölzel,* Rechtsverwaltung, Bd. 1, S. 336 ff., 341 ff.

[134] Vgl. die Instruktionen von *1641, Meinardus,* Protokolle, Bd. 1, S. 94 - 99 und 219 - 220, von *1642, Meinardus,* Protokolle, Bd. 1, S. 540 ff., und von *1643, Meinardus,* Protokolle, Bd. 1, S. 589 ff. und Bd. 2, S. 126 - 127.

[135] Die Fälle lassen sich durch alle 7 Bände der Sammlung v. *Meinardus* verfolgen. Die ersten tauchen in den Jahren 1640 und 1641 auf, *Meinardus* Protokolle, Bd. 1, S. 13 - 15, S. 78, 188, 331 - 332; S. 369; die letzten von *Meinardus* angeführten Fälle stammen aus den Jahren 1663 - 1666, *Meinardus,* Protokolle, Bd. 7, S. 85, 108 Nr. 9, 111 Nrn. 12 und 15, 484, 554.

[136] Der erste Fall stammt aus dem Jahre 1641, *Meinardus,* Protokolle, Bd. 1, S. 88 - 90, die letzten weiteren aus den Jahren 1663 - 1665, *Meinardus,* Protokolle, Bd. 7, S. 4, 17, 100, 117, 127 Nr. 15, S. 247 Nr. 13, S. 281 Nrn. 12, 13; S. 304 - 305.

[137] Vgl. etwa *Meinardus,* Protokolle, Bd. 7, S. 50, 124, 244, 245, 415, 417.

[138] Vgl. zu Fällen aus den Jahren 1631 und 1638, *Stölzel,* Schöppenstuhlsakten, Bd. 2, S. 659 ff. und 695 ff.

[139] *Oestreich,* Der brandenburg-preußische Geheime Rat, S. 82.

[140] *Meinardus,* Protokolle, Bd. 5, S. 27; Über die Handhabung des Gnadenrechts zu dieser Zeit vgl. Anmerkungen zu Friedrich Wilhelm, des Großen Kurfürsten Kriegs Recht u. Articuls-Brief, *Corpus iuris militaris* novissimum, Leipzig 1724, Teil 1, Sp. 361 ff. (388 ff.).

Nachdem der Große Kurfürst sich durch Befehl vom 5. Januar 1663[141] das Begnadigungsrecht in Militärsachen ausdrücklich vorbehalten hat, da solches zu den „reservata Principum" gehöre, regelt er 1687[142] noch einmal das Bestätigungsverfahren. Die Akten sollen vor der Publikation an den von ihm eingesetzten General-Auditor geschickt werden, der ihm diese dann „nach Befinden" zur Bestätigung vorlegen soll.

Der Kurfürst hat also die Gelegenheit genutzt und nach Errichtung des stehenden Heeres sich zum Gerichtsherrn der Militärgerichtsbarkeit gemacht. Damit war aber schon ein deutliches Zeichen zur Ausweitung der dem Kurfürsten zustehenden Bestätigungsbefugnisse gesetzt.

Auch die Inanspruchnahme des Bestätigungsrechts für alle in den Provinzen ausgesprochenen Strafen der Landesverweisung ging in diese Richtung. Wurde ein Täter durch Urteil *aller* kurfürstlichen Lande verwiesen, so überstieg eine Bestätigung dieser Urteile die Kompetenz einer Provinzialregierung, die nur bezüglich der eigenen Provinz entscheiden konnte. Die weitergehende Entscheidung konnte daher nur vom Kurfürsten selbst getroffen werden. Insoweit hatte die territoriale Erweiterung des Landes sich für die Entwicklung eines übergreifenden landesherrlichen Bestätigungsrechts allerdings positiv ausgewirkt.

In der Bekämpfung des Duellunwesens, das nach der Beendigung des 30-jährigen Krieges sehr verbreitet war, konnte der *Große Kurfürst*, ähnlich wie seinerzeit *Joachim I.* eine polizeiliche Aufgabe sehen. So verbot ein Mandat vom 17. September 1652[143] die Duelle für den Bereich der Kurmark. Es scheint aber auch in den anderen Provinzen zur Geltung gebracht worden zu sein. Am 6. August 1688[144] ergeht ein weiteres Edikt wider die Duelle, das weitaus schärfer ist, als das erste. Vor allem wird aus ihm ein verstärkter landesherrlicher Einfluß deutlich. In bestimmten Fällen hat sich der Landesherr die Strafe vorbehalten. Gerichtsinhaber, die Duell-Täter entweichen lassen, werden mit Entzug der Gerichtsbarkeit bedroht.

Die verstärkte strafrichterliche Tätigkeit des Landesherrn bewirkte organisatorische Veränderungen im Geheimen Rat. 1658 sondern sich von ihm die „zu den Verhören verordneten Räthe" ab, die vorrangig in Zivil- und Strafsachen tätig sind und die Entscheidungen des Kur-

---

[141] *CCM,* III. Teil, 1. Abt., Sp. 77 - 80.

[142] *CCM,* III. Teil, 2. Abt., Sp. 99 ff. = *Corpus iuris militaris,* Leipzig 1724, Teil 1, Sp. 497, 498; vgl. dazu *Friccius,* Entwurf eines deutschen Kriegsrechts, Berlin 1848, S. 142.

[143] *CCM,* II. Teil, 3. Abt., Sp. 13 ff.

[144] *CCM,* II. Teil, 3. Abt., Sp. 19 ff. = *Quickmann,* Sammlung, S. 300 ff.

fürsten vorbereiten[145]. Dieser nimmt noch an den Sitzungen des Geheimen Rats teil, in dem er sich Vortrag halten läßt. Er entschied noch nicht — wie später *Friedrich Wilhelm I.* — „aus dem Kabinett" heraus.

Am Ende des 17. Jahrhunderts ist der Landesherr also in Strafsachen zwar auch noch auf ein lediglich „gerichtsherrliches" Bestätigungsrecht in der Kurmark beschränkt. In dem für alle Provinzen bestehenden Bestätigungsrecht militärgerichtlicher Urteile, aller auf Landesverweisung lautenden Straferkenntnisse und aller in Duell-Strafsachen ergangenen Sprüche sind erste Ansätze für eine Ausweitung dieses Rechtes zu einem umfassenden landesherrlichen Bestätigungsrecht zu erkennen.

Die oberstrichterlichen Befugnisse des Kurfürsten in Strafsachen sind damit aber nicht abschließend umschrieben. So setzt etwa der Landesherr in allen Provinzen bei Bedarf besondere Kommissionen zur Untersuchung politischer Vergehen oder von Verfehlungen seiner Beamten ein und entscheidet sodann über das ihm vorgelegte Gutachten.

Dem Kurfürsten ist es aber in *einzelnen Provinzen* überdies gelungen, Inhalt und Umfang des Bestätigungsrechts über die bisher dargestellten, in *allen Provinzen* bestehenden Eingriffsrechte hinaus zu erweitern. Auch hat er sich in einigen Provinzen Begnadigungsvorbehalte erkämpft, die jedoch in der Praxis nicht immer realisiert werden können. Der um die Wende des 17. zum 18. Jahrhundert bestehende tatsächliche Einfluß des Landesherrn auf die Strafrechtspflege in Brandenburg-Preußen kann daher nicht abschließend, nicht *pauschal* für alle Provinzen in gleicher Weise bestimmt werden. Der wirkliche Umfang des „landesherrlichen" Bestätigungsrechts zu Beginn des 18. Jahrhunderts kann daher nur nach einer Analyse der damaligen Strafrechtspflege in den *einzelnen* brandenburgisch-preußischen Ländern ermittelt werden.

---

[145] Vgl. dazu *Meinardus*, Protokolle, Bd. 5, S. 402 - 406.

3. ABSCHNITT

Das landesherrliche Bestätigungsrecht vom Beginn des 18. Jahrhunderts bis zum Regierungsantritt Friedrich Wilhelms I. (1713)

1. Kapitel

Friedrich I., der erste preußische König

In der Epoche der absoluten Monarchie gewinnt naturgemäß die Person des Herrschers — seine Persönlichkeit, seine Fähigkeiten, sein Regierungsstil — eine besondere Bedeutung für die Entwicklung des Landes und den Gang der Geschichte.

Daher mag gerade bei der Analyse des landesherrlichen Bestätigungsrechts als eines dem Landesherrn *persönlich* zukommenden Rechtes ein Blick auf die Herrscherpersönlichkeit bereits zu vorsichtigen, den Erwartungshorizont absteckenden Aussagen über die Ausgestaltung und Handhabung einer solchen Befugnis berechtigen.

Die Regierungszeit des ersten preußischen Königs ist nicht nur äußerlich erkennbar in die des Kurfürsten *Friedrich III.* von Brandenburg und die des Königs *Friedrich I.* in Preußen unterteilt. Auch vom Wesen und Inhalt der inneren Politik her bedeutet die Wende vom 17. zum 18. Jahrhundert mit der 1701 erlangten Königswürde in Preußen einen Einschnitt, der es erlauben mag, die Regentschaft Friedrichs der Jahre 1688 - 1713 in zwei Perioden aufzugliedern.

Die Regierungszeit Friedrichs trägt nicht wie die seines Vaters und die seiner beiden Nachfolger die Züge eines starken persönlichen Regiments.

Als Herrscherpersönlichkeit zu schwach und in eine Stellung berufen, der er letztlich nicht gewachsen war[1], regierte er die längste Zeit mit Hilfe von Premierministern.

In den ersten Jahren (1688 - 97) wurde unter dem maßgeblichen Einfluß des Oberpräsidenten Freiherrn *v. Danckelmann* die innere

---

[1] So das Urteil von *Koch*, Hof- und Regierungsverfassung König Friedrich I. von Preussen (1697 - 1710), Breslau 1926, S. 2.

Politik des Großen Kurfürsten mit Erfolg weitergeführt[2]. Auf das Geschick Danckelmanns war es wohl auch zurückzuführen, daß es gelang, die für die territoriale Geschlossenheit der brandenburg-preußischen Lande so wichtige Anullierung des Testaments des Großen Kurfürsten zu erreichen, in dem dieser alle fünf Söhne mit Ländereien und Herrschaftsbefugnissen bedacht hatte. Als sich Danckelmann aber dem eigentlichen Herzenswunsch Friedrichs, der Erlangung der Königskrone im souveränen und außerhalb der Reichsgrenzen liegenden Herzogtum Preußen entgegenstellte, fiel er in Ungnade, wurde 1697 verhaftet und bis 1707 auf der Festung gefangengehalten[3].

In die darauffolgende Zeit von 1697 bis 1702 fällt der Versuch einer Selbstregierung Friedrichs[4]. Sie brachte ihm endlich die ersehnte Standeserhöhung. Durch einen Krontraktat vom 16. November 1700 erhielt er die nach dem Reichsrecht an sich nicht erforderliche, aber aus allgemein politischen Erwägungen erwünschte kaiserliche Zustimmung zur Erhebung Preußens zum Königreich. Als Gegenleistung versprach Friedrich die Unterstützung der habsburgischen Ansprüche auf die spanische Erbfolge und die Teilnahme an einem Krieg mit 8000 Mann Hilfstruppen[5]. Am 18. Januar 1701 setzte sich Friedrich im Königsberger Schloß selbst die Königskrone auf um deutlich zu machen, daß er sie von keiner weltlichen oder geistlichen Gewalt erhalte. Er glaubte jedoch fest daran, daß „Gott ihm habe die Gnade erweisen wollen, ihm die königliche Würde zu verleihen und dadurch sein Haus zu erhöhen“[6].

Friedrich der Große hat über den Ehrgeiz seines Großvaters und den sich nun immer stärker bemerkbar machenden Hang zu Prunk

---

[2] *Hintze*, Die Hohenzollern und ihr Werk, S. 257; *Oestreich*, *NDB*, Bd. 5, Berlin 1961, S. 536 f. (537).

[3] Zu den Hintergründen dieses Verfahrens vgl. *Bresslau / Isaacsohn*, Der Fall zweier preussischer Minister, 1. Teil, S. 14 f.; *Breysig*, Der Prozeß gegen Eberhard Danckelmann, Leipzig 1889, S. 32 - 36. Friedrich machte in diesem Prozeß von seinem oberstrichterlichen Amt in selbstherrlicher Weise Gebrauch.

[4] Seine vorherige Abhängigkeit von Danckelmann ist Friedrich wohl bewußt gewesen. Am 4. 12. 1697 schreibt er in einem Brief an seine Schwiegermutter, die Kurfürstin Sophie von Hannover, über die Entlassung Danckelmanns: „ich will hoffen, daß solches zu vielem nützlich sein werde, dan ich gewiß nicht mehr herr, sondern diener war“. (*Danckelmann's Sturz*. Briefe Friedrichs III. an die Kurfürstin Sophie von Hannover, *HZ*, Bd. 62 (N. F. Bd. 26), S. 280.)

[5] Hierbei handelte es sich genaugenommen lediglich um eine Bestätigung eines bereits 1686 vom Großen Kurfürsten mit dem Kaiser auf die Dauer von 20 Jahren abgeschlossenen Vertrages mit dem gleichen Versprechen. Der „Preis“ für die Königskrone war also nicht so hoch, wie es zuerst scheinen kann.

[6] So in einem Brief vom 4. Dezember 1700, vgl. *Berner*, Aus dem Briefwechsel König Friedrich I. von Preußen und seiner Familie, 1901, S. 324.

und Pracht gespottet. „Alles in allem: er war groß im Kleinen und klein im Großen“[7], so urteilte er.

Auch *Friedrich Wilhelm I.* stand dem Plan des Erwerbs der Königskrone ablehnend gegenüber. „Ich fürchte, daß diese Krone den Herrn Kurfürsten noch viel Ärger kosten wird“, so soll er sich nach den Tagebuchaufzeichnungen seines Lehrers Jean Philippe *Rebeur* geäußert haben[8]. Die wahre Bedeutung der neuerlangten Königswürde für den Gang der preußischen Geschichte konnte aber wohl auch erst aus ihrem späteren Verlauf richtig erkannt werden. Im Innern entfaltete die neue Würde eine integrierende Kraft, die sich nicht zuletzt darin gezeigt hat, daß „Preußen“ dem späteren Gesamtstaat seinen Namen gab. Im Bereich der äußeren Politik war sie eine wesentliche Bedingung für den sich später entfaltenden preußisch-österreichischen Dualismus.

In der zweiten Hälfte der Regierungszeit *Friedrichs I.* führte seit 1702 sein Günstling, der frühere Oberkämmerer *Kolbe von Wartenberg* als Premierminister Hof und Staat. Es beginnt eine Zeit der Überbetonung höfischer Prachtentfaltung, die zwar „im Einklang der Zeit, aber kaum in Übereinstimmung mit den Mitteln“[9] des Staates steht, ja diesen an die Grenze finanziellen Ruins bringt. Zwar sind nicht zuletzt Kunst und Wissenschaft durch diese Ausgaben maßgeblich gefördert worden. Die allgemeine Verarmung der breiten Bevölkerung[10], die offenbare Zunahme von Diebstahl und Vagabundentum im Lande[11] standen jedoch in einem seltsamen Kontrast zu den üppigen Verhältnissen am Hofe. Als *Friedrich I.*, dem die wahren Zustände im Lande weitgehend verborgen geblieben waren, durch das Vordringen der Pest in Ostpreußen und durch Berichte aus den Provinzen, die u. a.

---

[7] *Friedrich der Große,* Denkwürdigkeiten zur Geschichte des Hauses Brandenburg, in: *Werke,* Hrsg. *Volz,* Bd. 1, Berlin 1913, S. 117 - 119 (119).

[8] Vgl. *Hinrichs,* Friedrich Wilhelm I., König in Preußen, Hamburg 1941, S. 146.

[9] *Oestreich, NDB,* Bd. 5, Berlin 1961, S. 539.

[10] Vgl. die Armen- und Bettler-Ordnung v. 19. September 1708, *CCM,* I. Teil, 2. Abt., Sp. 173 ff.

[11] Auffallend sind die zwar auch aus älterer Zeit schon bekannten, jetzt aber häufig erneuerten Edikte gegen den Diebstahl, durch die den Tätern der Tod durch den Strang selbst in Bagatellfällen angedroht wurde. Vgl. die Edikte vom 23. August 1700, *CCM,* II. Teil, 3. Abt., Sp. 35 f., vom 7. November 1705 und vom 13. Juli 1706, *Quickmann,* Pommersche Edictensammlung, 1750, S. 285; Edikt vom 15. September 1709, *CCM,* VI. Teil, 2. Abt., Sp. 101, 102 = *CC Magdeburg,* 1714, Teil III, Sp. 610, 611, sowie die Edikte vom 27. Oktober 1709 wegen der Zigeuner, *Quickmann,* Pommersche Edictensammlung, S. 1350 und vom 24. Nov. 1710 wegen der Zigeuner und Diebe, *Quickmann,* Pommersche Edictensammlung, S. 1350, 1351 = *CC Magdeburg,* 1714, Teil III, S. 626 - 629 = *Scotti,* Sammlung Cleve Mark (1826), Bd. 2, Nr. 618, die den Gerichtsobrigkeiten bei Säumigkeit im Durchgreifen gegen das Gesindel den Verlust der Ober- und Untergerichte androhte.

auch von *Friedrich Wilhelm I.* veranlaßt worden waren, schließlich die Wahrheit erfuhr[12], war im Jahre 1711 das Ende der Regierung Wartenberg gekommen.

Die restlichen zwei Jahre der Regierungszeit Friedrichs I. standen mit ihren Bemühungen um die Reorganisation der Zentralverwaltung und des Hofes schon erkennbar unter dem Einfluß des Kronprinzen Friedrich Wilhelm. Leicht war die Aufgabe für ihn nicht. „Ich werde in Wahrheit hier Melankolisch werden", so schreibt er etwas resignierend angesichts der Parteiungen am Hofe an den späteren Feldmarschall *Fürst Leopold von Anhalt*[13].

Eine Gesamtwürdigung der Regierungszeit Friedrichs I. wird sich aber dennoch nicht ausschließlich an seiner Person, sondern auch an dem ausrichten müssen, was trotz allem an Ansätzen zu einer künftigen staatlichen Entwicklung geschaffen wurde.

Hintze hat im Jahre 1900 in einem vorsichtigen Urteil[14] in der Regierungszeit des ersten preußischen Königs zwar keine der großen schöpferischen Epochen des preußischen Staatswesens gesehen. Er hat sie als eine Zeit des Übergangs verstanden, als eine Epoche zwar noch tastender Reformversuche, die aber doch einige bedeutende Grundlagen für die dann durch *Friedrich Wilhelm I.* erfolgende Neuordnung von Staat und Gesellschaft gelegt hat. Hintze hat mit dieser Würdigung die Überwindung eines bis dahin fast nur negativen Bildes der Regierungszeit Friedrichs I. eingeleitet. Die neuere Forschung[15] über Friedrich I. und seinen Staat, die sich entsprechend dem Wunsch Hintzes nicht mehr

---

[12] Einige Berichte finden sich in *AB*, Bd. 1, S. 104 ff.; vgl. auch *Droysen*, Friedrich I., König von Preußen, 2. Aufl., Leipzig 1872, S. 225, 226 sowie *Hinrichs*, Friedrich Wilhelm I., S. 464 f.

[13] Brief vom 30. Juni 1712, *AB*, Bd. 1, S. 215 f. (216); später in seiner Instruktion für seinen Nachfolger vom 17. Februar 1722, *AB*, Bd. 3, S. 466, ist *Friedrich Wilhelm I.* noch einmal selbst auf die Zustände am Ende der Regierung Fr. I. eingegangen: „da mein sehliger Vatter gestorben 1713 (fand) ich (daß) das landt Preußen von der menschen Pest und viehe Pest fast ausgestorben ist, alle Domennen im gantzen lande (oder die) meisten verpfendet und in Er(b)pacht wahren die ich alle wieder ausgelöhsen habe und die finnance in solchen schlegten stande wahren, das ein Banckruht nahe wahr".

[14] *Hintze*, Staat und Gesellschaft unter dem ersten König, Hohenzollern-Jahrbuch, Bd. 4, S. 269 - 335, jetzt auch in *Hintze*, Regierung und Verwaltung, 2. Aufl., Göttingen 1967, S. 313 - 418 (s. insbesondere S. 313, 314, 418).

[15] *Tümpel*, Die Entstehung des brandenburgisch-preussischen Einheitsstaates im Zeitalter des Absolutismus (1609 - 1806), Breslau 1915, S. 28, 34; *Koch*, Hof- und Regierungsverfassung König Friedrich I., S. 1 - 13; *Hinrichs*, Friedrich Wilhelm I., S. 111 - 208; *Oestreich*, Friedrich I., in *NDB*, Bd. 5, S. 539; *Deppermann*, Der hallesche Pietismus und der preussische Staat unter Friedrich III. (I.), Göttingen 1961, S. 27 f., 172 f.; *Hinrichs*, König Friedrich I. von Preußen, Die geistige und politische Bedeutung seiner Regierung, in: Preußen als historisches Problem, S. 253 f. (258, 264, 271); *Hinrichs*, Preußentum und Pietismus, Göttingen 1971, S. 40, 88, 352.

vorrangig mit den Kämpfen und Intrigen der höfischen Parteien, sondern mit der Hof- und Staatsverfassung und deren geistigen Grundlagen befaßt hat, hat die Würdigung Hintzes zunehmend bestätigt.

Die Wahrung des territorialen Bestandes, der Erwerb der Königswürde und die Öffnung Brandenburg-Preußens für Vertreter der verschiedensten geistig-wissenschaftlichen Richtungen sind als bleibende Grundlagen erkannt worden, auf denen *Friedrich Wilhelm I.* und sein Nachfolger aufbauen konnten. Die Gründung einer unter der Führung von *Leibniz* stehenden Akademie der Wissenschaften im Jahre 1700 und die schon zuvor (1694) erfolgte Stiftung der Universität Halle, das Wirken der Pietisten Philipp Jakob *Spener* und August Hermann *Francke,* des Vertreters des „Usus modernus" Samuel *Stryk* sowie des Naturrechtlers Christian *Thomasius* an ihr, aber auch die vorangegangene Tätigkeit Samuel *Pufendorfs* als Historiograph des Großen Kurfürsten bedeutete nicht nur eine „Verlagerung der geistigen Führung des protestantischen Deutschland von Kursachsen nach Brandenburg-Preußen"[16]. Der Pietismus sollte der Regierung *Friedrich Wilhelms I.*, Naturrechtsdenken und Aufklärung sollte der Regierung *Friedrichs des Großen* als geistige Grundlage und Fundament ihres Verständnisses absolutistischer Herrschaft dienen.

Fragt man abschließend danach, welchen Einfluß die Persönlichkeit und die Regierungsweise *Friedrichs I.* auf eine weitere Ausformung des landesherrlichen Bestätigungsrechts haben konnte, so kann man zunächst nur vermuten, daß Friedrich I. zu einer wesentlichen Veränderung bereits bestehender Machtstrukturen nicht fähig sein würde. Dazu fehlte ihm die persönliche Durchschlagskraft.

Ein umfassendes landesherrliches Bestätigungsrecht konnte aber nur durch eine tatkräftige Ausweitung landesherrlicher Gerichtszuständigkeiten auf Kosten ständischer Gerichtsbarkeit erreicht werden. Eine Bestandsaufnahme der unter der Regierung *Friedrichs I.* in den einzelnen Ländern Brandenburg-Preußens bestehenden Gerichtsverfassung und eine Betrachtung der Strafrechtspflege werden jedoch näheren Aufschluß über den Umfang landesherrlicher Bestätigungsbefugnisse geben können.

---

[16] *Hinrichs,* König Friedrich I., S. 266.

2. *Kapitel*

Die Gerichtsverfassung und das Bestätigungsverfahren in der Strafrechtspflege der einzelnen brandenburgisch-preußischen Länder

A. „Seiner Königlichen Majestät Staaten und Provinzen" und der brandenburgisch-preußische Gesamtstaat

Für die Ausbildung eines in allen brandenburgisch-preußischen Landen[1] einheitlichen landesherrlichen Bestätigungsrechtes in Strafsachen hätten naturgemäß dann die besten Voraussetzungen bestanden, wenn alle diese Territorien am Anfang des 18. Jahrhunderts bereits über eine möglichst einheitliche, auf einen zentralistischen Gesamtstaat ausgerichtete, Staats- und Gerichtsverfassung sowie über ein gleichartiges Strafverfahrensrecht verfügt hätten.

Die Zeit von 1640 bis 1815 kennzeichnet zwar in der Geschichte der brandenburgisch-preußischen Staatsbildung, wie *Hintze*[2] dies treffend gewertet hat, „einen stetig fortschreitenden, bald rascher, bald langsamer sich vollziehenden Umbildungpsrozeß, durch den ein Aggregat kleinstaatlicher, ständisch territorialer Sonderbildungen zu einer neuen einheitlichen großstaatlichen Organisation verschmolzen worden ist".

Aber dennoch ist Brandenburg-Preußen noch das ganze 18. Jahrhundert hindurch ein „zusammengesetzter Territorialstaat" gewesen und am Ende des Jahrhunderts sprach man in allen Kanzleien, wenn man das Gesamtterritorium bezeichnen wollte, immer noch von „Seiner Königlichen Majestät Staaten und Provinzen"[3].

Zwar hatte *Friedrich Wilhelm I.* durch weitere langsame Veränderung des Behördenmechanismus in den Territorien und durch Ausbildung zentraler eigener Behörden den ständisch territorialen Staat schließlich überwinden und den fürstlich absolutistischen Staat an seine Stelle setzen können. Aber schon der *Große Kurfürst* hatte in den

[1] Dazu gehören unter der Regierung *Friedrichs I.*: Kur- und Neumark Brandenburg, Cleve-Mark, Ravensberg, Preußen, Hinterpommern, Minden, Halberstadt, Magdeburg, Lauenburg-Bütow, Lingen, Mörs und Tecklenburg.

[2] *Hintze*, Behördenorganisation und allgemeine Verwaltung in Preussen beim Regierungsantritt Friedrich II., *AB*, Bd. 6, 1. Hälfte, Berlin 1901, S. 4.

[3] Vgl. *Tümpel*, Entstehung des brandenburgisch-preussischen Einheitsstaates, S. 265.

Auseinandersetzungen mit den Ständen die Erfahrung machen müssen, daß sich die in den einzelnen Territorien historisch gewachsenen Verfassungs- und Verwaltungseinrichtungen nicht mit einem Federstrich beseitigen ließen.

Am Ende des 18. Jahrhunderts war die zentralistische Durchdringung der einzelnen Länder schon weit vorangetrieben. Aber die offizielle Kanzleisprache beweist am besten, daß man angesichts erhalten gebliebener territorialer Besonderheiten meinte, dennoch nicht von Preußen als einem Einheitsstaat sprechen zu können.

Zu Beginn des 18. Jahrhunderts besitzen die einzelnen Länder Brandenburg-Preußens, nicht zuletzt infolge der von ihnen betriebenen Politik der Abkapselung und Abgrenzung, im Rahmen des Gesamtstaates noch eine bedeutende Selbständigkeit. Diese wurde durch ständisch orientierte, weil sehr häufig — aufgrund eines durchgesetzten Indigenatsrechts — mit Landeseingeborenen besetzten, Behörden gegenüber allen zentralistischen Bestrebungen verteidigt.

Dennoch war es, wie oben bereits erwähnt, bis zum Beginn des 18. Jahrhunderts auf dem Gebiete des Heer- und Finanzwesens gelungen, die althergebrachten ständischen Verwaltungseinrichtungen zu beseitigen, oder sie mit einheitlichen vom Landesherrn getragenen neuen Behörden zu „überbauen"[4].

Eine bloße Personalunion, die Tatsache also, daß *Friedrich I.* als König in Preußen gleichzeitig Markgraf von Brandenburg, Herzog von Magdeburg, Fürst von Halberstadt usw. war, war also schon lange nicht mehr das Einzige, was die Länder Brandenburg-Preußens an Gemeinsamem verband.

Zeichnete sich also auf dem Gebiet der Verwaltung schon deutlich ein Hinstreben zum Einheitsstaat ab, so kann man dies auf dem Gebiete der Gerichtsverfassung und der Strafrechtspflege nicht in gleicher Weise beobachten. *Schmoller*[5] hat wohl recht, wenn er vermutet, daß es offenbar in der Natur der Sache lag, daß für den aufstrebenden Staat die Ausbildung der Armee und der obersten Finanzbehörden zunächst wichtiger war, als etwa die Schaffung eines für alle Länder zuständigen obersten Gerichtshofes.

Auf jeden Fall bleibt festzuhalten, daß gerade die auf dem Gebiet der Verwaltung sich abzeichnende Vereinheitlichung im Bereich der Justiz zunächst nicht ohne Folgen bleiben konnte: Dadurch, daß man

---

[4] Zur Verwaltungsumbildung insgesamt: *Hintze,* Staat und Gesellschaft unter dem ersten König, S. 314 ff.

[5] *Schmoller,* Über Behördenorganisation, Amtswesen und Beamtenthum ... in Deutschland und Preußen bis 1713, *AB,* Bd. 1, Berlin 1894, Einleitung, S. 107.

den ständisch orientierten, früher mit Aufgaben der Verwaltung wie auch der Justiz in gleicher Weise betrauten Regierungen die Aufgaben der inneren Verwaltung zunehmend entzog, verlagerte sich der Schwerpunkt ihrer Tätigkeit immer mehr auf den Sektor der Justiz. Die Aufsicht über die Rechtspflege in den Territorien verblieb in ständischer Hand. Es war zu erwarten, daß die Stände ihr ganzes ihnen verbliebenes politisches Gewicht auf die Bewahrung dieses Einflusses richten würden.

Die Ausbidlung einer einheitlichen Justizverfassung wurde aber auch noch durch weitere Gegebenheiten zusätzlich erschwert: Zunächst einmal durch die verschiedenen Verhältnisse, in denen die einzelnen Landesteile zur Gerichtsbarkeit des Reiches standen[6]. Die Kurlande etwa besaßen schon seit 1356 durch die Goldene Bulle ein privilegium de non appellando illimitatum. Preußen, außerhalb der Reichsgrenzen gelegen, hatte ohnehin nie den Rechtsweg an die Reichsgerichte gekannt. Für die übrigen im Römischen Reiche gelegenen „Fürstenthümer und Lande" erlangte *Friedrich I.* erst 1702 ein auf 2500 Goldgulden limitiertes Appellationsprivileg des Kaisers. Allerdings bestand in der Strafgerichtsbarkeit diese reichsrechtliche Schranke nicht, denn § 95 des Reichsabschiedes zu Augsburg von 1530 hatte bereits in Strafsachen eine Appellation an das Reichskammergericht ausdrücklich untersagt.

Ferner war die große Zahl der Gerichtsbarkeiten ein Hindernis auf dem Weg ihrer Vereinheitlichung. Der *Große Kurfürst* hatte den zentralen politischen Einfluß der Stände nur um den Preis der Bestätigung und Sicherung ihrer sozialen und lokalen Vorrechte zurückdrängen können. Die in alter Zeit erworbenen Patrimonialgerichte des Adels, manchmal versehen mit der Blutgerichtsbarkeit, der „Hohen Gerichtsbarkeit", waren erhalten geblieben, und der Große Kurfürst hatte etwa im kurmärkischen Landtagsrezeß von 1653 seinen Fiskalen ausdrücklich verboten, „denen von Adel in ihre Gerichte zugreiffen"[7]. Die Zersplitterung der Gerichte in kleine und kleinste Teile hat *Holtze*[8] — vielleicht etwas zu einseitig — „als den schwersten Krebsschaden der damaligen Strafrechtspflege" bezeichnet, „neben dem alle sonstigen Mängel, das veraltete Verfahren und Strafrecht der Carolina samt Folter und Hexenprozessen weit zurücktraten".

---

[6] *Eb. Schmidt*, Rechtsentwicklung in Preußen, S. 19.

[7] Kurmärkischer Landtags Recess vom 26. Juli 1653, *CCM*, Teil IV, 1. Abt., Sp. 425 ff. (440). Weiter heißt es dort zur Relegationsmöglichkeit „widerspenstiger Bauern" durch den Gutsherrn (Sp. 437): „Die Widerspenstige ob grave et enorme delictum zu relegiren, kann der Obrigkeit, so die Gerichte, et Ius primae Instantiae hat, auch nicht gewehret werden, nur daß es geschehe cum causae cognitione, auf angestellete förmliche Inquisition, und auff einholung Urthels und Rechtens, auch nicht weiter, den so weit sich eines ieden Magistratus Bothmeßigkeit erstrecket."

[8] *Holtze*, Strafrechtspflege unter Fr. W. I., S. 18.

Daneben war natürlich das Fehlen eines einheitlichen Strafrechts und Strafverfahrensrechts ein weiteres Hindernis für eine Zentralisierung der Strafrechtspflege.

Offenbar bestanden also insgesamt zu Beginn des 18. Jahrhunderts auch durch die noch nicht überwundenen territorialen Verschiedenheiten in der Gerichtsverfassung und dem Verbleiben der Rechtspflege insgesamt im Bereich ständischen Einflusses nicht die besten Voraussetzungen für die Ausbildung eines umfassenden landesherrlichen Bestätigungsrechts.

Dennoch hat es am Anfang des 18. Jahrhunderts nicht nur bereits in der Person des Königs gerichtsverfassungsmäßig abgesicherte oberstrichterliche Befugnisse in allen Provinzen gegeben[9].

Wie sich aber etwa an dem zeitlich phasenverschobenen allmählichen Verschwinden der ständischen Landtage ablesen läßt, war der landesherrliche Einfluß in den einzelnen Ländern höchst unterschiedlich. Den *wirklichen* Umfang und Inhalt der oberstrichterlichen Tätigkeit des Landesherrn in der Rechtspflege des brandenburgisch-preußischen Gesamtstaates wird man daher erst dann richtig erkennen, wenn man sich ein Bild über die Gerichtsverfassung und den Zustand der Strafrechtspflege in den einzelnen Ländern Brandenburg-Preußens hat machen können[10].

B. Gerichtsverfassung und Strafrechtspflege in den einzelnen Ländern[11]

I. Die Kur- und Neumark Brandenburg

Im Sprachgebrauch des 18. Jahrhunderts wird das Gebiet der gesamten Mark Brandenburg als „Chur- und Neumark"[12] bezeichnet. Da-

---

[9] Vgl. oben 2. Abschn., 3. Kap. D.

[10] *Schmoller, AB*, Bd. 1, Einleitung, S. 108, hat zwar Recht, wenn er warnend meint, es könne nicht gelingen „die preußische Verfassungs- und Verwaltungsgeschichte von 1640 - 1740 ausschließlich vom Standpunkt der Justizverwaltung aus genügend zur Darstellung zu bringen". Jedoch ist die Gefahr der Entstehung eines solchen Bildes wohl dann gebannt, wenn man sich gerade klar darüber geworden ist, daß die Entwicklung der Rechtspflege offenbar im Verhältnis zur Verwaltung gesonderte Wege ging und deshalb für den Zustand der Gesamtverfassung des Landes nicht repräsentativ sein kann.

[11] Umfassende Darstellungen über die Gerichtsverfassung und die Strafrechtspflege vor allem der kleineren preussischen Provinzen, die die Regierungszeit *Friedrichs I.* betreffen, liegen, soweit ersichtlich, nicht vor. Lediglich *Eb. Schmidt* hat in seiner grundlegenden Untersuchung „Fiskalat und Strafprozeß", München 1921, auch die Strafrechtspflege in diesen Provinzen angesprochen, wenn auch vorwiegend unter dem Blickwinkel einer Mitwirkung des Fiskalats am Prozeßverfahren. Die meisten anderen Untersuchungen zur Strafrechtspflege Brandenburg-Preußens stellen für diese Zeit allenfalls die Zustände in der Kur- und Neumark Brandenburg, in Preußen und

durch wurde zwar deutlich, daß die Kurmark Brandenburg und die Neumark seit Überwindung der märkischen Landesteilung im Jahre 1571 wieder territorial vereint waren. Der Verzicht auf die einheitliche Bezeichnung „Mark Brandenburg" hatte aber ebenfalls seinen tieferen Sinn, denn trotz der Wiedervereinigung beider märkischer Landesteile hatten diese sowohl in bezug auf die landesherrlichen als auch auf die ständischen Verhältnisse ihre Besonderheiten gewahrt. Diese werden auch bei der Betrachtung der Gerichtsverfassung und der Strafrechtspflege beider Landesteile noch sichtbar.

Die Landtagsrezesse für die Kurmark vom 26. Juli 1653[13] und für die Neumark vom 19. August 1653[14] sowie der den Städten der Neumark erteilte Spezial-Revers vom 29. August 1653[15] hatten dem Adel und den Städten die von diesen erworbenen Gerichtsbarkeiten ausdrücklich bestätigt.

Friedrich III. hatte im Jahre 1692[16] diese Landtagsrezesse konfirmiert, und so befindet sich zu Beginn des 18. Jahrhunderts die untere Kriminalgerichtsbarkeit vorwiegend in ständischer Hand.

Soweit die adligen Gutsbesitzer für ihre *Patrimonialgerichte* und die Städte für ihre *Stadtgerichte* die Obergerichtsbarkeit erworben hatten, konnten sie auch in den zu Leib- und Lebensstrafen oder zur Landesverweisung führenden Delikten[17] erkennen.

Cleve-Mark dar, oder sie setzen erst mit der unter *Friedrich Wilhelm I.* beginnenden Vereinheitlichung des Prozeßrechts in den Jahren 1717 - 1721 ein. Manchmal wird die Übersicht über die Strafrechtspflege der kleineren Provinzen bewußt ausgespart mit der Begründung, die dort bestehenden Zustände seien ohne Einfluß auf die weitere Entwicklung des brandenburgisch-preussischen Strafrechts geblieben. *Hälschner,* Geschichte des Br.-Pr. Strafrechts, S. 143, 144. *Klein,* Geist des Criminalwesens in verschiedenen Zeitpuncten der preussischen Regierung, ArchCrimR, Bd. 1, S. 107 f. (109). So richtig diese Ansicht im Grundsatz auch sein mag: Im Rahmen dieser Untersuchung würde ein Verzicht auf eine differenzierende Darstellung falsche Vorstellungen über den zu Beginn des 18. Jahrhunderts bestehenden Umfang landesherrlicher Bestätigungsbefugnisse geradezu bewußt herbeiführen.

[12] Zur Gliederung und Bezeichnung der Mark Brandenburg vgl. *Schultze,* Mark Brandenburg, Bd. 5, S. 9 - 11; s. auch Erlaß Fr. W. I. v. 11. Januar 1721, *AB,* Bd. 3, S. 285.

[13] *CCM,* VI. Teil, 1. Abt., Sp. 425 f. (436, 440).

[14] *CCM,* VI. Teil, 1. Abt., Sp. 465 f. (476).

[15] *CCM,* VI. Teil, 1. Abt., Sp. 477 f. (481).

[16] *CCM,* VI. Teil, 1. Abt., Sp. 619 - 622.

[17] Dazu gehörten etwa nach dem Gerichtsgebrauch des ausgehenden 16. Jahrhunderts: Ketzerei, Zauberei, Ehebruch, Notzucht, Sodomie, Mord, Raub, Brandstiftung, Wegelagerung, schwere Diebstahlsfälle sowie Beihilfe zu diesen Delikten, weiter Meineid, Hausfriedensbruch, Menschenhandel, Fälschungsdelikte aller Art usw. (vgl. hierzu die Regelung im V. Teil, Titel I der 1594 abgefaßten, aber dann nicht publizierten *Landes-Ordnung des Kurfürsten Johann Georg, CCM,* VI. Teil, 3. Abt., Sp. 55 f. (137, 138), von der *Mylius*

Lediglich in den landesherrlichen *Ämtern*, die die Bezirke landesherrlicher Domänen umfaßten, übten die Amtmänner im Namen des Landesherrn die Kriminalgerichtsbarkeit über die Amtsbauern aus. Fehlte den im Amtsbereich gelegenen Städten oder adligen Patrimonialgerichten die Obergerichtsbarkeit, so standen deren Bürger oder Gutsuntertanen insoweit ebenfalls unter der Gerichtsbarkeit des Amtmannes, der schon im 17. Jahrhundert auch die Bezeichnung Amtsrichter führt[18].

Die Strafgerichtsbarkeit über die privilegierten Personen — die Mitglieder des königlichen Schlosses und über den Adel — war besonderen Gremien vorbehalten. Die Strafgewalt des königlichen *Hausvogtes* war durch eine Vielzahl von Einzelregelungen von der des Magistrats der Städte Berlin und Köln abgegrenzt[19]. Es galt im wesentlichen noch die Zuständigkeitsregelung, die im Vertrag des Kurfürsten *Joachim I.* mit den Berlinischen Städten im Jahre 1508[20] getroffen worden war.

Danach stand dem Hausvogt die Strafgerichtsbarkeit über das wesentliche Hofgesinde und die Münzer zu[21]. Der Magistrat hatte die Unter- und Obergerichtsbarkeit über seine Bürger inne, hatte jedoch vor Vollzug der Tortur bzw. vor Vollstreckung der Todesstrafe die Einwilligung des Königs einzuholen. 1710 war ein kollegiales Stadtgericht für die im Jahre zuvor geschaffene Gesamtstadt Berlin errichtet worden[22]. Die Kriminalrechtspflege verblieb aber bei „Unterrichtern", die weiterhin in den nunmehr zu Stadtbezirken umgewandelten früheren Einzelstädten unter Beiziehung von zwei Assessoren und zwei Schöppen aus der Bürgerschaft „die Criminalsachen zu tractiren" hatten. Vor jeder maßgeblichen Prozeßhandlung (Aktenversendung, Einholung der königlichen Bestätigung etc.) mußten sie die Kriminalakten jedoch dem Magistrat einreichen[23].

---

dort (Sp. 1) zu Recht behauptet, sie gäbe eine hervorragende Übersicht über die damals im Lande üblichen Gewohnheiten und Rechte. Um die Wende des 17. zum 18. Jahrhundert läßt sich kein festumrissener Katalog der zu den Obergerichten gehörenden Delikte feststellen. Man kann nur aus der Gerichtspraxis dieser Zeit schließen, daß die obengenannten Delikte auch zu dieser Zeit zum Bereich der Ober- oder Halsgerichtsbarkeit gezählt wurden.

[18] *Stölzel*, Die Entwicklung der gelehrten Rechtsprechung, Bd. 1: Der Brandenburger Schöppenstuhl, Berlin 1901, S. 413.

[19] Zusammenstellung der Dokumente bei *Wackenrode*, Corpus Bonorum des Magistrats der Königlichen Residentzien Berlin, Schriften d. Vereins f. d. Geschichte Berlins, Heft 24, Berlin 1888, S. 86 - 93.

[20] Abgedruckt bei *Raumer*, Codex diplomaticus, Teil 2, S. 241 f.

[21] Zur Strafgewalt des Hausvogtes vgl. auch *Holtze*, Strafrechtspflege unter Fr. W. I., S. 4 - 7.

[22] Gerichts-Verfassung in denen Residenzien, vom 21. Januar 1710, *CCM*, II. Teil, 1. Abt., Sp. 693 - 704.

[23] Gerichts-Verfassung, *CCM*, II. Teil, 1. Abt., Sp. 699, 700.

Die Strafgerichtsbarkeit über den *Adel der Kurmark* stand nicht etwa dem Kammergericht noch den sogenannten Quartalgerichten zu, die als Obergerichte für die Landesteile der Altmark und der Uckermark die Rechtsprechung des Kammergerichts auszuüben hatten. Diese waren zu Beginn des 18. Jahrhunderts noch reine Zivilgerichte[24], sprachen aber unter anderem in Zivilstreitigkeiten des Adels in erster Instanz. Die Strafgewalt über den kurmärkischen Adel war dem 1604[25] gegründeten und 1651[26] umgestalteten Geheimen Rat zugefallen[27], dem höchsten märkischen Regierungsorgan und Gericht in Strafsachen, das sich aber — wie wir oben bereits sahen — mit der zunehmenden Vergrößerung des Landes immer mehr zu einer zentralen Behörde aller brandenburgisch-preußischen Lande entwickelte.

---

[24] Daran hatte auch der Erlaß der neuen Kammergerichtsordnung vom 1. März 1709 (*CCM*, II. Teil, 1. Abt., Sp. 357 - 472) nichts geändert. Das Kammergericht ist im Jahre 1738 zum ersten Mal mit Strafsachen befaßt worden (nicht, wie *Eb. Schmidt*, Kammergericht und Rechtsstaat, S. 21, annimmt, erst mit Schaffung des „Großen Friedrichs Kollegs" im Jahre 1748). Durch Reskript vom 19. Mai 1738 (*CCM*, Cont. I., Nr. 23, Sp. 154 f.) wurde das Berliner Hof- und Criminalgericht, das im Jahre 1718 die Hausvogtei und deren Strafbefugnisse in sich aufgenommen hatte, mit dem Kammergericht vereint. Zu dieser Vereinigung vgl. *Holtze*, Geschichte des Kammergerichts in Brandenburg Preußen, Bd. 3, Berlin 1901, S. 155 f. (159).

[25] Vgl. Geheime Rats-Ordnung v. 13. Dezember 1604, *Acta Brandenburgica*, Bd. 1, Berlin 1927, S. 91 - 96.

[26] „Neue Verordnung und Disposition ..." vom 4. Dezember 1651, *Meinardus*, Protokolle, Bd. 4, S. 394 f.

Der Grundsatz, daß ein Adliger von anderen — auch adligen Gerichtsherren nur festgenommen, nicht jedoch auch abgeurteilt werden durfte, sondern zu diesem Zweck an den Kurfürsten auszuliefern war, war schon im IV. Teil, Titel I der *Landes-Constitution von 1594* festgelegt worden (*CCM*, VI. Teil, 3. Abt., Sp. 55 f. (121 - 123).

[27] Von den fortwährend in den Protokollen des Geheimen Rates auftauchenden Strafverfahren, die kurmärkische Adlige betreffen, sind hier zum Beleg der erstinstanzlichen Zuständigkeit des Geheimen Rats nur solche ausgesucht worden, die nicht dem Militärstrafrecht unterfielen oder das Crimen laesae majestatis betrafen, da hier — wie noch darzustellen ist — andere Zuständigkeitsgründe vorliegen.

Vgl. etwa *Meinardus*, Protokolle, Bd. 1, S. 332, Nr. 382; S. 356, Nr. 397; S. 376, Nr. 414 (Entscheidungen vom 14. 8. - 7. 9. 1641): Prozeß gegen den früheren Statthalter Graf Schwartzenberg. Wenn dieser letztlich doch *nicht* vor dem Geheimen Rat geführt wird, so nur deshalb, weil Schwartzenberg diesen als befangen ablehnte.

Weitere Prozesse gegen kurmärkische Adlige: *Meinardus*, Protokolle, Bd. 1, S. 450, Nr. 513 (17. 2. 1642); *Bd. 2*, S. 667 - 669, Nrn. 246, 247 (6. 12. 1644); *Bd. 3*, S. 77, Nr. 43 (2.) (18. 3. 1645); *Bd. 5*, S. 315, Nr. 278; S. 320, Nr. 283; S. 330 - 331, Nr. 201; S. 335, Nr. 296; S. 439, Nr. 403 (Entscheidungen v. 30. 4. 1657 - 30. 11. 1658): Streit über die Jurisdiktion betr. den Adligen v. Platen zwischen dem Kurfürsten und der Stadt Berlin. Entscheid des Kurfürsten, Bd. 5, S. 336, Nr. 296: „befinden aber bei dieser Sache so viel, daß wenn die Delinquenten und Verhaftete adliche Personen sein, dem Rath zwar inhalts der Reverse und Landesgewohnheit der Angriff, dieselbe in unser Hand zu verstricken, zukomme, *aber die Cognitio Uns gebühre*".

Diese Zuständigkeit hat sich im Geheimen Rate erhalten[28], auch nachdem sich seit 1658 von diesem die „zu den Verhören verordneten Räthe" das spätere „Geheime Justizkollegium" bzw. der „Geheime Justizrath" absonderten[29]. Aus diesem Kollegium, das vor allem die im Geheimen Rat in Zivil- und Strafsachen anfallenden Verhöre vorzunehmen hatte, hat sich als spätere Abzweigung das Criminalkollegium herausgebildet[30], das jeweils auf Anordnung des Geheimen Rats oder späterhin auch des Königs persönlich alle im Geheimen Rat vorkommenden Kriminalfälle zu begutachten hatte.

Der *Adel der Neumark* stand unter der Strafgewalt der Neumärkischen Regierung in Küstrin, dem obersten Regierungs- und Gerichtsgremium des neumärkischen Landesteils[31].

Die Hauptaufgabe des Geheimen Rates der Kurmark und der Regierung der Neumark in der Strafrechtspflege bestand aber weniger in der erstinstanzlichen Zuständigkeit für Strafsachen des Adels, als in einer obergerichtlichen Tätigkeit als Justizaufsichtsbehörden ihrer Landesteile[32].

---

[28] So finden sich auch in den Protokollen des Geheimen Rats nach 1658 noch Strafverfahren gegen Adlige. Vgl. etwa *Meinardus*, Protokolle, Bd. 7, 1. Hälfte, S. 196 (8.) (25. Juli 1664): Caspar v. Sidauen wird dazu verurteilt, zehn Türken lebendig oder tot zu liefern. In einer anderen Sache kommt es zwischen dem Rat der Stadt Neu-Ruppin und dem Kurfürsten zum Streit, s. *Meinardus*, Protokolle, Bd. 7, S. 477, 478 (12. Mai 1666): Der Rat hat Ludwig v. d. Gröben wegen Ehebruchs zu 400 Talern Strafe verurteilt. Eigentlich, so meint er, stünde dem Kurfürsten die Gerichtsbarkeit zu, Gröben habe sich aber freiwillig dem Gericht des Rats unterworfen. Dennoch könne ihnen dieses wohl verwiesen werden, weil sie sich das Urteil über einen im Lande gesessenen Adligen angemaßt hätten. Der Kurfürst verwarnt den Rat, „weil der Delinquent v. Gr. einer von Adel und nicht unter des Rats Jurisdiktion gehöre" und zieht die 400 Taler ein.

[29] Vgl. Kurze *Geschichte* des geheimen Justizraths, in: *Hymmen*, Beyträge, 3. Sammlung, S. 150 f.; *Klaproth / Cosmar*, Der Königlich Preußische und Churfürstlich Brandenburgische Wirkliche Geheime Staats-Rath, Berlin 1805, S. 195, 234, 235. Zum Hintergrund s. *Meinardus*, Protokolle, Bd. 5, S. 402 - 406.

[30] Vgl. *Bericht* des Criminalraths *Hülsmann* v. 6. Oktober 1714, *Klein*, Annalen, Bd. 9, 1792, S. 173 u. 174 und die offenbar auf diesem Bericht fußenden Darstellungen: Kurze *Anzeige* von der vorigen und jetzigen Criminalverfassung i. d. Preußischen Landen, *Hymmen*, Beyträge, 4. Sammlung, S. 218 - 228 (218 - 221), und: *Bericht* der Criminal-Deputation des Cammer-Gerichts, über die eingeschränkte Befugniß der Untergerichte in der Churmark in Criminal-Sachen zu erkennen, *Klein*, Annalen, Bd. 9, S. 147 f. (160, 161).

[31] Dieses Recht war dem Adel schon durch den Landtagsabschied vom 11. Juni 1611, *CCM*, VI. Teil, 1. Abt., Sp. 209 f. (214) zugestanden worden: „Daß hinfürder alle und jede Sachen in der Newmarck, ... tam in criminalibus quam civilibus furgehent, ... vor obgedachter Unser Regierung zue Cüstrin biß zue gentzlichen der Sachen erörterung ... sollen bleiben undt gelassen, undt deren keine ohne gar hochwichtige Ursachen ... gen Hoffe avociret und gezogen werden."

[32] Der Geheime Rat ist zu Beginn des 18. Jahrhunderts in gewissem Umfang auch schon eine zentrale Justizaufsichtsbehörde in Strafsachen geworden. Dazu oben S. 90.

Die unteren Strafgerichte unterlagen in ihrer Rechtsprechung mehreren Beschränkungen. Zunächst einmal durfte kein Gericht in Strafsachen selbst urteilen, denn die im Reiche allgemeine Observanz der Aktenversendung galt auch in der Kur- und Neumark. Kamen aber die Urteile von den Schöppenstühlen oder Spruchfakultäten ein, so mußten diese in der Kurmark zur Bestätigung durch den König an den Geheimen Rat, in der Neumark zur Bestätigung durch die Regierung nach Küstrin eingesandt werden[33]. Diese Praxis wird nicht nur bereits durch die von *Stölzel*[34] mitgeteilten Spruchakten des Brandenburger Schöppenstuhls belegt, sondern wird für die Kurmark vor allem deutlich durch die Protokolle des Geheimen Rats.

Nur diejenigen Gerichtsbarkeiten waren von der Bestätigungspflicht ausgenommen, die die Obergerichtsbarkeit ohne Bestätigungsvorbehalt des Landesherrn erworben hatten.

Aktenversendung und Bestätigung entfielen aber auch in den Prozessen, in denen „fiskalische Inquisitionen"[35] stattgefunden hatten, da diese unmittelbar vom Geheimen Rat und in der Neumark von der Regierung entschieden wurden.

Wie Eberhard *Schmidt*[36] nachgewiesen hat, handelte es sich hier um ein zwar in inquisitorischen Formen geführtes, aber summarisches Verfahren, „das mit Geldstrafen abzustrafende geringere Freveltaten zum Gegenstand hatte". Dieses Verfahren eignete sich nicht zur Aktenversendung, da über die Delikte im wesentlichen aufgrund mündlicher Verhöre in unmittelbarer Beweisaufnahme unter maßgeblicher Mitwirkung des Fiskals entschieden wurde.

Von diesen eigentlichen „fiskalischen Strafprozessen", waren aber diejenigen zu unterscheiden, die in „capitalen" Sachen ebenfalls unter — möglicher — fiskalamtlicher Beteiligung durchgeführt wurden.

Hier herrschte in der Kur- und Neumark der auch sonst im Reich übliche Inquisitionsprozeß vor, der aber vor allem durch die Umgestaltung des Verhältnisses von General- und Spezialinquisition märkische Besonderheiten aufwies. Um die möglichen Einwände des Tatverdächtigen kennenzulernen und um diese bei der Abfassung der Frageartikel, nach denen der Inquisit in der Spezialinquisition zu vernehmen war,

---

[33] Vgl. den Bericht von *Hülsmann* und die weiteren in Anm. 30 zitierten Berichte; s. auch: Die *Entwicklung* der Kompetenz in Kriminalsachen, JMBl. Preußen, 9. Jg., Berlin 1847, S. 189, 190.

[34] *Urkundliches Material* aus den Brandenburger Schöppenstuhlsakten, Hrsg. Stölzel, 4 Bde., Berlin 1901. Zu einem solchen Fall vgl. etwa Bd. 2, S. 668, 669.

[35] Bericht *Hülsmann*, Kleins *Annalen*, Bd. 9, S. 173; *Anzeige* von der ... Criminalverf. i. d. Preuß. Staaten, *Hymmen*, Beyträge, 4. Sammlung, S. 218.

[36] *Eb. Schmidt*, Fiskalat und Strafprozeß, S. 84, 88.

bereits berücksichtigen zu können, war man auf den Gedanken verfallen, den Verdächtigen bereits in der Generalinquisition als Zeugen zu hören[37].

Der Fiskal konnte aufgrund richterlichen Auftrags auch in diesem „ordentlichen" Inquisitionsprozeß mit einzelnen Untersuchungshandlungen betraut werden.

Neben dem Inquisitionsprozeß hatte aber — in der Neumark stärker als in der Kurmark — auch der Akkusationsprozeß seine Bedeutung noch nicht verloren. Insgesamt macht sich jedoch schon in den einzelnen Landesteilen der Mark das Fehlen einer einheitlichen Strafprozeßordnung in unterschiedlichen Prozeßgebräuchen bemerkbar, allein etwa in einer regional nachweisbaren stärkeren Bevorzugung des Anklageprozesses[38]. Noch 1710 wurde etwa das neu errichtete Stadtgericht in Berlin[39] hinsichtlich des einzuhaltenden Verfahrens pauschal auf die Carolina verwiesen. Das zeigt, daß auch die wenigen in der Cammergerichtsordnung von 1709 enthaltenen, die Untergerichte und das Fiskalat betreffenden strafprozessualen Bestimmungen keineswegs als eine geschlossene Kodifizierung des Strafverfahrens angesehen wurden.

Immerhin erfahren wir aus ihnen, daß zu Beginn des 18. Jahrhunderts in der Kurmark die Appellation zulässig war, wenn auch ganz offenbar nur in den eigentlichen summarischen „fiskalischen Inquisitionen", dagegen der Rechtsbehelf der „weiteren Verteidigung" in denjenigen Fällen vorgeschrieben war, die „Capital- und Leibesstrafen" betrafen[40].

Schon die hier gebotene knappe Übersicht über die in der Kur- und Neumark zu Beginn des 18. Jahrhunderts bestehende Gerichtsverfassung macht wohl den unterschiedlichen Einfluß deutlich, den der König in den beiden großen Landesteilen der Kurmark und der Neumark auf die Strafrechtspflege nehmen konnte.

In der *Kurmark* konnte er durch die beim Geheimen Rat konzentrierten Rechtsprechungsbefugnisse eine nicht unbedeutende Aufsicht über die Strafrechtsprechung ausüben. Dabei war es im Einzelfall unerheblich, ob der Geheime Rat als Gremium oder der König persönlich diese Rechte wahrnahm, denn der Geheime Rat wurde unmittelbar durch den König kontrolliert.

Zwar konnte der König als Landesherr immer noch nicht in *alle* in der Kurmark publizierten Straferkenntnisse Einsicht nehmen, da die-

---

[37] Zu diesen und anderen Abweichungen des märkischen Inquisitionsprozesses vgl. *Eb. Schmidt*, Fiskalat, S. 61 ff.

[38] *Eb. Schmidt*, Fiskalat, S. 66.

[39] *CCM*, II. Teil, 1. Abt., Sp. 700.

[40] *CCM*, II. Teil, 1. Abt., Sp. 357 f. (390).

jenigen Gerichts-Obrigkeiten, die die Obergerichtsbarkeit ohne Bestätigungsvorbehalt erworben hatten, zur Einholung der Bestätigung ihrer von den Spruchbehörden gesprochenen Urteile nicht verpflichtet waren. Aber auch hier hatte der Landesherr erste Einbrüche in fremde Gerichtsbarkeit unternommen. So hatte der Kurfürst sich schon seit 1652[41] vorbehalten, daß auf Landesverweisung lautende Urteile ohne seine Bestätigung nicht *vollzogen* werden durften. Solche Urteile waren also von *allen* Gerichten an den Geheimen Rat einzusenden.

In zwei weiteren Edikten aus dem Jahre 1683[42] hatte er sich weiterhin die Bestimmung der Strafe in den Fällen persönlich vorbehalten, in denen Diebe und Gelder veruntreuende Beamte innerhalb von sechs Wochen den vierfachen Schadensbetrag zur Abwendung der sonst gegen sie verhängten Todesstrafe hinterlegten.

1709[43] ordnete der König dann schließlich an, daß auch alle auf „Vestungs-Bau" lautenden Urteile mit den Akten zur Bestätigung einzusenden waren.

War hier also schon ein Weg aufgezeigt, auf dem die noch im Lande bestehenden fremden Gerichtsbarkeiten in ihren *Rechtsprechungs*befugnissen beschränkt werden konnten, so lag ein anderer darin, durch immer stärkere Betonung eines vom König *allein* beanspruchten Gnadenrechts wenigstens eine mittelbare Einwirkung auf alle Strafurteile durchzusetzen.

Findet die Ausformung dieser starken Eingriffsmöglichkeiten des Königs in die Strafrechtspflege der Kurmark letztlich ihre Erklärung darin, daß sie sich im alten brandenburg-preußischen Kernland, in dem die Nähe des königlichen Hofes eine besondere Konzentration landesherrlicher Macht ermöglichte, wohl am ehesten durchsetzen konnten, so zeigt schon die Gerichtsverfassung der Neumark, daß der königliche Einfluß auf die Strafrechtspflege schon in einem anderen Landesteil desselben Landes aufgrund historischer Sonderentwicklungen ganz anders zu bewerten ist. Die erstinstanzlichen Rechtsprechungsbefugnisse sowie das Recht der Bestätigung auch der aus den königlichen Ämtern eingehenden Strafurteile lagen bei der neumärkischen Regie-

[41] Vgl. Churf. Resolution auf derer Chur-Märckischen Stände übergebene Beschwerungs-Puncte v. 1. May 1652, *CCM*, VI. Teil, 1. Abt., Sp. 399 f. (406). Diesen Vorbehalt wiederholte der Kurf. im Landtagsrezeß vom 26. Juli 1653, *CCM*, VI. Teil, 1. Abt., Sp. 425 f. (437) und bekräftigte ihn erneut in der Cammergerichts-Ordnung von 1709, *CCM*, II. Teil, 1. Abt., Sp. 357 f. (389).

[42] Edikte vom 22. Januar 1683, *CCM*, II. Teil, 3. Abt., Sp. 15 - 18.

[43] Cammergerichts-Ordnung v. 1709, *CCM*, II. Teil, 1. Abt., Sp. 357 f. (389). Dies fand seine Begründung darin, daß der König den militärischen Kommandanten der Festungen in solchen Fällen sogen. „Annahme-Ordres" zu erteilen hatte, ohne die die Delinquenten dort nicht aufgenommen wurden.

rung, die ganz anders als der Geheime Rat der Kurmark durchaus ständisches Bewußtsein zeigte, und die mit besonderem Stolz und Eifer ihre Privilegien zu wahren versuchte[44].

Dennoch war auch die neumärkische Regierung nicht völlig unabhängig von landesherrlichem Einfluß. Einzelne in den Protokollen des Geheimen Rats vermerkte Anfragen der Regierung, wie ein Delinquent zu bestrafen sei, aber auch Begnadigungen in neumärkischen Strafsachen zeigen[45], daß sich die Regierung in einzelnen fraglichen Fällen offenbar bei dem Geheimen Rat absicherte. Auch galt etwa der 1652 erfolgte Vorbehalt der Einsendung aller auf Landesverweisung lautenden Urteile zur Bestätigung auch für die Neumark.

Wenn auch der Umfang der königlichen Eingriffsrechte in die neumärkische Strafrechtspflege aufgrund der aufgefundenen Quellen nicht abschließend bestimmt werden kann, so läßt sich aber doch sagen, daß er geringer war, als in der Kurmark.

II. Das Herzogtum Cleve und die Grafschaft Mark[46]

Nach dem Tode des letzten Herzogs von Cleve, Jülich und Berg, *Johann Wilhelms I.*, im Jahre 1609 hatte auch Kurfürst *Johann Sigismund* von Brandenburg neben dem *Pfalzgrafen zu Neuburg* und vielen anderen Ansprüche auf das Erbe angemeldet. Am 12. November 1614 schlossen diese beiden Hauptanwärter auf die Erbschaft im Vertrag von Xanten einen Vergleich, nach dem Cleve, Mark und Ravensberg an Brandenburg, Jülich und Berg dagegen an Neuburg fallen sollten. Beide Vertragspartner übernahmen das Regiment in „ihren" Landesteilen, der eigentliche Vollzug dieses Vertrages wurde aber durch den 30-jährigen Krieg zunächst verhindert. Erst dem Großen Kurfürsten gelang es, den 1614 geschaffenen Zustand durch einen Erbvergleich

---

[44] *Hintze*, Behördenorganisation und allgemeine Verwaltung, *AB*, Bd. 6, 1. Hälfte, S. 369 f.

[45] Vgl. etwa *Meinardus*, Protokolle und Relationen, Bd. 1, S. 331, Nr. 381 und S. 677, Bd. 7, 1. Hälfte, S. 460, Nr. 667 (6.).

[46] Zur Gerichtsverfassung und Strafrechtspflege in Cleve-Mark liegen einige Untersuchungen vor, die auch die Verhältnisse zu Beginn des 18. Jahrhunderts berücksichtigen. Auf sie kann daher hinsichtlich weiterer Einzelfragen verwiesen werden.

Vgl. *Hötzsch*, Stände und Verwaltung von Cleve und Mark in der Zeit von 1666 - 1697. Urkunden und Aktenstücke zur Geschichte der inneren Politik Kurf. Fr. W. v. Brandenburg, Bd. 2, Leipzig 1908; *Schreiber*, Die Strafrechtspflege in Cleve-Mark unter der Regierung König Friedrich Wilhelms I. von Preußen, Diss. Phil. Münster 1912; *Derix*, Die Brandenburgisch-preussische Kriminalpolitik im Herzogtum Cleve von 1609 - 1794, Diss. Jur. Marburg 1967. Zu Fragen der Aktenversendung in Cleve-Mark vgl. auch *Ahrens*, Aus der Lehr- und Spruchtätigkeit der alten Duisburger Juristenfakultät, Duisburg-Ruhrort 1962.

mit Pfalz-Neuburg vom 9. September 1666[47] zu bestätigen und sich endgültig in den festen Besitz von Cleve-Mark zu setzen.

Vielleicht war dieser lange Streit um gesicherte Besitzverhältnisse am Lande eine Ursache dafür, daß die Cleve-Märkische Regierung nicht allein — wie die anderen Regierungen auch — keine „Vertreterin des Absolutismus", dafür aber eine Verfechterin „des verfassungsmäßigen, ständisch-beschränkten Fürstentums und des territorialen Partikularismus"[48] war. Sie zeigte sich vielmehr in dieser Grundhaltung auch besonders selbstbewußt.

Bei der Inbesitznahme Cleve-Marks durch Brandenburg im Jahre 1614 verkörperte die Regierung die oberste Justiz- und Verwaltungsbehörde im Lande. Der Große Kurfürst hatte aber den Forderungen der Stände nach Schaffung eines besonderen, allein für die Justiz zuständigen Gremiums schließlich nachgegeben, und nach mehreren Versprechungen[49] war im Jahre 1660 neben der Regierung ein gesondertes Hofgericht errichtet worden. Allerdings war die ursprünglich gehegte Absicht, diesem Hofgericht nicht nur die Aufsicht über das Brüchtegeding, d. h. die die leichtere Kriminalität durch Geldstrafen abstrafenden unteren Instanzen, sondern auch über die in der höheren Strafrechtspflege tätigen Gerichtsbarkeiten zu verleihen, wieder aufgegeben worden.

Die Landtagsabschiede von 1660 und 1661 sahen vielmehr vor, daß die „Criminalia" und die „Brüchten" in der Zuständigkeit der Regierung verbleiben sollten. Nur, wenn diese dem Hofgericht ausdrücklich einen „peinlichen Prozeß" zuwies, sollte dieses tätig werden können[50].

Blieb das Hofgericht also im wesentlichen auf die Ziviljustiz beschränkt, so entwickelte sich die Regierung auch in der Praxis bis zur Wende des 17. und 18. Jahrhunderts nicht nur zur obersten Aufsichtsbehörde in der höheren Strafrechtspflege, sondern auch zur ersten Instanz für die Straftaten des Adels und der diesem gleichgeordneten Eximierten. Sie konnte darüber hinaus auch mit Beschwerden in Brüchtensachen[51] befaßt werden.

---

[47] *Urkunden und Aktenstücke*, Bd. 5, Berlin 1869, S. 954.

[48] *Hintze*, Staat und Gesellschaft unter dem ersten König, S. 340.

[49] Reskript v. 6. April 1648, *Scotti*, Sammlung Cleve/Mark, Bd. 1, Nr. 201, S. 268; Cleve-Märkischer Landtagsabschied vom 9. Oktober 1649, *Urkunden u. Aktenstücke*, Bd. 5, S. 390 ff. (391, 393).

[50] Vgl. Landtagsabschied v. 24. August 1660, §§ 34, 35; *Scotti*, Sammlung Cleve/Mark, Bd. 1, Nr. 262, S. 350, 351; Landtagsabschied v. 19. März 1661, §§ 19, 20, *Scotti*, Sammlung Cleve/Mark, Bd. 1, Nr. 265, S. 376.

[51] Eine nähere Betrachtung des durch die Brüchtenordnung von 1681 geregelten Brüchtengedinges ist hier nicht von weiterem Interesse. Dieser Bereich der niederen Strafrechtspflege, in der der Landesherr seine Interessen durch eine Beteiligung des Fiskals am Verfahren sicherte, wurde auch später nicht zum Streitobjekt in der Auseinandersetzung um ein landesherr-

Unter der Regierung nahmen in erster Instanz drei verschiedene „Gerichtsbarkeiten“ die höhere Strafrechtspflege wahr: In den königlichen Ämtern und den Städten, die nicht im Besitz der vollen Strafgerichtsbarkeit waren, die königlichen Richter; in den mit der Kriminalgerichtsbarkeit versehenen Städten, die Magistrate (Magistratsjurisdiktionen), und in bestimmten „Unterherrlichkeiten“-Exemtionen von der landesherrlichen Gerichtsbarkeit- sogen. Jurisdiktionsinhaber.

Diese drei verschiedenen Gerichtsbarkeiten standen nun zu der Regierung in einem sehr unterschiedlichen Abhängigkeitsverhältnis. Die *königlichen Richter* in den Ämtern und Städten hatten das Verfahren lediglich bis zur Durchführung der General- und Spezialinquisition in der Hand. Danach mußten sie die Akten an die Clevische Regierung zum Spruch einschicken. Dieser stand es frei, das Urteil selbst zu sprechen, oder aber die Akten an eine Fakultät oder einen Schöppenstuhl zum Spruch zu versenden. Das zurückkommende oder von der Regierung unmittelbar gesprochene Urteil wurde dann an den Richter gesandt, der es dem Inquisiten zu publizieren hatte.

Weitergehende Rechte besaßen allerdings die Magistrate derjenigen *Städte*, deren Privilegien die volle Kriminalgerichtsbarkeit umfaßten[52]. Sie waren nicht nur berechtigt, den Prozeß bis zur Beendigung der Spezialinquisition selbst zu führen. Sie waren außerdem von der Einsendepflicht der Akten an die Regierung befreit und konnten diese selbst an einen Schöppenstuhl oder eine Fakultät zum Spruch verschicken. Die einkommenden Urteile bedurften auch vor der Vollstreckung nicht der Bestätigung durch die Regierung[53].

Besonders merkwürdig war die Gerichtsbarkeit der *Jurisdiktionsinhaber*[54] in den Unterherrlichkeiten ausgestaltet.

---

liches Bestätigungsrecht. Zum Brüchteverfahren vgl. *Derix*, Brandenburgisch-Preussische Kriminalpolitik, S. 16 - 41.

[52] Das waren offenbar nur die Städte Wesel, Hamm und Soest. Für Wesel und Hamm vgl. „Kurzer Extract derer Städte Privilegien puncto jurisdictionis“, *AB*, Bd. 10, Berlin 1910, S. 188, 189; für Soest vgl. *Lindemann*, Das Soester Strafrecht bis zum Beginn des 16. Jahrhunderts, Diss. Jur. Münster 1939, S. 43 f. Vgl. aber auch die Privilegien der drei Städte in der *Criminalordnung für Cleve und Mark*, Berlin 1721, Cap. VIII, § XI (S. 52). Das Stadtgericht Cleve hatte seine Jurisdiktion in Strafsachen durch Verfügung v. 27. April 1701 verloren. Zum Verhältnis von landesherrlicher und städtischer Gerichtsbarkeit in den Städten vgl. *Reinhardt*, Die Besonderheiten der preußischen städtischen Verwaltung in den Grafschaften Mark und Ravensberg im 18. Jahrhundert, Diss. Jur. Münster 1968, S. 60 - 66.

[53] Dieses ergibt sich aus einem Bericht der Clevischen Regierung vom 31. März 1717, *AB*, Bd. 2, S. 531, in dem eine solche Bestätigungspflicht der Magistrate nicht erwähnt ist.

[54] Zu den Hintergründen bei der Verleihung dieser Jurisdiktionen und den Auseinandersetzungen zwischen dem Kurfürst und den Ständen vgl. *Urkunden u. Aktenstücke*, Bd. 5, S. 117; S. 349 - 351 (Bedenken der clevischen Hauptstädte v. 4. Januar 1648); S. 359 (Rezess des Kurfürsten über Einziehung

Zur Zeit des Überganges von Cleve-Mark an Brandenburg hatte es schon einige „Iurisdictiones" im Lande gegeben, Bezirke exemter Gerichtsbarkeit, die der Landesherr an Adlige als Lehen — meist gegen Zahlung von Geldsummen ausgeliehen hatte. Die verliehene Gerichtsbarkeit umfaßte die Zivil- und die Kriminalgerichtsbarkeit und war in ihrer Zuständigkeit, anders als bei den sonst in Brandenburg-Preußen vorhandenen Patrimonialgerichten, nicht etwa nur auf den grundherrlichen Besitz der Beliehenen beschränkt.

Der *Große Kurfürst* hatte seit 1648 die Jurisdiktionen großzügig verliehen und so die Zahl der Exemtionen von seiner Gerichtsbarkeit in Cleve mehr als in der Mark stark vergrößert. Hintergrund für diese Verleihungen waren nicht allein finanzielle Überlegungen gewesen, sondern auch der Versuch, durch Begünstigung Einzelner die Einheitsfront der Stände zu spalten und einen Teil der Ritterschaft auf seine Seite zu ziehen. Den Ständen war die Zielsetzung seiner Politik aber keineswegs verborgen geblieben. Der Kurfürst hatte zunächst auch versprochen, diese Jurisdiktionen wieder einzuziehen, aber im Landtagsrezeß von 1666 einigte man sich schließlich dahin, daß die ausgegebenen Jurisdiktionen bestehen bleiben sollten; neue Verleihungen von Gerichtsbarkeiten waren jedoch von der Zustimmung der Stände abhängig. Nach 1666 ist es aber dennoch zu weiteren rezeßwidrigen Verleihungen gekommen, die unter *Friedrich I.* sogar an Zahl noch zunahmen.

Aber sowohl der Große Kurfürst als auch Friedrich I. hatten die Kriminalgerichtsbarkeit, wie sich aus dem Muster einer solchen Verleihungsurkunde ergibt[55], nicht ohne Sicherungen aus der Hand gegeben. Es wurde zwar die „Civil- und Criminal Iurisdiction" verliehen, ausgenommen waren jedoch „die jura ... aggratiandi et mitigandi poenas in peinlichen Sachen ... und alle andere der territorialischen Superiorität anklebende regalia und jura principis". Überdies sollten, „weiln Uns als dem Landsfürsten in kraft zustehenden Obereinsehens insonderheit dahin zu zielen oblieget, damit in peinlichen, Blut, Leib und Leben concernirenden Sachen behutsam procediret und darin niemand widerrechtlich übereilet werde, ... *die in peinlichen Sachen gefällten Urteile mit den ergangenen Actis* zuvorderst Uns oder in Unser Abwesenheit unser Clevischen Regierung *ad confirmandum aut ratifikandum*" eingeschickt und erst nach einer solchen Ratifikation vollzogen werden.

---

der Jurisdiktionen v. 23. Juli 1648); nicht durchgeführt. Vgl. weiter S. 954, 955 (Bestätigung der Jurisdiktionen durch den Landtags-Rezeß v. 1666); vgl. auch *Hötzsch*, Stände u. Verwaltung von Cleve-Mark, S. 12, 177 f.; *Derix*, Brandenburgisch-Preussische Kriminalpolitik, S. 77 - 95.

[55] *Urkunden u. Aktenstücke* zur Geschichte der inneren Politik, Bd. 3, Leipzig 1908, S. 880 - 882. Zur Bestätigungspflicht s. a. *AB*, Bd. 2, S. 531.

Die Privilegien der Jurisdiktionsinhaber ähnelten also denen der Städte. Die Unterherren führten den Prozeß bis zur Beendigung der Spezialinquisition, verschickten die Akten zum Spruch an eine Fakultät oder einen Schöppenstuhl[56] und hatten die einkommenden Urteile dann jedoch vor der Vollstreckung der Regierung zur Bestätigung einzusenden.

In den rechtlichen Grundlagen war die Strafrechtspflege in Cleve-Mark zwar zerrissen aber immerhin doch noch einigermaßen übersichtlich gestaltet. In der Praxis gab es jedoch — besonders in den Städten — Rivalitäten zwischen den Magistraten und den königlichen Richtern, die Jurisdiktionsinhaber erlaubten sich Übergriffe in fremde Gerichtsbarkeit, das Verfahren war nicht zuletzt durch das Fehlen einer Strafprozeßordnung uneinheitlich, teilweise willkürlich. Hier sollte erst unter der Regierung *Friedrich Wilhelms I.* Abhilfe geschaffen werden.

Ein direkter landesherrlicher Einfluß auf die Strafrechtspflege bestand — ganz anders als in der Kur- und Neumark — kaum, da die ständisch orientierte Regierung hier als oberste Aufsichtsinstanz Rechtsprechungs- und Bestätigungsbefugnisse wahrnahm. Allenfalls bei einer persönlichen Anwesenheit in Cleve-Mark konnte der König selbst Einfluß ausüben.

Nur das Begnadigungsrecht hatte er sich vorbehalten. Als die Clevische Regierung im Jahre 1709 unter Berufung auf eine 1624 erteilte Ermächtigung einen Prozeß niederschlug, erging am 14. Januar 1710[57] ein königliches Reskript an die Regierung, das diese Ermächtigung aufhob „indem Wir Euch so wenig, als einiger anderer Regierung in Unsern Landen verstatten können, vor sich dergleichen Milderungen der Urtheile, oder wohl gar abolitionum processum vorzunehmen, sondern Wir Uns alle und jede Casus gratiae vorbehalten wissen wollen".

III. Die Grafschaft Ravensberg

Die kleine Grafschaft Ravensberg war wie das Herzogtum Cleve und die Grafschaft Mark Bestandteil der Jülich-Clevischen Erbmasse gewesen und nach dem Vertrag von Xanten 1614 an Brandenburg gefallen. Nach der Beendigung des Sukzessionsstreites mit Pfalz-Neu-

---

[56] Die von *Ahrens*, Lehr- und Spruchtätigkeit, S. 80, aufgestellte These: „Im Herzogtum Kleve ... und in der Grafschaft Mark war offensichtlich ... das Institut der Aktenversendung uneingeschränkt zugelassen", ist im Ansatz richtig. Nur ist zu berücksichtigen, daß die königlichen Richter kein selbständiges Aktenversendungsrecht hatten.

[57] *Scotti*, Sammlung Cleve/Mark, Bd. 1, Nr. 175, S. 246; *1631* hatte sich der Kurfürst bereits die Begnadigung zum Tode verurteilter Adliger vorbehalten, *Scotti*, Sammlung Cleve/Mark, Bd. 1, Nr. 178, S. 247, 248.

burg hatte der *Große Kurfürst* bei seiner endgültigen Regierungsübernahme im Jahre 1647 in Ravensberg eine Regierungskanzlei eingesetzt, die als höchstes Provinzialgremium Aufgaben der Justiz sowie der Verwaltung wahrnahm. Ravensberg hatte jedoch von alters her ein solches Regierungskollegium nicht gekannt. Bald rührte sich auch ständischer Widerstand. Durch das Indigenat der Räte erschien der ständische Charakter der Kanzlei zwar zunächst als gesichert. Die Regierung verbreitete aber dennoch zu viel absolutistisch-zentralistischen Geist. Als die Ritterschaft des Landes weiter auf der Beseitigung der Kanzlei bestand, einigte man sich unter dem Vorwand, man wolle dem Lande die Kosten für die Unterhaltung der Regierungskanzlei ersparen, auf deren Aufhebung. Im Rezeß vom 29. April 1653[58] kam es zu einer grundlegenden Neuordnung von Justiz und Verwaltung im Lande, die noch bis zum Ende der Regierung *Friedrichs I.* Grundlage der ravensbergischen Verfassung blieb:

Die Regierungskanzlei wurde aufgehoben; die Verwaltungsaufgaben der Provinz fielen den Drosten oder Amtmännern der vier im Lande bestehenden Ämter Sparenberg, Ravensberg, Limberg und Vlotho unter der Leitung des Landdrosten von Sparenberg zu.

Die Zivil- und Kriminaljustiz war den in Ravensberg seit Jahrhunderten überkommenen Gogerichten (Landgerichten) zugewiesen worden, von denen eines in Bielefeld, ein zweites in Halle und ein drittes in Herford bestand. Diese waren nunmehr mit einem Gografen, einem Verwalter und bis zu zwei Assessoren als gelehrten Richtern besetzt. In Bielefeld und Herford bestanden überdies die Stadtgerichte fort[59].

Als oberstes Justizkollegium wurde für Ravensberg ein gesondertes Appellationsgericht in Berlin geschaffen. Dieses bildete, da die Stände gleichzeitig auf die Appellation an die Reichsgerichte verzichtet hatten, das höchste Gericht in Zivilsachen, gleichzeitig übte es Aufsichtsbefugnisse in Strafsachen aus.

Eine Strafverfahrensordnung bestand ebensowenig wie ein in sich geschlossenes Kriminalgesetzbuch oder Landrecht. Als die Ravensbergische Kammer im Jahre 1719 aufgefordert wurde, eine Landgerichts-

---

[58] Zur Eingliederung Ravensbergs in den Brandenburgischen Staat vgl. *Spannagel*, Minden und Ravensberg, Hannover 1894, S. 45 ff., 127 ff. (129, 133); Rezeß vom 29. April 1653, *CCM*, Teil II, 4. Abt., Sp. 53 - 56; vgl. zur Umgestaltung und Neuordnung auch *AB*, Bd. 1, S. 281 - 284; S. 581 - 585; Bd. 2, S. 355 - 362; S. 393 - 398; Bd. 3, S. 155 - 164.

[59] *Sauer*, Die ravensbergischen Gogerichte und ihre Reform im 16. Jahrhundert, Diss. Phil. Münster 1909, S. 8 ff., 79; Politisch-ökonomische Beschreibung der Grafschaft Ravensberg durch den Landdrosten v. d. Buschen, *AB*, Bd. 2, S. 355 ff. (359 - 363). Zur Zuständigkeit dieser Gerichte und ihrer Abhängigkeit von der königlichen Gerichtsbarkeit vgl. *Reinhardt*, Besonderheiten der preußischen städtischen Verwaltung, S. 66 - 70.

ordnung sowie die Brüchtentaxe nach Berlin einzusenden, gestand sie in einem Bericht fast etwas verschämt ein, daß sie das nicht könne, „da so wenig das eine als das andere allhie vorhanden und dagegen statt des ersten eine alte in Folio gedruckte Jülichsche und Ravensbergische Gerichtsordnung de 1556 und eine Polizeiordnung von 1563 vor diesen gebraucht worden, welche aber in vielen Stücken in desuetudinem gekommen und vorjetzo bei deren hiesigen Gerichtern ... soweit es specialen Landesgewohnheiten nicht zugegen, nach denen gemeinen Rechten verfahren wird"[60].

So verfuhr man auch in Strafsachen nach dem im gemeinen Strafprozeßrecht vorherrschenden Inquisitionsprozeß.

Während offenbar die Kleinkriminalität (Hurerei, Fluchen, Schelten, Schlagen) durch die Amtmänner untersucht und im Beisein von Gorichtern mit Geldstrafen abgetan wurde, waren die Gogerichte erste Instanz in allen sonstigen Kriminalsachen, ganz gleich ob Adel oder Bürger in sie verstrickt waren. Nach Durchführung der General- und Spezialinquisition wurden die Akten zum Urteilsspruch an eine Fakultät eingesandt. Vor der Vollziehung des Urteils war dieses jedoch an das Ravensbergische Appellationsgericht zur Bestätigung einzusenden. Von dort aus gingen die Urteile an den Drosten des jeweiligen Amts zur Vollstreckung.

Obwohl sich das Ravensbergische Appellationsgericht in Berlin befand, wurden die zur Bestätigung eingehenden Urteile, anders als etwa die beim Geheimen Rat aus der Kur- und Neumark einkommenden Sentenzen, nicht dem König vorgelegt. Zwar spricht der Landdrost v. d. Busschen in seiner Beschreibung der Grafschaft Ravensberg aus dem Jahre 1716 davon, daß „ausgesprochene Urteile an Se. Königl. Majestät zur Confirmation gesandt" wurden. Doch scheint dieser Ausspruch mehr untechnisch in dem Sinne gebraucht worden zu sein, daß man die Urteile nach Berlin einschickte. Hätte der König zu dieser Zeit schon alle Kriminalurteile aus Ravensberg im Rahmen des Bestätigungsverfahrens in die Hand bekommen, so hätte es seiner Verordnung an das Ravensbergische Appellationsgericht vom 2. April 1717 nicht bedurft, mit der er das Gericht gerade aufforderte, in bestimmten Fällen Urteile auch ihm zur Confirmation vorzulegen[61]. Die Mitteilung

---

[60] Bericht vom 19. April 1719, *AB*, Bd. 3, S. 163; Die Jülichsche Gerichtsordnung v. 1556 war in der Tat in Ravensberg eingeführt worden. Sie war aber lediglich eine römisch-rechtlich beeinflußte *Zivilprozeßordnung;* vgl. *v. Kamptz,* Die Provinzial- und statutarischen Rechte in der Preußischen Monarchie, 2. Teil, Berlin 1827, S. 376; *Maurenbrecher,* Die Rheinpreussischen Landrechte, Bd. 1, Bonn 1830, S. 117 (Textabdruck auf S. 147 f.) sowie *Sauer,* Die ravensbergischen Gogerichte, S. 75, 76.

[61] Verordnung v. 2. April 1717 an das Ravensbergische Appellationsgericht wegen der Criminal-Sachen, *CCM*, II. Teil, 4. Abt., II. Anhang, Sp. 117 - 120;

des Landdrosten mag aber auch lediglich von dem Gefühl bestimmt worden zu sein, daß Urteilsbestätigungen, die in Berlin einzuholen waren, immer unter königlichem Einfluß standen. Damit hätte er zumindestens nicht ganz Unrecht gehabt, wenn man bedenkt, daß die Ravensbergischen Appellationsgerichtsräte meistens noch Mitglieder anderer hoher in Berlin gelegener Gerichtshöfe, oder wie der Rat *Hülsmann* sogar Mitglied im königlichen Geheimen Justizrat, waren. Über diese Beamten, die in der unmittelbaren Umgebung des Königs wirkten, hatte dieser zumindestens einen mittelbaren Einfluß auf die Ravensberger Strafrechtspflege.

IV. Herzogtum/Königreich Preußen

Im Jahre 1618 hatte der Kurfürst *Johann Sigismund* das Herzogtum Preußen als polnisches Lehen erhalten und der *Große Kurfürst* hatte schließlich 1657 durch den später im Frieden von Oliva (1660) bestätigten Vertrag von Wehlau die volle Souveränität im Lande erlangt. Mit Preußen war aber dem Haus Hohenzollern eine Provinz zugefallen, in der man sich ständischer Libertät besonders bewußt war. Für das landesherrliche Regiment ist Preußen daher stets ein „schwieriges Land“ gewesen. Wie hart etwa die Verhandlungen mit den Ständen auf dem großen Landtag von 1661 - 1663 über die neue, die Souveränität des Kurfürsten berücksichtigende Landesverfassung waren, ergibt sich sehr plastisch aus den Akten dieses Landtages[62] und ist auch sonst hinreichend dargestellt worden[63]. Die Härte des Kurfürsten im Umgang mit den preußischen Ständen zeigte sich nicht nur in seiner Bereitschaft, einem im Oktober 1662 sich abzeichnenden offenen Widerstand in Königsberg durch eine militärische Exekution entgegenzutreten[64]. Es kam auch zur Verhaftung und Aburteilung der Anführer des ständischen Widerstandes *Roth* und *Kalckstein*[65].

---

zur Aktenversendung durch die Gogerichte vgl. *Ahrens*, Lehr- und Spruchtätigkeit, S. 117 f., der nachgewiesen hat, daß die Ravensbergischen Gogerichte zu den Konsulenten der Duisburger Fakultät zählten. *Zum Bestätigungsrecht* des Ravensbergischen Appellationsgerichts vgl. Bericht v. d. Buschen, *AB*, Bd. 2, S. 359; Bericht des Oberappellationsgerichts in Berlin v. 8. September 1716, *AB*, Bd. 2, S. 395, 396, sowie *Hintze*, Behördenorganisation, *AB*, Bd. 6, 1. Hälfte, S. 132.

[62] Vgl. *Urkunden u. Aktenstücke*, Bd. 15, Berlin 1894, S. 459 - 775; Bd. 16, Berlin 1899, S. 1 - 425.

[63] *Rachel*, Der Große Kurfürst und die ostpreußischen Stände 1640 - 1688, Leipzig 1905, insbes. S. 163 ff.; *Mertens*, Der Oberpräsident Otto von Schwerin auf dem Großen Landtage in Ostpreussen (1661/1662), Diss. Halle 1914.

[64] *Urkunden u. Aktenstücke*, Bd. 16, S. 250 - 253.

[65] *Roth* wurde durch eine vom Kurfürsten eingesetzte Kommission schuldig gesprochen, ohne daß abschließend geklärt war, ob ihm der Vorwurf des Landesverrats gemacht werden konnte. Gleichzeitig empfahl die Kommis-

Noch 1722 legte *Friedrich Wilhelm I.* in einer Instruktion seinem Nachfolger nahe, „das auge auf“ die Preußen „zu haben, denn die Nacion falsch und listig ist“[66].

Beim Regierungsantritt *Friedrichs I.* hatte der Große Kurfürst „den Widerstand der Stände gegen das gesamtstaatliche Regiment in der Hauptsache schon gebrochen, aber es fehlte noch viel daran, daß eine feste und geregelte monarchische Verwaltung in dem von einer oligarchischen Adelsclique beherrschten Lande bereits Fuß gefaßt hätte“[67].

Der Zustand der Rechtspflege war nicht der Beste. „Es wird an mannichen Orten Justiz gepfleget, daß Gott darein sehen möchte, und Gott gebe, daß sich dieses Übel nicht in die höheren iudicia schleichen möge“, so stellt ein Gutachten eines Anhängers monarchischer Reformen in Preußen im Jahre 1690[68] fest.

Die Gerichtsverfassung Preußens beruhte um die Wende vom 17. zum 18. Jahrhundert im wesentlichen noch auf den Regelungen, die in der neuen, auf dem großen Landtag der Jahre 1661 - 1663 beratenen

---

sion aber Gnade vor Recht ergehen zu lassen. Der Kurfürst hatte sich bereit erklärt, Roth gegen ein Schuldbekenntnis und Einreichen eines formellen Gnadengesuches zu begnadigen. Als Roth, der seit dem Jahre 1663 im Gefängnis von Peitz saß, 1676 — entgegen manchen Darstellungen — doch ein solches Gnadengesuch einreichte, wurde es abgelehnt. 1678 verstarb Roth in der Haft. Zu seinem Prozeß vgl. die ausgewogene Darstellung von *Nugel*, FBPG, Bd. 14, Leipzig 1901, S. 393 - 479. Die gegen Roth erhobenen Vorwürfe ergeben sich sehr anschaulich aus den Verhörsprotokollen vom 3., 4. und 6. November 1662, *Urkunden u. Aktenstücke*, Bd. 16, S. 253 - 281 und vom 27. November 1662, ebenda, S. 291 - 295.

Kalckstein wurde im Jahre 1672 auf ein Votum einer vom Kurfürsten eingesetzten Kommission, das dieser auch bestätigte, wegen Hochverrats enthauptet. Über seinen Prozeß s. *Paczkowski*, Der Große Kurfürst und Christian Ludwig von Kalckstein, FBPG, Bd. 2, S. 103 - 209; Bd. 3, S. 272 - 280 und S. 419 - 463 sowie *Hirsch*, Zur Geschichte Christian Ludwigs von Kalckstein, FBPG, Bd. 3, S. 248 - 271.

Nähere eigene Ausführungen zu diesen Prozessen müssen hier unterbleiben, wenngleich sie sehr reizvoll wären. Stellen doch beide Prozesse, der gegen *Roth* mehr als der gegen *Kalckstein*, frühe Musterbeispiele dafür dar, daß der auch in späteren Zeiten immer wieder unternommene, vielleicht aber auch gar nicht zu umgehende Versuch, politische Maßnahmen mit den Mitteln des Strafprozesses durchzusetzen, die Strafrechtspflege häufig an die Grenze ihrer Leistungsfähigkeit führt. So zeigt das Studium der zugänglichen Akten sehr deutlich ein Grundübel dieser Art Prozesse auf: Von dem Willen bestrebt, ein gestecktes politisches Ziel zu erreichen, wächst bei den Prozeßbeteiligten die latente Bereitschaft zur Umgehung oder sogar bewußten Negierung des formellen Prozeßrechts in dem Maße, in dem ein Konsens über den eigentlich kriminellen Charakter der vorgeworfenen Tat nicht besteht.

[66] *AB*, Bd. 3, S. 448.

[67] *Hintze*, Staat und Gesellschaft unter dem ersten König, S. 323.

[68] *Urkunden u. Aktenstücke*, Bd. 16, S. 1053 f. (1058).

Regierungsverfassung[69] des Herzogtums enthalten waren. Insgesamt ergibt sich ein Bild einer vollkommen zersplitterten Rechtspflege, von der hier nur die Übersicht über die Zuständigkeiten in Strafsachen gegeben wird.

Mit dem bereits 1659 angeordneten und 1661 in der Regierungsverfassung bestätigten *Hofhalsgericht* besaß Preußen ein Gericht, das sich, da es „mit den Civil Sachen unbeschwert bleiben" sollte, ausschließlich mit Kriminal-Sachen beschäftigte. Dieses Gericht war mit einem adeligen und rechtserfahrenen Hofhalsrichter und sechs weiteren Beisitzern besetzt, die aus dem Kreise des einheimischen Adels, der Professorenschaft und juristischen Doktoren ernannt werden konnten[70]. Das Hofhalsgericht war zunächst jedoch nur ein Kriminalgericht erster Instanz lediglich für die Privilegierten des Landes. Es sollten nur die „vom herren Stande, Ritterschafft und Adell, und alle Churfürstliche hohe officiren, Andere bediente und Interessenten in causis criminalibus ... daselbst Ihr forum ordinarium und primam Instantiam haben"[71]. Desgleichen sollten dort alle Kriminalfälle verhandelt werden, die auf der Burgfreiheit und den landesherrlichen Freiheiten und Jurisdiktionen in Königsberg vorfielen.

Dagegen kann *Isaacsohn*[72] darin nicht zugestimmt werden, daß das Hofhalsgericht von 1668 an auch die „Kompetenz zur Aburteilung aller schweren Vergehen der Landesbewohner" gehabt habe.

Zwar könnte man auf den ersten Blick eine solche Zuständigkeit aus einem Satz des Vorspruches zu der in die Regierungsverfassung eingearbeiteten Hofhalsgerichtsordnung von 1661 entnehmen, wo es heißt: „Alldieweill in diesem Gerichte solche händel, welche Leib und Leben betreffen, fürgehn und nicht allein baur undt bürger, sondern auch vom Adell, Im Herren Standes Persohnen, so offt Sie wegen begangenen verbrechens peinlich angeklaget undt fürgestallet werden, recht nehmen müßen[73]." Liest man diesen Satz jedoch im Zusammenhang mit

---

[69] Abgedruckt bei *Wichert*, Die Verfassungs-Urkunde des Herzogthums Preußen vom Jahre 1661, *Zeitschrift f. Preuss. Gesch. u. Landesk., Bd. 11*, Berlin 1874, S. 33 f. (36 ff.).

Zu den materiellen Abweichungen einer anderen Ausgabe des Textes der Regierungsverfassung vgl. *Urkunden u. Aktenstücke*, Bd. 15, S. 646 f. Die Regierungsverfassung ist zwar in der vorgelegten Form nicht angenommen worden. In Bezug auf die Gerichtsverfassung enthält sie jedoch eine exakte Beschreibung der damals und später in Preußen geübten Gerichtspraxis.

[70] *Wichert*, Verfassungs-Urkunde, S. 63, 64, 71.

[71] *Wichert*, Verfassungs-Urkunde, S. 70, 71.

[72] *Isaacsohn*, Geschichte des Preußischen Beamtenthums, Bd. 2, Berlin 1878, S. 226; dagegen, wenn auch mit fraglicher Begründung, *Nugel*, Schöppenmeister Roth, FBPG, Bd. 14, S. 78. Vgl. auch *Conrad*, Geschichte der Königsberger Obergerichte, Leipzig 1907, S. 118, 119.

[73] *Wichert*, Verfassungs-Urkunde, S. 63.

dem ihm folgenden so wird deutlich, daß durch ihn keine Zuständigkeiten begründet, sondern vielmehr nur die besondere Bedeutung des Hofhalsgerichts als eines Kriminalgerichts für den Adel betont werden sollte. Es heißt nämlich im Anschluß: „Alß ist auch *so viel mehr* nötig darauff Jederzeit zu sehen, damit solch Gericht mit vornehmen, Gottesfürchtigen, bescheidenen, gelahrtten undt der Criminal Rechte erfahrenen ... leuthen besetzt werde."

Auch die Erwähnung von „baur und bürger", die vor dem Hofhalsgericht „recht nehmen müßen", widerspricht dieser Auslegung nicht. Noch zu Beginn des 18. Jahrhunderts ist in Preußen der Anklageprozeß dominierend. Bei Kriminalhändeln zwischen Privilegierten und Nichtprivilegierten dürfte es daher keine Seltenheit gewesen sein, daß „baur und bürger" als Ankläger eines Adligen vor das Hofhalsgericht zogen.

Erst seit 1698 dürften auch alle peinlichen Sachen von Bürgerlichen, „so poenam corporis inflictivam" nach sich zogen, in die Zuständigkeit des Hofhalsgerichts gefallen sein, allerdings nur, soweit nicht etwa die Zuständigkeit adliger mit der Blutgerichtsbarkeit versehener Patrimonialgerichte gegeben war[74].

Die Kriminalgerichtsbarkeit in den königlichen *Ämtern* übten die Amtshauptleute aus, Beamte des Landesherrn, die aber gleichzeitig Vertrauensleute des eingeborenen Adels waren, aus deren Kreis sie bestellt werden sollten[75]. Ihrer Strafgerichtsbarkeit unterstanden zunächst die den landesherrlichen Domänen „verschriebenen" Bauern, sowie die Einwohner der im Amtsbereich gelegenen Landstädte, aber auch die zu den Schulen und Kirchen des Amtes gehörenden Personen[76]. Bei einer Verpachtung der Domänen sollte den „Arendatoren die Jurisdiction nicht weiter alß über die verschriebene Pauren verstattet werden"[77]. Offenbar sollte in einem solchen Fall aber nur die Ziviljurisdiktion auf die Pächter übergehen[78].

Die Gutsherren, die meist auch im Besitz der *Patrimonialgerichtsbarkeit* waren, übten die strafgerichtliche Rechtsprechung erster Instanz über ihre Gutsuntertanen aus, teilweise auch die hohe Gerichtsbarkeit, die Blutgerichtsbarkeit[79].

---

[74] *Conrad*, Geschichte der Königsberger Obergerichte, S. 119.

[75] *Wichert*, Verfassungs-Urkunde, S. 73.

[76] *Wichert*, Verfassungs-Urkunde, S. 74, 75; *AB*, Bd. 2, S. 526. Vor Errichtung des Hofhalsgerichts hatte den Amtshauptleuten anscheinend auch die Gerichtsbarkeit über den Adel zugestanden, vgl. *Immekeppel*, Das Herzogtum Preußen von 1603 bis 1618, Köln 1975, S. 12.

[77] *Wichert*, Verfassungs-Urkunde, S. 74.

[78] Wie hier auch *Hintze*, Behördenorganisation und allgemeine Verwaltung, *AB*, Bd. 6, 1. Hälfte, S. 318, der dies auch noch für die Mitte des 18. Jahrhunderts bestätigt.

Den *Mediatstädten* waren in der Verfassungsurkunde von 1661 die Gerichte erster Instanz ausdrücklich bestätigt worden. Sie übten die Kriminalgerichtsbarkeit über ihre Bürger[80].

Zur Regierungszeit *Friedrichs I.* bestanden zwar auch noch sogenannte Landgerichte, die die erste Instanz für die freien Landsassen („Cöllmer, Freie und Schulzen") bildeten, die Befugnis zur erstinstanzlichen Rechtsprechung in Kriminalsachen hatten die Landgerichte zu dieser Zeit aber schon eingebüßt[81]. Da diese freien Landsassen nicht zu den Privilegierten gehörten, die vor dem Hofhalsgericht erstinstanzlich ihr Recht zu nehmen hatten, ist anzunehmen, daß sie der Kriminalgerichtsbarkeit der Amtshauptleute unterstanden.

Diese, die Strafrechtspflege in der untersten Instanz versehenden sehr verschiedenartigen Gerichtsbarkeiten genossen aber nicht durchweg die gleiche Selbständigkeit und Unabhängigkeit in ihrer Urteilstätigkeit.

In Preußen wurde die Aufsicht über die Untergerichte allerdings nicht wie in anderen Provinzen von der — hier aus vier Oberräten bestehenden — Regierung, sondern von einem *Hofgericht* ausgeübt. Eigentlich selbständig war nur das *Hofhalsgericht*, das nicht allein den gesamten Kriminalprozeß betrieb, sondern auch selbst das Urteil sprach. Die Stände, die wohl befürchteten, das neugegründete Hofhalsgericht könne zu sehr unter landesherrlichen Einfluß geraten, hatten zwar versucht[82], die zwingende Einschickung aller Urteile des Hofhalsgerichts an das Hofgericht zur endgültigen „Justification" durchzusetzen, sie hatten damit aber keinen Erfolg gehabt. Das Hofgericht, das u. a. auch Appellationsgericht in Zivilsachen war, hätte den privilegierten Ständen nämlich eine Adelsmehrheit unter den Richtern gesichert. Im Gegensatz zum Hofhalsgericht war hier vorgeschrieben, daß der Hofrichter und fünf Beisitzer dem einheimischen Adelsstande angehören mußten. Nur die drei weiteren Beisitzer durften Rechtsgelehrte sein[83].

Urteilte das Hofhalsgericht also völlig selbständig, so gab es gegen seine definitiven Endurteile innerhalb von zehn Tagen doch das Rechtsmittel der Appellation[84] zum Hofgericht. Bestätigte das Hofgericht das

---

[79] Vgl. den Bericht der Preußischen Regierung vom 31. März 1717 in *AB*, Bd. 2, S. 526.

[80] *Wichert*, Verfassungs-Urkunde, S. 77.

[81] Vgl. dazu *Isaacsohn*, Zur Geschichte der Landgerichte in Ostpreußen, *Zeitschrift f. Preuss. Gesch. u. Landesk.*, Bd. 11, S. 247 - 266 (258) und 355, 356.

[82] s. Geeinigtes Bedenken der Stände vom 27. März 1662 und Erinnerungen der Stände vom 13. Juli 1662, *Urkunden u. Aktenstücke*, Bd. 16, S. 19 f. (37, 38) und S. 176 ff. (184, 185).

[83] *Wichert*, Verfassungs-Urkunde, S. 60.

[84] Zum Rechtsmittel der Appellation s. oben, S. 62 f.

angefochtene Urteil, so war der rechtliche Instanzenweg erschöpft. Wich das Hofgericht von dem Urteil des Hofhalsgerichts ab, so sollte es in den geringeren Sachen bei dem zweitinstanzlichen Urteil verbleiben. Nur, „wenn die Sache leib und leben“ betraf, gab es eine weitere Anfechtungsmöglichkeit. Allerdings war keine weitere Appellation an das Oberappellationsgericht, das oberste, die Zivilinstanzen abschließende Gericht, vorgesehen. Vielmehr hatte sich der Landesherr die „decision und entscheidung“ dieser Fälle „immediate und ausdrücklich“ vorbehalten[85].

Der Instanzenzug von den *städtischen Gerichten* her gestaltete sich ähnlich. Diese waren im Verhältnis zum Hofhalsgericht nur in der Möglichkeit der *Vollstreckung* ihrer Urteile eingeschränkt. Wurde nämlich gegen ein Urteil des Hofhalsgerichts nicht appelliert, so war dieses sofort vollstreckbar, während die Gerichte der Mediatstädte ihre Urteile unmittelbar nach der Publikation dem „Officium Fisci“[86] bekannt zu machen hatten, „ob selbiges vielleicht pro publico vel regio interesse zu appellieren nöthig findet“[87].

Am abhängigsten waren die *Amtshauptleute* und die *Immediatstädte*. Sie hatten grundsätzlich die Urteile in „peinlichen Sachen“ *vor der Publikation* zur Justifikation an das Hofgericht einzuschicken[88], das nach einer Überprüfung des Verfahrens aufgrund der mit eingesandten Akten dann das eigentliche dem Betroffenen zu publizierende Urteil fällte[89].

---

[85] *Wichert*, Verfassungs-Urkunde, S. 72. Die Entscheidung des Kurfürsten konnte natürlich auch so ausgehen, daß er eine weitere Appellation an das Oberappellationsgericht gestattete (*AB*, Bd. 2, S. 526, Anm. 4). Zu einer solchen Entscheidung vgl. *Meinardus*, Protokolle, Bd. 7, 1. Hälfte, S. 374 Nr. 556 (2.). Dennoch scheint sich in Preußen die Übung herausgebildet zu haben, daß die kurfürstliche Entscheidung dann nicht eingeholt wurde, wenn der *Fiskal* gegen das Urteil des Hofgerichtes appellieren wollte. In diesen Fällen wurde eine Appellation des Fiskals an das Oberappellationsgericht ohne weiteres zugelassen, ja die Regierung gestattete, wenn der Fiskal für den Inquisiten eintrat, diesem die Mitappellation (vgl. den Bericht der Preuß. Regierung vom 25. Juli 1718, *AB*, Bd. 3, S. 66, 67).

[86] Zur Beteiligung des Fiskalats an der Strafverfolgung in Preußen vgl. näher *Eb. Schmidt*, Fiskalat, S. 91 f.

[87] Bericht der Preußischen Regierung vom 31. März 1717, *AB*, Bd. 2, S. 526. Schon die Regierungsverfassung von 1661 (*Wichert*, Verfassungs-Urkunde, S. 77) hatte daher den Städten die erste Instanz lediglich unter dem Vorbehalt von „Appellationes und prärogativam Fisci“ bestätigt.

[88] *Wichert*, Verfassungs-Urkunde, S. 75; *AB*, Bd. 2, S. 526; vgl. auch den Bericht der Preußischen Regierung v. 25. Juli 1718, *AB*, Bd. 3, S. 66, 67.

[89] Ob die ausgeprägte Übung der Fiskale — trotz fehlender „gesetzlicher“ Ermächtigung — gegen kriminalgerichtliche Urteile des Hofgerichts an das Oberappellationsgericht zu appellieren (s. dazu die obige Anm. 85) sich auch auf diese, aus den Ämtern und Immediatstädten zur Justifikation an das Hofgericht eingeschickten Urteile bezog, kann nicht eindeutig beantwortet werden. Der Bericht der Preuß. Regierung v. 25. Juli 1718 (*AB*, Bd. 3, S. 66, 67) ist in dieser Hinsicht nicht eindeutig.

Diejenigen Gutsobrigkeiten, die als Inhaber der *Patrimonialgerichtsbarkeit* gleichzeitig das Blutgericht besaßen, waren von dieser Einsendepflicht befreit und bedurften überhaupt keiner Confirmation des Urteils[90].

Die vorstehende Übersicht über die in Preußen um die Wende vom 17. zum 18. Jahrhundert bestehende Kriminalgerichtsverfassung zeigt zunächst als Besonderheit, daß die in den anderen Provinzen Brandenburg-Preußens bei den Untergerichten zu beobachtende Übung der Versendung der Kriminalsachen zum Spruch an auswärtige Fakultäten und Schöppenstühle hier nicht üblich war.

Auffällig ist auch die starke Betonung des *Anklageprozesses* und die Zulassung der Appellation als Rechtsmittel. Das „Landrecht des Herzogthumbs Preussen" aus dem Jahre 1620[91], das in seinem sechsten Buch als erstes Landrecht in den brandenburgisch-preußischen Landen das Strafprozeßrecht umfassend kodifizierte, geht nach den gründlichen Untersuchungen von *Elwenspoek*[92] in den Quellen seines prozessualen Teils sowohl auf die Carolina als auch auf *Damhouders* Praxis Rerum Criminalium[93] zurück. Im Anschluß an *Damhouder* hatte das Landrecht den Akkusationsprozeß zum ordentlichen und den Inquisitionsprozeß zum außerordentlichen Prozeß erkoren, wenn es dort die entsprechende Textstelle bei *Damhouder:* „In omnibus judiciis criminalibus necessario proceditur ab accusatione"[94] lediglich in deutscher Übersetzung übernimmt.

Der Anklageprozeß war aber in seiner Gesamtanlage nicht rein ausgestaltet. Zu Beginn der Kriminaluntersuchung enthielt er durch die zur Vorbereitung des Prozesses anzustellende „inquisitio"[95] durchaus inquisitorische Elemente. An diese „inquisitio", die der Ermittlung des Prozeßstoffes dienen sollte, schloß sich dann das durch eine Anklage eingeleitete Anklageverfahren an[96].

---

[90] Vgl. Bericht der Preuß. Regierung v. 31. März 1717, *AB*, Bd. 2, S. 526.

[91] „Landrecht des Herzogthumbs Preussen", Rostock 1620. (Das Landrecht ist noch in weiteren Ausgaben erschienen.) Zum Strafrecht des Landrechts allgemein vgl. *Pfligg*, Bemerkungen zu dem Strafrechte des Landrechts für das Herzogtum Preußen von 1620, *ZStW*, Bd. 43, S. 20 - 33.

[92] *Elwenspoek*, Über die Quellen des im Landrecht für das Herzogtum Preussen von 1620 enthaltenen Strafrechts, Breslau 1908 = Strafrechtliche Abhandlungen, Heft 89, S. 15, 16, 55.

[93] *Damhouder*, Praxis Rerum Criminalium, Köln 1591 (Elwenspoek hat seinen Vergleichen die Ausgabe Antwerpen 1555 zugrunde gelegt).

[94] *Damhouder*, Praxis Rerum Criminalium, Kap. V, Nr. 1, S. 9; *Preußisches Landrecht* 1620, Lib. VI, Titel I, Art. II, § 1.

[95] *Preußisches Landrecht* 1620, Lib. VI, Titel I, Art. IV, § 3.

[96] Näher zu dieser dem gemeinrechtlichen „processus mixtus" angenäherten Verfahrensform (*Eb. Schmidt*, Einleitung, S. 202, 203) vgl. *Eb. Schmidt*, Fiskalat, S. 74 - 77.

Die sich in den Reichsterritorien bemerkbar machende Entwicklung, den Anklageprozeß langsam zugunsten des Inquisitionsprozesses zurückzudrängen, ist aber auch in Preußen nicht wirkungslos geblieben. Schon das Revidierte Preußische Landrecht von 1685[97] läßt in seinen Abänderungen[98] diesen Zug zum Inquisitionsprozeß deutlich erkennen, wenn es dort — durch einen Zusatz zur oben zitierten Textstelle aus dem Landrecht von 1620 nunmehr heißt: „In allen Peinlichen Gerichten, *wo ein Ankläger vorhanden,* wird nothwendiglich auff Anklagung verhandelt[99]."

Wenn dennoch der Anklageprozeß bis zur Einführung des Verbesserten Landrechts v. 1721 in Preußen herrschend gewesen ist, so wurde der Ausbildung inquisitorischer Prozeßformen durch das Landrecht von 1685 doch der Weg bereitet. So hatte schon vor der Revision des Landrechts die „inquisitio" eine Ausweitung erfahren. Jetzt allgemein als „scrutinium" oder auch Skrutinialverfahren bezeichnet, war dieses, das eigentliche Anklageverfahren vorbereitende „Ermittlungsverfahren", das Tätigkeitsfeld der von den Landesherren bestellten Fiskale[100]. Diese landesherrlichen Beamten waren in ein allgemeines „Gesetzeswächteramt" berufen. Nicht nur ihre oben schon erwähnten Befugnisse im Appellationswesen sicherten so dem Landesherrn eine gewisse Aufsicht über die sonst in ständischer Hand befindliche Strafrechtspflege; auch die immer häufiger vom Fiskal von Amts wegen erhobenen Anklagen oder aber auch die Möglichkeit, daß Privatkläger sich der Assistenz des Fiscus bedienten, verstärkte dessen Einfluß.

Insgesamt kann aber der landesherrliche Einfluß auf die preußische Strafrechtspflege noch nicht sehr hoch angesetzt werden. Die eigentlichen Justizaufsichtsrechte werden von dem ganz in ständischer Hand befindlichen Hofgericht ausgeübt. Dem Landesherrn verbleibt eigentlich als einzig gerichtliche Entscheidung die über die Gewährung einer weiteren Appellation, wenn das Hofgericht von Entscheidungen des Hofhalsgerichts abwich. Nur in Ausnahmefällen kommt es dazu, daß der Landesherr durch Einsetzung von Kommissionen in spektakulären Fällen oder bei Untersuchungen gegen Beamte entgegen der Gerichtsverfassung „Strafverfahren" in inquisitorischer Manier durchführen läßt und die „Urteile" dieser Kommission dann bestätigt[101].

[97] „Churfürstlich Brandenburgisches Revidiertes Land-Recht des Herzogthumbs Preussen", Königsberg 1685.

[98] Unvollständig und unergiebig für den strafprozessualen Bereich des Landrechts sind in diesem Zusammenhang die von *Pfligg,* Zur Textgestaltung des revidierten Landrechts für das Herzogtum Preußen von 1685, Leipzig 1941 zusammengestellten Veränderungen des Landrechts von 1620.

[99] *Revidiertes Landrecht* 1685, Lib. VI, Titel I, Art. II, § 1.

[100] Näher zur fiskalamtlichen Mitwirkung im Strafprozeß insbesondere aber im Skrutinialverfahren s. *Eb. Schmidt,* Fiskalat, S. 91 - 98.

[101] Vgl. oben zum Prozeß *Kalckstein,* Anm. 65, S. 116, 117.

Selbständig korrigierend hat der Landesherr mehr noch durch das Gnadenrecht auf die Strafrechtsprechung einwirken können. Dieses hatte er sich im Landtagsabschied von 1663[102] dann vorbehalten, „wann in Leib- und Lebens- oder sonsten andern schweren und ansehnlichen Straffen an Leib und Ehr, Geld oder Gut, von denen Verbrechern Gnade gesuchet wird". In diesen Fällen war von der Regierung an den Kurfürsten zu berichten und dessen Entscheidung abzuwarten.

In den geringeren Fällen war der preußischen Regierung zugestanden worden, „aus erheblichen, und in Rechten gegründeten Ursachen in Ihrer Churf. Durchlaucht Nahmen dergestalt zu dispensiren, wie sie es gegen Gott und Deroselben zu verantworten getrauen". Dieser Vorbehalt scheint auch nicht nur auf dem Papier gestanden zu haben, denn kurz nach dem Landtagsabschied häufen sich Anfragen der Preußischen Regierung über Gewährung von Begnadigungen, die dem Kurfürsten im Geheimen Rat vorgetragen wurden[103]. Später scheint man aber auch vor allem von Seiten der Gerichte immer wieder versucht zu haben, die im Landrecht vorgeschriebenen ordentlichen Strafen selbst zu mildern. Es kommt daher häufig zu königlichen Ermahnungen[104] an die Adresse des Hofgerichtes, auf die Einhaltung des Landtagsabschiedes zu achten und darauf zu sehen, daß sich die Gerichte streng an das Gesetz halten. Die Milderung der Todesstrafe gehöre „zu denen Uns ins besondere reservirten Casibus gratiae".

V. Das Fürstentum Minden[105]

Das säkularisierte Bistum Minden war Brandenburg-Preußen im Westfälischen Frieden als Entschädigung für den ihm vorenthaltenen Teil von Pommern zugesprochen worden. 1649 konnte es der Kurfürst in Besitz nehmen. Als Organ der Zentralverwaltung setzte er eine kurfürstliche Regierung unter der Leitung eines Statthalters ein, deren Abhängigkeit vom Kurfürsten in der Praxis wohl doch nicht so groß

---

[102] *Grube*, Corpus Constitutionum Prutenicarum, Teil 2, Königsberg 1721, S. 256 f. (257) = *Urkunden u. Aktenstücke*, Bd. 16, S. 418 f. (420, 421); s. auch Bericht der Preuß. Regierung v. 31. März 1717, *AB*, Bd. 2, S. 526, 527.

[103] Vgl. dazu *Meinardus*, Protokolle, Bd. 7, 1. Hälfte, Anfragen aus den Jahren *1664:* S. 165, Nr. 233 (2.); *1666:* S. 436, Nr. 630 (8.); S. 443, Nr. 644 (3.); S. 527, Nr. 759 (1.) und (6.); S. 587, Nr. 843 (3.).

[104] Vgl. etwa Reskript an das Hofgericht v. 23. September 1704 das Jus aggratiandi in delictis betr., *Grube*, Corpus Constitutionum, Teil 2, S. 348; Reskript an das Hofgericht aus demselben Anlaß vom 18. April 1705, *Grube*, Corpus Const., S. 349; vgl. auch den Vorbehalt des Begnadigungsrechts im „Reglement wegen der Domainensachen v. 7. April 1712", *AB*, Bd. 1, S. 198, Nr. 19: „Redimirungen der Leibesstrafe bei den Bauren mit Gelde, weil sie Speciem aggratiationis involviren."

[105] Zur Rechts- und Verwaltungsorganisation vgl. *Spannagel*, Minden und Ravensberg, Hannover 1894, S. 147 ff.

war, wie dies zunächst scheinen konnte. Die unteren, aus den Ämtern bestehenden Verwaltungsbereiche blieben bestehen. Jedem Amte stand ein Drost vor.

Während in den den Ämtern zugeordneten Brüchtegerichten alle geringfügigen Justizsachen abgetan wurden, gehörten alle schweren Fälle der Kriminal- und Zivilgerichtsbarkeit vor die Regierung. Die 1667 für das Fürstentum veröffentlichte Amts- und Gerichtsordnung hat diesen Zustand ausdrücklich bekräftigt[106].

Die Regierung sprach die Strafurteile nicht selbst, sondern verschickte die Akten im Wege der Aktenversendung an auswärtige Fakultäten. 1707 wurde allerdings auf Anregung der Mindenschen Stände in Minden ein Schöppenstuhl errichtet, der als Spruchkollegium bald Einfluß auf Recht und Gerichtsverfassung in Minden erlangte.

Inwieweit die Regierung die von Fakultäten und später vom Schöppenstuhl einkommenden Urteile zur Bestätigung nach Berlin schicken mußte, war nicht abschließend zu klären. 1657 behielt sich der Kurfürst allerdings das Begnadigungsrecht vor und verlangte die Einsendung von Urteilen in Hexensachen zur Bestätigung[107]. Auch weitere wichtige Kriminalurteile scheinen zur Bestätigung eingesandt worden zu sein, denn vereinzelt werden Mindener Sachen dem Geheimen Rat vorgelegt[108].

VI. Das Fürstentum Halberstadt[109]

Bei der Inbesitznahme Halberstadts, das ebenfalls im Westfälischen Frieden an Brandenburg gefallen war, erhielt die bisherige bischöfliche Kanzlei als nunmehr kurfürstliche Regierung Verwaltungs- und Gerichtsaufgaben zugewiesen. Die Regierung überwachte die Strafrechtspflege. Nach dem Erlaß vom 13. September 1702 hatten alle Patrimonial-Stadt- und königlichen Gerichte die an die Fakultäten versandten Urteile zur Bestätigung an die Regierung einzuschicken. Dabei genossen die Gerichte des Domkapitels den Vorzug, die zurückgekommenen Akten erbrochen an die Regierung einzusenden. Dieses Recht forderten beim Regierungsantritt *Friedrich Wilhelms I.* auch die übrigen Stände.

Eine generelle Pflicht der Einsendung von Urteilen zur Bestätigung an den Landesherrn bestand nicht. Wie die Regierung in einem Bericht selbst mitteilt, hat sie jedoch, wenn ihr bei Bestätigung eines Kriminal-

---

[106] *Spannagel*, Minden und Ravensberg, S. 152, 153.

[107] *Spannagel*, Minden und Ravensberg, S. 242 ff. (243).

[108] *Meinardus*, Protokolle, Bd. 7, S. 124, 151, 387.

[109] Vgl. *AB*, Bd. 1, S. 427 - 432; Bd. 2, S. 525 f. (530).

urteils Bedenken kamen, darüber an den König berichtet, oder aber die Sache erneut an ein anderes Spruchgremium verschickt.

VII. Das Herzogtum Hinterpommern

Das Herzogtum Hinterpommern war im Westfälischen Frieden an Brandenburg gefallen. Seine Regierungs- und Gerichtsverfassung hatte sich im wesentlichen nach dem Landtagsabschied von 1654 und der sogenannten Regimentsverfassung vom selben Jahre ausgestaltet[110].

Neben der Regierung, die im wesentlichen nur Kompetenzen auf dem Verwaltungssektor hatte, bestand in Stargard ein Hofgericht, dem die in anderen Provinzen durch die Regierungen wahrgenommenen Aufsichtsbefugnisse über die Rechtspflege zustanden. Als erstinstanzliches Gericht war es in Strafsachen zuständig für die Straftaten der Eximierten, also vornehmlich des Adels. Die Gerichtsbarkeit der unteren Instanz versahen Patrimonialgerichte, Stadtgerichte und Ämter. Nachdem man in Pommern in Strafsachen zunächst nach einer Ausgabe der Peinlichen Halsgerichtsordnung verfahren hatte, wurde durch Edikt vom 7. November 1706 *Brunnemanns* „Anleitung zu vorsichtiger Anstellung des Inquisitionsprozesses“, eine Übersetzung seines lateinischen Werkes „Tractatus juridicus“ als Prozeßordnung eingeführt[111]. Im Lande üblich war die Aktenversendung. In Diebstahlssachen sollte seit dem Edikt vom 19. Oktober 1707 die Rechtsbelehrung vom Pommerschen Schöppenstuhl in Stargard eingeholt werden[112]. Die nicht mit der Obergerichtsbarkeit beliehenen Gerichtsinhaber hatten die einkommenden Urteile an das Hofgericht einzuschicken. Obwohl häufiger Pommersche Kriminalsachen im Geheimen Rat auftauchen[113], bestand keine generelle Pflicht des Hofgerichts seinerseits um Konfirmation der Urteile in Berlin nachzusuchen[114].

VIII. Die Herrschaften Lauenburg und Bütow[115]

Die Herrschaften Lauenburg und Bütow waren 1657 als polnisches Lehen an Brandenburg vergeben worden. Eine Land- und Appella-

---

[110] Vgl. *Petsch*, Verfassung und Verwaltung Hinterpommerns, S. 230 ff.

[111] Vgl. dazu Edikt v. 7. November 1706, *Quickmann*, Sammlung, S. 1346; *Oelrichs*, Entwurf einer Pommerschen juristischen Bibliothek, Berlin 1763, S. 37; *Ludovici*, Einleitung zum peinlichen Prozeß, 7. Aufl., Halle 1722, Vorrede, § V.

[112] *Quickmann*, Sammlung, S. 285.

[113] *Meinardus*, Protokolle, Bd. 7, S. 127, 131, 158, 272, 490, 531, 549, 587.

[114] Das muß zumindestens aus dem Erlaß an die Hinterpommersche Regierung vom 3. Dezember 1717, *AB*, Bd. 2, S. 527, 528 geschlossen werden.

[115] Vgl. *Cramer*, Geschichte der Lande Lauenburg und Bütow, Königsberg, 1858, S. 313 ff.; s. auch *AB*, Bd. 6, 1. Hälfte, S. 398 ff.

tionsgerichtsordnung vom 16. Oktober 1662[116] hatte die *Zivil*gerichtsbarkeit geregelt.

Der Adel des Landes übte die Strafgerichtsbarkeit über seine Hintersassen, die Städte behielten ihre eigene Gerichtsbarkeit. Da die Gerichtsbarkeit in den Herrschaften eine völlig selbständige Organisation hatte, ist anzunehmen, daß die Strafurteile nicht zur Bestätigung an den Landesherrn eingeschickt werden mußten.

IX. Das Herzogtum Magdeburg

Das Herzogtum Magdeburg, auf das seit dem Westfälischen Frieden bereits eine Anwartschaft bestand, fiel erst im Jahre 1680 endgültig an Brandenburg.

Wie in anderen Provinzen auch, übte die Regierung neben ihren Aufgaben auf dem Verwaltungssektor die Aufsicht über die Rechtspflege aus. Die Untergerichte bestanden in den Patrimonialgerichten, den Stadtgerichten und der Gerichtsbarkeit der Amtshauptleute.

Im Jahre 1686 war in Magdeburg eine Prozeß-Ordnung eingeführt worden, die im Jahre 1696 durch eine Erklärung und Verbesserung ergänzt wurde[117]. Weitere Prozeßvorschriften und vor allem das materielle Strafrecht enthielt die magdeburgische Polizey-Ordnung aus dem Jahre 1688[118]. Der Inquisitionsprozeß war der vorherrschende Prozeßtyp und entsprechend seinen Grundsätzen war die Aktenversendung üblich. Die landesherrlichen Richter waren verpflichtet, ihre Urteile beim Schöppenstuhl zu Halle einzuholen und die dort gesprochenen Urteile nebst den Akten uneröffnet an die Magdeburgische Regierung zur Bestätigung einzusenden[119]. Dieselbe Verpflichtung bestand für die patrimonialen und städtischen Gerichte, soweit sie nicht im Besitz der Obergerichtsbarkeit waren. Ganz unbeschränkt war die Regierung allerdings in ihren Befugnissen nicht. Schon in der Prozeßordnung von 1686[120] hat sich der Landesherr die Bestätigung aller in Magdeburg ausgesprochenen Todesurteile vorbehalten. Auch die mit den Obergerichten beliehenen Gerichts-Obrigkeiten waren insoweit nicht ausgenommen.

---

[116] Vgl. *Hegert,* Die Land- und Appellationsgerichtsordnung f. d. Herrschaften Lauenburg und Bütow, Zeitschr. f. Preuss. Gesch. u. Landesk., Bd. 19, S. 427 ff.

[117] *Prozeß-Ordnung* de Anno 1686, *CCMagdeburg,* Teil 2, S. 1 - 96; Erklärung und Verbesserung der im Jahre 1686 publizierten Prozeß-Ordnung vom 16. 5. 1696, *CCMagdeburg,* Teil 2, S. 98 - 180.

[118] *Polizey-Ordnung* de Anno 1688, *CCMagdeburg,* Teil 3, S. 1 - 328.

[119] *Prozeß-Ordnung* v. 1686, Cap. 50, § 14 (S. 92).

[120] *Prozeß-Ordnung* v. 1686, Cap. 50, § 24 (S. 94).

X. Die Grafschaften Tecklenburg und Lingen[121]

Die Grafschaft Lingen war im Jahre 1702 als Bestandteil der oranischen Erbschaft an Brandenburg gefallen. Tecklenburg wurde 1707 durch Kauf erworben. Beide Grafschaften sollten miteinander verbunden werden.

In beiden Grafschaften war für die Rechtspflege, soweit sie nicht in patrimonialer Hand war, ein Landrichter bestellt. Inwieweit die Kriminalurteile an den Landesherrn zur Bestätigung einzuschicken waren, ließ sich nicht abschließend klären.

XI. Das Fürstentum Mörs

Das Fürstentum Mörs war 1702 ebenfalls als Bestandteil der oranischen Erbschaft an Brandenburg gelangt[122]. Das Land bildete nur eine Drostei. Die Rechtspflege wurde, soweit sie nicht städtisch oder patrimonial war, von einem Schultheiß wahrgenommen. Die Aktenversendung war in Mörs üblich. Wenn jedoch durch die auswärtig gesprochene Sentenz Leib- oder Lebensstrafe verhängt wurden, mußte das Urteil stets mit den Akten zur königlichen Bestätigung eingesandt werden[123].

---

[121] *Essellen*, Grafschaft Tecklenburg, S. 200, 201.

[122] Zu den Umständen bei seinem Erwerb vgl. *Schaumburg*, König Friedrich I. und der Niederrhein. Der Erwerb von Moers und Geldern, Zeitschr. f. Preuss. Gesch. u. Landesk., Bd. 15, S. 303 ff., 551 ff., Bd. 16, S. 176 ff.

[123] *AB*, Bd. 1, S. 63.

3. Kapitel

Friedrich I. als oberster Richter

A. Die Beanspruchung eines obersten Richteramts durch Friedrich I.

Daß *Friedrich I.* sich als ein oberster Richter im Lande verstanden hat, ist durch mancherlei Zeugnisse überliefert. Man denke nur an den Justizthron, den er dem Preußischen und später auch dem Berliner Oberappellationsgericht geschenkt hat. Wie *Holtze*[1] anmerkt, sollte dieser symbolisieren, daß an den höchsten Gerichten des Landes „der Königliche Justizthron allzeit offen bleiben müsse, um vom Landesherrn, sobald es ihm beliebe, benutzt werden zu können". Friedrich I. hat in den Jahren 1690, 1697 und 1701 diesen Thron tatsächlich bestiegen und persönlich den Vorsitz im Preußischen Oberappellationsgericht bei der Verhandlung und Entscheidung von Zivilstreitigkeiten übernommen[2].

Versucht man, den in der vorangegangenen Betrachtung sichtbar gewordenen tatsächlich vorhandenen Einfluß Friedrichs I. auf die *Strafrechts*pflege der Provinzen Brandenburg-Preußens schlagwortartig zusammenzufassen, so wird man den König allerdings nicht als einen „obersten Richter in Strafsachen" bezeichnen können. In kaum einem der Staaten hat der König seine Bestätigungsbefugnis in Strafsachen sehr wesentlich über den Stand ausdehnen können, den der Große Kurfürst schon inne hatte. So beschränkt sich denn der Umfang des Friedrich I. zustehenden Bestätigungsrechts in Strafsachen in der Kurmark nach wie vor auf den Umfang der ihm verbliebenen Gerichtsherrlichkeit. In den anderen Provinzen üben die „ständischen" Regierungen oder Hofgerichte die Oberaufsicht über die Strafrechtspflege aus. Nur die auf Landesverweisung lautenden Straferkenntnisse, die militärgerichtlichen Urteile und die in Duell-Sachen ergehenden Sprüche unterliegen — wie auch schon beim Großen Kurfürsten — seiner Bestätigungskompetenz. Auf dem Wege zur Ausbildung eines landesherrlichen Bestätigungsrechts hat Friedrich I. aber auch kein Terrain vergeben; er

---

[1] *Holtze,* Lokalgeschichte des Königlichen Kammergerichts, S. 69; vgl. auch *Conrad,* Geschichte d. Königsberger Obergerichte, S. 104, 105, 150.

[2] *Conrad,* Geschichte d. Königsberger Obergerichte, S. 102.

hat bestehende landesherrliche Befugnisse nicht preisgegeben. Er hat sogar auf dem von dem Großen Kurfürsten beschrittenen Weg etwas weiter vorankommen können. Mit der Durchsetzung weiterer vereinzelter Bestätigungs- und Begnadigungsvorbehalte hat er seinen Einflußbereich in der Strafrechtspflege gerade der bedeutenderen Provinzen vergrößert.

Die auf das Persönlichkeitsbild Friedrichs I. gestützte Vermutung, daß er zu einer wesentlichen Veränderung bereits bestehender Machtstrukturen im Staat nicht fähig sein würde, hat sich also bei der Betrachtung der Strafrechtspflege in den einzelnen Ländern bestätigt: Um ein umfassendes landesherrliches Bestätigungsrecht durchzusetzen, dazu fehlte Friedrich I. die persönliche Durchschlagskraft.

B. Die Ausformung und Umgestaltung zentraler Behörden und Gerichte

War *Friedrich I.* auch kein oberster Strafrichter seiner Länder, so ist er in Zivilsachen, wie seine Vorgänger, doch der höchste Richter im Lande gewesen und vielleicht bezog sich sein so ausgeprägtes Selbstverständnis auch lediglich auf diesen Zweig der Rechtspflege. Nachdem Kaiser *Leopold I.* am 16. Dezember 1702 ihm ein Privileg de non appellando für die Territorien Magdeburg, Halberstadt, Cleve, Mark, Ravensberg, Minden und Hinterpommern in Höhe von 2500 Goldgulden verliehen hatte[3], konnte Friedrich I. aufgrund der nunmehr gewonnenen größeren Unabhängigkeit von den Reichsgerichten diesen Titel sogar mit einer größeren Berechtigung führen.

Die wegen der Erlangung dieses Privilegs notwendig gewordenen Behördenneu- und umbildungen, insbesondere die Errichtung des Oberappellationsgerichtes in Berlin[4], haben sich für die Entwicklung eines strafrechtlichen Bestätigungsverfahrens nicht direkt ausgewirkt, da sie sich im rein zivilprozessualen Bereich vollzogen.

Bei dem Einbau des Oberappellationsgerichts in die Zivilrechtspflege sorgte der König jedoch dafür, daß sein Anspruch auf das Amt des obersten Zivilrichters auch nach außen hinreichend deutlich gemacht wurde. Entsprechend seinem Verständnis, daß die aus den Provinzen einkommenden Appellationen als an *ihn* gerichtet anzusehen seien[5], ordnete er in der vorläufigen Instruktion an das Oberappellationsgericht an, daß alle Expeditionen des Gerichts im Namen des Königs er-

---

[3] *CCM*, II. Teil, 4. Abt., Sp. 1 - 6.

[4] Vgl. *Stölzel*, Br.-Pr. Rechtsverwaltung, Bd. 2, S. 5 ff. sowie *AB*, Bd. 1, S. 13 ff.

[5] Instruction an das Ober-Appellationsgericht v. 4. Dezember 1703, *CCM*, II. Teil, 4. Abt., Sp. 7 f. (9, 10) sowie *AB*, Bd. 1, S. 15 ff.

lassen werden sollten. Daß das neue Obergericht also praktisch nur an Stelle des Königs tätig wurde, wurde zusätzlich durch die Gewährung eines außerordentlichen Rechtsmittels gegen seine Entscheidungen, die Zulassung des beneficium supplicationis an den Landesherrn unterstrichen[6].

Bedeutsam für die spätere Ausbildung eines landesherrlichen Bestätigungsrechts in *Strafsachen* ist jedoch die unter Friedrich I. sich vollziehende Wandlung in der Organisation des Geheimen Rats. Schon gegen Ende des 17. Jahrhunderts hatten sich aus dem besonderen Kreis der zu den „Verhören verordneten Räte" die sog. Criminalräte abgesondert[7], die die im Geheimen Rat zur Bestätigung eingehenden Strafurteile zu begutachten hatten. Nachdem die Zahl der eingesandten Fälle kontinuierlich zugenommen hatte, wurde im Jahre 1709 das Criminal-Collegium als eigene Behörde konstituiert[8]. Es sollte bereits unter *Friedrich Wilhelm I.* ein wesentliches Instrument bei der Bewältigung der zur Bestätigung einlangenden „Urteilsflut" werden.

Diese Entwicklung war allerdings nicht dahin zu deuten, daß dem Geheimen Rat oder dem Criminal-Collegium die Bestätigung von Strafurteilen oder die Begnadigung als *eigene* Angelegenheit zugewachsen oder etwa ausdrücklich übertragen worden war. Im Gegenteil! Anders etwa als die ständisch orientierten Regierungen und Hofgerichte in den Provinzen hatte der Geheime Rat sich nie als ein Gremium verstanden, daß bei der Urteilsbestätigung *eigene* Kompetenzen wahrnahm, sondern stets als eine Behörde, die im Rahmen des Bestätigungsverfahrens die Entscheidung des Landesherrn nur vorbereitete.

Friedrich I. stellte dies in den Jahren 1699 und 1700 in Instruktionen an den Geheimen Rat auch noch einmal ausdrücklich fest. Kriminal- und Gnadensachen nahm er ausdrücklich aus dem Kreis derjenigen Geschäfte aus, die dem Rat zur selbständigen Erledigung überlassen wurden. Die „Criminalia und andere Casus Gratiae" blieben „Unserer selbsteigenen Immediaten Verordnung vorbehalten", und es war „keinem Unserer Bedienten und Collegiorum" gestattet, „deshalb etwas zu verfügen"[9].

C. Die oberstrichterliche Tätigkeit Friedrichs I.

Die unter der Regierung Friedrichs I. erwogenen Pläne zur Reform und Neugestaltung der Justiz[10] bezogen sich vorrangig auf eine Verbes-

[6] *CCM*, II. Teil, 4. Abt., Sp. 45 ff. sowie *AB*, Bd. 1, S. 19.

[7] Vgl. oben S. 104, 105.

[8] Vgl. *Bericht* der Criminal-Deputation des Cammer-Gerichts, Kleins Annalen, Bd. 9, S. 147 ff. (160, 161).

[9] Abgedruckt bei *Koch*, Hof- und Regierungsverfassung, S. 180.

[10] *Stölzel*, Br.-Pr. Rechtsverwaltung, Bd. 1, S. 409 ff., Bd. 2, S. 3 ff.

serung der Zivilrechtspflege. Die in regelmäßigen Abständen in den Gesetzessammlungen wiederkehrenden Edikte zur Bekämpfung des Supplikenunwesens[11] können überdies als Anzeichen dafür gewertet werden, daß auch die oberstrichterliche Praxis Friedrichs I. nicht unwesentlich von den Aufgaben der Zivilrechtspflege geprägt war. Es ist daher kaum verwunderlich, wenn sich das publizierte Quellenmaterial vor allem auf Friedrichs zivilrichterliche Tätigkeit bezieht. Eine Würdigung der oberstrichterlichen Praxis Friedrichs I. in *Strafsachen* ist jedoch außerordentlich erschwert, ja, kaum möglich, wenn man sich auf veröffentlichte Quellen beschränken will. Während die Akten aus der Regierungszeit des *Großen Kurfürsten, Friedrich Wilhelms I.* und *Friedrichs II.* geradezu mustergültig aufbereitet sind, hat die Epoche Friedrichs I. bisher nicht zu vergleichbaren Publikationen angereizt. Vielleicht liegt hierin sogar der eigentliche Grund dafür, daß der Regierungszeit Friedrichs I. der ihr gebührende Stellenwert in der brandenburgisch-preußischen Geschichte noch immer nicht zugewiesen ist.

So bleiben hier zunächst nur einige auffällige Strafprozesse anzuführen, die aber keineswegs repräsentativ für die damalige Strafrechtspflege insgesamt sein dürften. In allen Fällen handelt es sich um Verfahren gegen hohe Beamte des Königs, in denen auch politische Erwägungen eine entscheidende Rolle gespielt haben dürften.

Holtze[12] hat den Zustand der märkischen Strafrechtspflege am Anfang des 18. Jahrhunderts mit harten Worten bedacht, und hat — zu Recht — das Fehlen eines einheitlichen Strafgesetzbuches und Verfahrensrechts, sowie die Zersplitterung der Gerichtsobrigkeiten und deren ungleiche Verfolgung von Straftaten als ihre Hauptmängel angesehen.

Zwei Fälle mögen aber zeigen, daß es keineswegs allein die kleinen, ständischen Gerichtsobrigkeiten waren, die ihre Gerichtsbarkeit vom „Gesichtspunkte einer Strafbesteuerung" her verstanden und die „die verrostete Maschine des Criminalprocesses nur noch in allerschwersten Fällen in langsame Bewegung"[13] brachten. Auch beim Landesherrn als Gerichtsobrigkeit konnte sich „der wohlhabende Delinquent mit Geld abfinden, während der arme mit einer Tracht Prügel der Straftat überwiesen und dann mit einer weiteren Tracht Prügel bestraft wurde"[14].

---

[11] Vgl. die Edikte aus den Jahren 1691, 1694, 1697, 1699, 1703, 1704, *CCM*, II. Teil, 1. Abt., Sp. 197; 203; 211; 215; 343; 346, sowie aus dem Jahre 1706, *CCM*, II. Teil, 4. Abt., Sp. 19 und aus dem Jahr 1710, *CCM*, II. Teil, 1. Abt., Sp. 503 = *Grube*, Corpus Const., Abt. 2, S. 303 = *Quickmann*, Sammlung, S. 1171, 1172.

[12] *Holtze*, Strafrechtspflege u. Fr. W. I., S. 7 - 9.

[13] *Holtze*, Strafrechtspflege u. Fr. W. I., S. 8.

[14] *Holtze*, S. 8; *Eb. Schmidt*, Einführung, S. 180 hat völlig Recht, wenn er die Niederschlagung des Verfahrens gegen Zahlung einer Geldsumme als für

Der Geheime Kammerrat *Chr. Fr. Kraut*, der in dem noch zu erwähnenden Prozeß gegen den Oberpräsidenten *Eb. v. Danckelmann* als dessen Vermögensverwalter bekannt geworden war, wurde 1699 seiner Ämter entsetzt. Wegen des Verdachts von Unregelmäßigkeiten in der von ihm verwalteten Kasse leitete man eine Untersuchung gegen ihn ein[15]. Obwohl die „Aktenmässige Anzeige der Verbrechen des Kraut" 17 zum Teil schwerwiegende Vorwürfe enthielt, entging er der Strafe durch Zahlung von 50 000 Rthlr.. Im Jahre 1706 wurde er wieder Geheimer Kammerrat in Halle.

Im Zuge der 1710 von dem damaligen Kronprinzen und späteren König *Friedrich Wilhelm I.* angeregten Untersuchung über die Ursachen der Mißwirtschaft und der völligen Zerrüttung der Finanzen wurde immer deutlicher, daß der Oberkämmerer des Königs *Graf Wittgenstein* die Hauptverantwortung für den desolaten Zustand des Staates trug. Die Untersuchungskommission warf ihm Veruntreuungen und Amtsmißbrauch vor[16], und der empörte König vermerkte am Rande ihres Berichts „Muhs auss dem Grundt examinieret werden"[17]. Als der Fiskal jedoch in seiner „Rechtlichen Deduktion wider den Hochgeb. Grafen Wittgenstein" die Vorwürfe im Einzelnen erhärtete und darlegte, daß der Graf sich im Amte bereichert, ja, viele Tausend Taler ausser Landes geschafft habe, erklärte sich Friedrich I. bereit, gegen eine Zahlung von 70 000 Talern das Verfahren niederzuschlagen. Wittgenstein zog sich daraufhin auf seine Güter zurück.

Die unglücklichste Rolle hat Friedrich I. aber augenscheinlich in dem bekannten und auch bereits hinreichend erörterten[18] Prozeß gegen seinen früheren Ersten Minister und Oberpräsidenten *Eb. v. Dankkelmann* gespielt. Die 1. Anklageschrift gegen ihn enthielt 31 Beschul-

---

die Strafrechtspflege des 17. und 18. Jahrhunderts nichts Ungewöhnliches bezeichnet. Noch *1793* wird dies für rechtmäßig gehalten, vgl. *Meister*, Abolition gegen Erlegung einer Geldsumme, in: Practische Bemerkungen, Bd. 2, S. 183 ff.

In Brandenburg-Preußen kommen Abolitionen auch im 18. Jahrhundert noch ganz selbstverständlich vor: Vgl. etwa Prozeß gegen den Kammerjunker *v. Troschke* (s. u. 4. Abschn., 3. Kap. Anm. 18); Prozeß gegen Kriegsrat *Lölhöffel, 1731, AB*, Bd. 5, 1. Hälfte, S. 261, 287; Prozeß gegen den Direktor der Mindenschen Regierung *Joh. Chr. v. Danckelmann, 1733*, (Abolition gegen Zahlung v. 200 Rthlrn.), *AB*, Bd. 5, 1. Hälfte, S. 132 ff. (134); Prozeß gegen einen Jesuitenprediger in Glatz, *1749, AB*, Bd. 8, S. 480; Prozeß gegen Geh. Rat *de Lattre, 1767* (Abolition gegen Zahlung von 150 Rthlrn. Gebühren), *AB*, Bd. 14, S. 225 ff. (228); Prozeß gegen Frhr. *v. Knyphausen* und Kammerherr *v. Bredow* (Duellsache!), *1769, AB*, Bd. 15, S. 161.

[15] Vgl. *Breysig*, Prozeß gegen Eb. v. Danckelmann, S. 66 - 68, 115, 116.

[16] Vgl. *Koch*, Hof- u. Regierungsverfassung unter Fr. I., S. 120 - 125; *Hinrichs*, Friedrich Wilhelm I., S. 473 ff.; s. a. *AB*, Bd. 1, S. 132 - 134.

[17] *Koch*, Hof- und Regierungsverfassung, S. 122.

[18] Vgl. oben 3. Abschn., 1. Kap., Anmerkungen 3 u. 4 sowie die tabellarische Übersicht über den Verlauf des Verfahrens unten S. 161.

digungspunkte. Obwohl das Verfahren von vornherein seinen politischen Charakter durch den Vorwurf des Hochverrates nicht verleugnen konnte, konzentrierten sich die meisten Anklagepunkte auf eine angeblich ungetreue, eigennützige und von „Malversationen" geprägte Finanzverwaltung. Doch nachdem Danckelmann von der Untersuchungskommission vernommen worden war, brachen viele Anklagepunkte in sich zusammen, und die Kommission berichtete am 28. Juni 1700, es mangele in dem Verfahren an hinreichendem Material.

Am 7. Dezember 1700 folgte jedoch eine zweite ausführlichere Anklageschrift. Aber nach erneuter Vernehmung Danckelmanns kam man auch jetzt nicht weiter voran. Am 16. Mai 1702 berichtete der Oberprocurator Brechtel an den König, daß der Prozeß in einem „schlechten Zustandt" sei: Es mangele an Beweisen, Danckelmann der ihm vorgeworfenen Verbrechen zu überführen[19]. Der abschließende Bericht der Kommission vom 9. September 1702 legte dem König daher nahe, den seit 1697 auf der Festung einsitzenden Danckelmann zu begnadigen. „Eigenwillig und feige", so das Urteil von *Oestreich*[20], „gab Friedrich den Rechtsirrtum nicht zu". Erst im Jahre 1707 erlangte Danckelmann durch eine Amnestie Friedrichs die Freiheit wieder. 1714 schließlich wurde er durch *Friedrich Wilhelm I.* völlig rehabilitiert[21].

Das Verfahren gegen den Geheimen Rat *Fr. v. Hamrath* hat *Hinrichs*[22] den „zweiten Fall Danckelmann am preussischen Hofe" genannt. Auch Hamrath wurde durch höfische Intrigen in ein Verfahren verwickelt. Im Jahre 1707 schon hatte er beim König das Finanzgebahren des Grafen Wittgenstein angeprangert. Als jedoch der Sog um den sich abzeichnenden Abstieg des Grafen auch den Oberkammerherrn *Graf Wartenberg* zu erfassen drohte, erhob dieser beim König schwere Beschuldigungen gegen Hamrath. Hamrath, der als Maître des Requêtes alle an den König gerichteten Bittschriften zu öffnen und sie ihm vorzutragen hatte, sollte danach aus Fahrlässigkeit zum Schaden vieler armer Leute solche Supplikationen in großer Zahl liegengelassen haben. Es wurde behauptet, er habe die Begnadigungen einiger zum Tode Verurteilter nicht rechtzeitig weitergereicht und so deren Tod verschuldet, auch habe er zum Schaden für das Ansehen des Königs 22 Neujahrsgratulationen diesem nicht zur Unterschrift vorgelegt[23].

---

[19] Der Bericht ist abgedruckt bei *Förster*, Urkundenbuch zur Lebensgeschichte Fr. W. I., Bd. 1, S. 8 - 32.

[20] *Oestreich*, Friedrich I., NDB, Bd. 5, S. 537.

[21] *AB*, Bd. 1, S. 359, 360.

[22] *Hinrichs*, Fr. W. I., S. 326.

[23] Vgl. dazu insgesamt: *AB*, Bd. 1, S. 3; s. a. *Isaacsohn*, Geschichte d. Preuss. Beamtent., Bd. 2, S. 300; *Koch*, Hof- u. Regierungsverfassung, S. 170 ff.; *Hinrichs*, Fr. W. I., S. 323 ff.

Das im Jahre 1708 von der Rostocker Juristenfakultät gegen Hamrath gefällte Urteil ging zwar auf den Hauptvorwurf — die verschleppten Begnadigungen — nicht ein. Auch hatte Hamrath wohl nachweisen können, daß die Verzögerung vieler Sachen auf die Arbeitsweise und die Anordnungen des Königs zurückzuführen waren, der nicht zu viele Unterschriftssachen auf einmal in seiner Mappe haben wollte. Hamrath wurde jedoch trotzdem zum Verlust seines Adels, aller Ämter, zum Einzug seines Vermögens und zum „stets währenden Gefängniß“[24] verurteilt. Das Urteil wurde vom König bestätigt. Für seinen Unterhalt setzte er 1000 Taler jährlich aus. Hamrath, der seit seiner Verhaftung am 11. Oktober 1707 auf der Festung einsaß, wurde erst am 8. Juni 1711 auf Verwendung des Kronprinzen[25] wieder freigelassen. Am 12. Juni 1713 ernannte ihn *Friedrich Wilhelm I.* zum Präsidenten im Fürstentum Halberstadt[26].

Diese wenigen Fälle werfen nicht gerade ein günstiges Licht auf die Handhabung der obersten Strafgewalt durch Friedrich I. Es muß aber noch einmal ausdrücklich festgehalten werden, daß aufgrund dieser 4 dargestellten Fälle eine Bewertung der Strafrechtspraxis Friedrichs I. *insgesamt* nicht möglich ist. Erst eine Sichtung des in den 24 Jahren seiner Regierung angefallenen — weitgehend nicht publizierten — Rechtsprechungsmaterials dürfte ein Gesamturteil ermöglichen.

---

[24] *Urtheil.* In Sachen des Königlich Preußischen Fisci gegen den geheimten Rath Maître des Requêtes, Friedrich von Hamrath, v. 13. Nov. 1708, Patriotisches Archiv f. Deutschland, hrsg. v. *Fr. K. v. Moser*, Bd. 9, S. 418 - 449.

[25] *AB*, Bd. 1, S. 149, 150.

[26] *AB*, Bd. 1, S. 366 - 368.

4. ABSCHNITT

Die Durchsetzung eines einheitlichen landesherrlichen Bestätigungsrechts in Brandenburg-Preußen durch König Friedrich Wilhelm I. (1713-1740)

1. Kapitel

Die Persönlichkeit Friedrich Wilhelms I. und sein Regierungsantritt

Friedrich Wilhelm I. ist nicht zu Unrecht schon im 19. Jahrhundert der „größte innere König Preußens“[1] genannt worden[2].

Eine christliche, vom Halleschen Pietismus bestimmte Auffassung seines Herrscheramtes trieb den rastlos tätigen König dazu, alle Kräfte des Staates anzuspannen, dessen Macht und Wohlfahrt er allerdings das individuelle Glück seiner Untertanen unterordnete.

„Ich selbst werde der Finanzminister und der Feldmarschall des Königs von Preußen sein, und das wird den König von Preußen stark erhalten“[3], so hatte er nach seinem Regierungsantritt einem Freund geschrieben. Kündigte sich in diesen Worten bereits die Alleinherrschaft des Königs deutlich an, so unterstrich seine bald hinreichend bekannt werdende Devise „Ordre parieren, nicht räsonieren“[4], daß in seiner Person die Idee des absoluten Königtums verkörpert war. Das sollte sich auch schon bald in allen Bereichen des Staates bemerkbar machen.

---

[1] Vgl. *Hartung*, König Fr. W. I. von Preußen, Staatsbildende Kräfte der Neuzeit, S. 123.

[2] Zur Persönlichkeit Friedrich Wilhelms I. und den Vorgängen um seinen Regierungsantritt vgl. *Hartung*, König Fr. W. I. von Preußen, Staatsbildende Kräfte der Neuzeit, S. 123 ff.; *Oestreich*, Fr. W. I., NDB, Bd. 5, S. 540 ff.; *Krauske*, Der Regierungsantritt Friedrich Wilhelms I., Hohenzollern-Jb., Jg. 1, S. 71 ff.; *Hinrichs*, Der Regierungsantritt Friedrich Wilhelms I., Preussen als Historisches Problem, S. 91 ff.

[3] *Krauske*, S. 75.

[4] Man vergleiche etwa nur die Marginalien Friedrich Wilhelms I. anläßlich von Berichten, in denen mitgeteilt wurde, die Beamten *Drost*, *Wernecke* und *Schermer* weigerten sich, nach Preußen zu gehen (*AB*, Bd. 2, S. 128 ff.). Hier nur ein Auszug:

Eine strenge Finanzwirtschaft und eine auf Sparsamkeit angelegte Haushaltsführung sollten die Mittel bereitstellen, die für eine Verstärkung des Heeres und zur Durchführung der notwendigen inneren Reformen unerläßlich waren. Die Aufhebung des zum Adel bestehenden Lehnsverbandes und die dafür von ihm geforderte Jahresabgabe von 40 Talern für jedes Lehnpferd brachte ihn in Konflikt mit den Ständen[5]. Aber der König zeigte sich hart und unerbittlich. Den Ständen verweigerte er teilweise die Landtage[6] oder teilte ihnen auf die Bitte um Bestätigung alter Rezesse mit, er „könne nichts, was er nicht königlich und unverbrüchlich zu halten gedenke, versprechen". Zunächst müsse er prüfen, inwieweit solche Rezesse noch „applicable" seien[7].

In einem Erlaß an sämtliche Regierungsbehörden ordnete er an, alle Verordnungen sollten künftig in seinem Namen, nicht mehr unter dem ihrigen veröffentlicht werden[8]. Auf dem Gebiet der inneren Verwaltung wurde der König zum Schöpfer des preußischen Beamtentums und einer durchorganisierten Verwaltung. Er änderte den bisher üblichen Regierungsstil und zog sich aus den Regierungsgremien, vor allem aber aus dem Geheimen Rat, zurück. Seine Entscheidungen fällte „er aus dem Kabinett" heraus[9].

Die Tatkraft *Friedrich Wilhelms I.*, seine Bereitschaft zur Austragung von Konflikten und sein dabei recht früh unter Beweis gestelltes

---

finantzdirectoriumb sie sehen wie ortl (= ordentlich) das es in Preussen zugehet ergo befehle Ihnnen alsobaldt kammer Rehte (und) secretarien mir vorzuschlahgen sie dar sollen von hier hingesandt werden es sollen guhte wirte sein heute über 8 tahge sollen sie hier herraußerkommen da mus man Coupe Court (machen) die leutte wollen mir forciren sie sollen nach meine pfeiffe dance(n) oder der Deuffel hohle mir ich laße hengen und Brahten wie der Zahr und tra(c)tire sie wie Rebeller ordre an Hertzog von Hols(t)ein die genante Cannallees die dar nit wollen nach tilse gehen mit Ihre gepouderten Parücken nach friederichsburgch in die Karre geschloßen (bringen zu lassen) die herren werden sich verwundern das ich so hart bin und nit (es) meine Mannier ist es ist meine schuldt nit ich kahn nit helffen wenn warn(e)n nit hilffet ... was kahn ich den(n) tun als es mus zu execucion kommen oder ich bin nit herr wen(n) ich ein Officier was befehle so werde obediret aber die verfluchte Blagckscheißer wollen was voraus haben und mir nit obedieren ich wil sengen und Brennen und (als) tirang mit Ihnen verfahren danach hat sich das gennerahll finantzdirectoriumb zu achten

F Wilhelm

Wusterhausen 3 Novem(ber) 1714

Zur Auswirkung dieser Devise auf den Stil der Rechtspflege vgl. *Zeidler*, DÖV 1975, S. 799.

5 Vgl. unten 4. Abschnitt, 3. Kap., Anm. 13; s. a. *Haussherr*, Verwaltungseinheit und Ressorttrennung, S. 2 - 5.

6 Zu den Vorgängen in Cleve vgl. *AB*, Bd. 3, S. 369 ff. (371); 476, 477.

7 *AB*, Bd. 1, S. 379.

8 *AB*, Bd. 2, S. 144.

9 Vgl. *Meisner*, Die monarchische Regierungsform, S. 230, 231; *Hinrichs*, Preußische Zentralverwaltung, S. 258 ff.

Durchsetzungsvermögen ließen erwarten, daß er auf dem Wege zu der von ihm angestrebten Durchsetzung einer unangefochtenen absolutistischen Herrschaft im Staate auch vor der Justiz und den dort noch bestehenden alten ständischen Rechten nicht haltmachen würde.

So waren die ständischen Gerichtsherren wohl auch nicht überrascht, als der König nicht ganz zwei Jahre nach seinem Regierungsantritt in dem Edikt vom 13. Dezember 1714[10] anordnete, daß alle „in Hexen-Sachen einlauffende Urtheile, die eine scharffe Frage zu erkennen, oder gar eine Todes-Straffe mit sich führen, sie mögen bey Unseren Regierungen und Justiz-Collegiis, oder Unter-Gerichten einlauffen, Uns zur Confirmation vor der Vollstreckung eingesandt werden sollen".

Und um klarzumachen, daß er damit ein umfassendes allgemeines *landesherrliches* Bestätigungsrecht in Hexen-Prozessen eingeführt wissen wollte, setzte Friedrich Wilhelm nachdrücklich hinzu: „Wornach sich obgedachte Unsere Collegia und Gerichts-Obrigkeiten, auch sonsten jedermänniglich, sonderlich an denen Orten, *wo nicht ohnedem bey Uns die Confirmationes* der Urtheile in Criminalibus *gesuchet werden müssen,* gehorsamst zu achten, und diesem Edikt genau nachzuleben (haben)."

Sehr geschickt nutzte der König so das vielerorts vorgetragene Unbehagen an den Hexenprozessen zu seinen Gunsten aus, indem er gleichzeitig auch noch eine Reform dieser Prozesse ankündigte und durch die ebenfalls angeordnete Beseitigung der „Hexen-Brand-Pfähle" sogar ihre mögliche gänzliche Abschaffung signalisierte.

Die weiteren Bestrebungen *Friedrich Wilhelms I.* zu einer Reform der Justiz[11] waren zwar nicht alle erfolgreich; auf dem Gebiet der Strafrechtspflege führten sie jedoch durch Erlaß der Criminalordnung von 1717[12] zu greifbaren Ergebnissen. Diese, für die weitere Entwicklung der Strafrechtspflege in Brandenburg-Preußen so wichtige Criminalordnung sollte aber auch den Auftakt geben zum letzten entscheidenden Kampf zwischen König und Ständetum um die Durchsetzung eines landesherrlichen, alle Provinzen umfassenden allgemeinen Bestätigungsrechts in Strafsachen.

---

[10] *CCM,* II. Teil, 3. Abt., Sp. 57 u. 58.

[11] Vgl. hierzu *Holtze,* König Christians V. Dänisches Gesetz als Vorbild für die Preußische Justizreform, Schriften d. Vereins f. d. Geschichte Berlins, Heft 30, S. 41 ff., sowie die Kabinetts-Ordre v. 18. 6. 1714 an die Hallische Juristenfakultät, abgedruckt in *Christian Thomasius,* Leben und Lebenswerk, Hrsg. M. Fleischmann, Halle 1931, S. 218, 219; s. a. *Otto,* Die Vorbereitung des preuss. Rechtsstaates, S. 29 ff.

[12] s. unten 4. Abschn., 2. Kap., Anm. 27: Die CrimO wurde später auch — mit geringen Abweichungen — in anderen Provinzen eingeführt.

2. Kapitel

Die Einführung eines einheitlichen landesherrlichen Bestätigungsrechts, seine Durchsetzung und sein weiterer Ausbau

A. Die Einführung eines einheitlichen landesherrlichen Bestätigungsrechts

I. Die Criminalordnung vom 1. März 1717[13]

Mit der Criminalordnung vom 1. März 1717, die am 8. Juli 1717 zunächst in der *Kur- und Neumark* publiziert wurde, führte *Friedrich Wilhelm I.* knapp 4 Jahre nach seinem Regierungsantritt ein umfassendes landesherrliches Bestätigungsrecht in Strafsachen ein. Dabei hielt er sich in der Art und Weise des Vorgehens ganz an die Taktik, die sich in Brandenburg-Preußen schon bei den Zentralisierungsbestrebungen in der Verwaltung unter dem Großen Kurfürsten bewährt hatte. Es wurden weniger Rechte und Einrichtungen mit einem Strich beseitigt. Sie blieben vielmehr formal erhalten, wurden aber in ihren Kompetenzen ausgehöhlt.

So heißt es zu Beginn des § 9 des 10. Kapitels der CrimO: „Wegen Confirmation der in Peinlichen Sachen einkommenden Urthel, lassen Wir es zuforderst dabey, daß diejenige Gerichts-Obrigkeiten, so hergebracht, ohne Confirmation dergleichen Urthel exequiren zu lassen, dabey auch ferner sollen gelassen werden[14]." Im Anschluß an diese Bekräftigung hergebrachter Rechte folgen dann jedoch vielfältige Ausnahmen, in denen auch die Inhaber der Obergerichtsbarkeit die Urteile zwingend einzuschicken haben.

Hier begegnen uns einmal die schon in der zweiten Hälfte des 17. Jahrhunderts der landesherrlichen Gerichtsbarkeit reservierten Fälle: die auf Landesverweisung lautenden Urteile, sodann Sprüche in Duell-Sachen, wenn auf Leib- oder Lebensstrafe, Strafe am Bildnis oder auf Vermögenseinziehung erkannt worden war (§ 9, Nrn. 1 und 6).

Einsendepflichtig waren auch Urteile in Hexensachen[15], wenn auf Lebensstrafe oder Tortur erkannt war, sowie die das Crimen laesae

---

[13] *CCM*, II. Teil, 3. Abt., Sp. 61 ff.

[14] *CCM*, II. Teil, 3. Abt., Sp. 104.

maiestatis betreffenden Sentenzen (§ 9, Nrn. 5 und 4). Weiter sollten diejenigen Entscheidungen zur Konfirmation eingeschickt werden, in denen die „Urthelsfasser, welche nicht gelinder noch schärffer als die Gesetze seyn müssen, die Mitigation, oder Veränderung der Strafe Ihrer Königl. Majestät überlassen" (§ 9, Nr. 2).

Eine fast generalklauselartige Wirkung, über die letztlich jedes Urteil ständischer Gerichtsherren an den König gelangen konnte, enthielt § 9, Nr. 3. Danach sollten die Urteile auch dann zur Bestätigung eingeschickt werden, „wann der Inquisit um Begnadigung bittet, es betreffe die Erlassung oder Minderung der Straffe, nicht weniger, wann derselbe statt der Ulterioris Defensionis auf eine Revision der Acten provociret, welchenfalls Wir denen Gefangenen, auf deren Leib und Leben, Haab und Guth es ankommt, die Zuflucht zu Unserer Höchsten Person nicht können abschneiden lassen".

Aber auch außerhalb des in § 9 enthaltenen Kataloges von einsendepflichtigen Urteilen hatte die Criminalordnung Bestätigungspflichten festgelegt. Für den Fall, daß von einem Schöppenstuhl oder einer Fakultät ein auf Territion oder die Tortur lautendes Urteil einkam, sollte dies dem Gefangenen nicht publiziert werden. Es war vielmehr zunächst an den König zur Confirmation einzusenden[16].

Auf den ersten Blick konnte es scheinen, als ob die ständischen Gerichtsobrigkeiten gar nicht übermäßig eingeschränkt worden wären, denn in einem großen Teil der katalogmäßig erfaßten Bestätigungsfälle bestand 1717 die Einsendepflicht schon.

Hatte sich unter den Inquisiten aber erst einmal herumgesprochen, daß durch Einreichung eines Begnadigungsgesuches die Chance der Urteilsaufhebung oder -milderung durch den König gegeben war, so war abzusehen, daß die Zahl der Urteile, die den ständischen Gerichtsherren zur Bestätigung verblieb, nach unten hin nicht mehr begrenzbar war. Wie wichtig dem König gerade die auf solche Art geschaffene Bestätigungspflicht war, zeigt, daß er sicherheitshalber den ständischen Gerichtsherren das Begnadigungsrecht entzog[17]. Die Linderung und die Verwandlung der Strafen sollte künftig bei ihm „als der höchsten Landesobrigkeit immediate gesucht werden". Hier zeigte sich ganz deutlich das Ziel des Königs, über den Weg einer alleinigen Inanspruchnahme des Begnadigungsrechts sein Bestätigungsrecht auszuweiten.

---

[15] Die Einsendepflicht in Hexensachen war bereits 1714 angeordnet worden; vgl. o., 4. Abschn., 1. Kap., Anm. 10.

[16] Vgl. Kap. IX, §§ 6 - 9 der CrimO 1717, Sp. 98: Die Vorschriften sind nicht ganz klar gefaßt. Die Einsendung sollte erfolgen, wenn der Inquisit es wünschte. Nur, welcher Inquisit hätte wohl darauf verzichtet?

[17] Kap. XI §§ 1 u. 2 der CrimO 1717, Sp. 105.

Für die königlichen Ämter und Hausvogteien hatte die Criminalordnung keine Änderung des bisherigen Rechtszustandes gebracht. Sie hatten nach wie vor in *allen* Kriminalsachen die Urteile mit den Akten zur Bestätigung einzuschicken (Kap. 10, § 9, Nr. 7).

Aber die einmal erfolgte Confirmation des Urteils war keinesfalls unabänderlich. Der Inquisit konnte das Rechtsmittel der weiteren Verteidigung ergreifen und so einen erneuten Spruch herbeiführen, der allerdings wiederum der Bestätigung bedurfte[18].

II. Das Reskript vom 2. März 1717

Die Criminalordnung sollte zunächst nur in der Kur- und Neumark Geltung haben. Wie wichtig dem König aber gerade die in ihr enthaltenen Bestimmungen über das landesherrliche Bestätigungsrecht waren, zeigt das am 2. März 1717 an die Preußische Regierung und an andere Regierungen ergangene Reskript wegen „Einsendung und Confirmation derer Sententien in Criminalibus, wenn solche geschehen soll“[19].

In diesem Reskript dehnt der König die für die Kur- und Neumark hinsichtlich der Bestätigungspflicht getroffenen Anordnungen auf die anderen Provinzen aus und verschafft somit dem brandenburgisch-preußischen Landesherrn zum ersten Mal einen umfassenden Zugriff auf die Strafrechtspflege dieser Länder.

In teilweise wörtlicher Übereinstimmung mit den Vorschriften der Criminalordnung wird der Kreis der bestätigungspflichtigen Fälle in gleicher Weise wie dort umschrieben. In allen diesen „Casibus sollen künfftig die Sentenzien nebst denen Actis an Unsere Regierungen und Provincial-Collegia, vor welche sonst Criminalia gehören, eingesandt werden, welche denn ferner die Sentenzien, und beschaffenen Umständen nach auch Acta *Uns* einzuschicken und sonderlich, wenn die Acta nicht mitgehen, ihr pflichtmäßiges Gutachten beyzufügen haben“.

Der König spricht zwar ausdrücklich an, daß er sich wohl erinnere „daß Unsere Regierungen und Collegia zum Theil bisher in Unserm höchsten Nahmen die Confirmationes ertheilet“[20]. Das soll aber nun anders werden, und in der Begründung des Königs wird wenigstens annähernd deutlich, warum den ständischen Gerichtsherren die durch

[18] Kap. X § 6 der CrimO 1717, Sp. 103.

[19] *CCM*, II. Teil, 2. Abt., Sp. 109 - 112; Eine fast wortgleiche Verordnung erging am 2. April 1717 an das Ravensbergische Appellationsgericht, *CCM*, II. Teil, 4. Abt., 2. Anhang Nr. 4, Sp. 117 - 119.

[20] Dies war eine sehr eigenwillige Interpretation des Königs. Wie der Widerstand der Regierungen zeigt, verstanden diese das Bestätigungsrecht als bisher geübtes *eigenes* Recht.

zweihundert Jahre hindurch geübten Rechte der Begnadigung und der Urteilsbestätigung nun genommen werden sollen:

„Krafft des von Gott Uns verliehenen höchsten Königlichen, Chur-, und Landes - Fürstlichen Amts“ will der Landesherr „in die Hals- und Blut-Sachen ... eine genauere Einsicht nehmen“, aber auch weil das Bestätigungsrecht *„Uns Krafft Unserer Souverainité und Landes - Hoheit allein gebühret“*. Außerdem könnten die Untertanen „in Sachen, die ihr Leib und Leben, Ehre, Gut, und Blut betreffen, sich desto mehr Unserer Landes Väterlichen Vorsorge versichern“.

Hier ist die von der Staatstheorie entwickelte Lehre von der Souveränität also scheinbar selbstverständlich in die Regierungspraxis eingegangen. Es wird deutlich, daß nach der Einstellung absolutistischer Herrscher die im alten Lehnsrecht wurzelnden und durch Landesverträge besiegelten Rechte der Stände dann nicht mehr anerkannt werden, wenn der absolute Fürst meinte, auf Grund eines von ihm empfundenen Pflichtgebotes zum Wohl seiner Untertanen und des Staates von ihnen abrücken zu müssen.

B. Die Durchsetzung des landesherrlichen Bestätigungsrechts

I. Die Auseinandersetzungen um das landesherrliche Bestätigungsrecht mit den Regierungen der einzelnen Länder

Es mag sein, daß *Holtze*[21] mit seiner Vermutung, die nunmehr eingeführte Bestätigungspflicht für zahlreiche Verfahren habe beim Adel eine nennenswerte Gegnerschaft aus fiskalischen Gründen nicht hervorrufen können, vom Ausgangspunkt her Recht hat. Sicher erforderte die Durchführung eines Strafprozesses für einen mit der Obergerichtsbarkeit versehenen Landadligen erhebliche finanzielle Aufwände, und viele von diesen ließen denn auch, um die Kosten für die Errichtung von Gefängnissen oder der Unterbringung von Inquisiten in städtischen Gerichten zu sparen, die Delinquenten lieber laufen.

Es mag daher auch manchen Adligen gegeben haben, der in einem Vergleich mit dem Landesherrn die Obergerichtsbarkeit gegen eine Abfindung gerne wieder an diesen zurückgegeben hätte. Nur, die nunmehr eingeführte Bestätigungspflicht aller bedeutenden Urteile entzog dem Adel die Gerichtsbarkeit ja gerade *nicht* in der Weise, daß der König etwa die Gerichte und ihre Einrichtungen durch Übernahme ihrer Unterhaltungskosten zu seinen eigenen machte. Die Aufsicht, die der Landesherr kraft eines in Anspruch genommenen obersten Richterrechts nunmehr zu führen gedachte, war im Gegenteil geeignet, den

---

[21] *Holtze*, Strafrechtspflege unter Fr. W. I., S. 28.

finanziellen Einsatz der ständischen Gerichtsherren noch zu erhöhen, da die Einhaltung ordnungsgemäßer Verfahrensweisen jetzt überprüfbar war.

Die Regierungen der einzelnen Provinzen, die nach der Verdrängung der ständischen Landtage die letzten „zentralen" Bewahrer ständischer Rechte waren, fanden sich mit der neuen Regelung der Bestätigungskompetenzen denn auch nicht einfach ab. Sie sahen nur zu deutlich, daß der Landesherr durch eine so umfassende Einschränkung der ständischen Gerichtsprivilegien zum letzten entscheidenden Schlag gegen das Ständetum ausholte.

Zahlreiche Eingaben und Vorstellungen der Regierungen laufen beim Landesherrn ein. Unter Ausklammerung der wahren Hintergründe versuchen sie mit mehr oder minder guten Vorwänden, das Rad noch einmal zurückzudrehen.

Als die Preußische Regierung den Erlaß vom 2. März 1717 nicht befolgt, erklärt sie auf Befragen, sie hätte das Reskript nicht anders verstanden, als daß der König ihr lediglich habe mitteilen wollen, welche Vorschriften er diesbezüglich in der Kurmark erlassen habe und wie er *demnächst* dies auch in Preußen zu tun gedenke. Darauf kommt es bis zum Jahre 1720 zu einem regen Briefwechsel[22] zwischen der Königsberger Regierung und dem König. Der König beharrt standhaft auf seiner Bestätigungsanweisung, „weil sonsten Unserm höchsten Reservato der Aggratiierung präjudiciret würde".

Die Halberstädtische Regierung[23] verweist darauf, daß durch die einzuholende Bestätigung viel Zeit verloren ginge, und die Exekution an den Delinquenten verzögert werde. Auch erhielten diese Gelegenheit, in der Zwischenzeit zu entfliehen.

Dem schließt sich die Clevische Regierung an[24] und weist auf die durch die Wartezeit entstehenden zusätzlichen Kosten für die Verpflegung der Gefangenen hin. Dieser Bericht wurde „mißfällig" aufgenommen. Der Regierung wurde bei Vermeidung der Ungnade empfohlen, „dem Reskript vom 2. März nachzuleben". Als sich die Regierung mit einer erneuten Eingabe an den König wendet, wird dieser deutlicher: „Wir vernehmen mißfällig, daß man über Unsere allergnädigsten Verordnungen raisonnirt oder selbige auf andern Verstand zu ziehen suchen will, dessen Ihr Euch hinkünftig zu enthalten ... habt[25]." Als die Regierung drei Jahre später erneut um Aufhebung

[22] Zu den Auseinandersetzungen mit der Preußischen Regierung vgl. *AB*, Bd. 2, S. 525 ff. (526 - 530); Bd. 3, S. 252 - 253 sowie *Grube*, Corpus Constitutionum, Teil 2, S. 267 - 268.

[23] *AB*, Bd. 2, S. 525 ff. (530).

[24] *AB*, Bd. 2, S. 525 ff. (531); Bd. 3, S. 333 - 334.

[25] *AB*, Bd. 2, S. 531.

der Bestätigungspflicht bittet, wird ihr nur mitgeteilt, das Berliner Kriminalkollegium sei angewiesen worden, die Clevischen Sachen vor allen anderen schleunigst zu expedieren.

Auch der Regierung des inzwischen an Preußen gelangten Vorpommern[26] ergeht es nicht besser. Ihr wird mitgeteilt, daß der König auf Grund seiner landesfürstlichen Hoheit berechtigt sei, solche Ordnungen und Gesetze zur Verbesserung der Justiz zu machen, „wie er es für gut und nöthig finde".

Die Durchsetzung eines einheitlichen Bestätigungsrechtes in den brandenburgisch-preußischen Provinzen brachte dem Landesherrn nicht nur die Realisierung seines Anspruches auf das oberste Richterrecht in Strafsachen, es führte auch bald zu einer Vereinheitlichung des Strafprozeßrechts.

II. Der weitere Ausbau des Bestätigungsrechts

Nachdem die Versuche der Regierungen, die Einführung eines landesherrlichen Bestätigungsrechts in wichtigen Strafsachen doch noch zum Scheitern zu bringen, mißlungen waren, baute der König dieses Recht im Laufe der Zeit vom Verfahren her aus und erweiterte überdies den Kreis der einsendepflichtigen Urteile.

Schon die im Zuge der Prozeßvereinheitlichung publizierten Strafverfahrensordnungen für Preußen, Magdeburg und Cleve[27] hatten den Kreis der bestätigungspflichtigen Urteile erweitert. Nunmehr sollten auch alle Urteile, „darinne es auf Ehre, Leib und Leben ankommt" mit den Akten zur Bestätigung eingesandt werden. Diese Regelung wurde durch Edikt vom 2. Oktober 1724[28] auf alle Provinzen ausgedehnt. Der König bekam jetzt also praktisch jedes bedeutendere Strafurteil, das in seinen Landen gesprochen wurde, in die Hand. Die allgemeine Deklaration vom 12. Juli 1732[29] bestätigte noch einmal zusammenfassend den Katalog der einsendepflichtigen Urteile.

In der Regelung des Bestätigungsverfahrens versuchte der König, den Einfluß der unabhängigen Fakultäten und Schöppenstühle zurückzudrängen und dafür den seiner eigenen Behörden zu stärken. So gebot die Declaration der Criminalordnung vom 29. April 1720[30], daß die

[26] *AB*, Bd. 3, S. 284, 285.

[27] Landrecht des Königreichs Preußen v. 1721, 6. Buch, Art. I. § 7 Nr. 7; Criminal-Ordnung für das Herzogtum Magdeburg, Berlin 1721, Cap. X, § 9 Nr. 7; Criminal-Ordnung für das Herzogtum Cleve, Berlin 1722, Cap. X, § 9 Nr. 7.

[28] *CCM*, VI. Teil, 2. Abt., Sp. 277 - 280 = *AB*, Bd. 4, 1. Teil, S. 613 - 615.

[29] *CCM*, II. Teil, 3. Abt., Sp. 159 ff. (164); s. a. „Über das *Recht*, terminweise Abbüssung von Strafen zu gestatten", Berlin 1831, S. 26 ff.

[30] *CCM*, II. Teil, 3. Abt., Sp. 121, 122.

Akten in Kriminalsachen nicht mehr außer Landes, sondern nur an die Fakultäten und Schöppenstühle im Lande oder aber an das Kriminalkollegium in Berlin zu schicken seien.

Die allgemeine Deklaration vom 12. Juli 1732 bestimmte zunächst ein gänzliches Verbot der Aktenversendung an Spruchgremien und befahl die Einsendung aller Urteile zum Spruch an die Regierungen. Diese hatten, sofern im Lande kein in Strafsachen tätiges Obergericht bestand, ein eigenes Kriminal-Kollegium aus 6 Kriminalräten zu bilden, das nunmehr als Spruchgremium tätig werden sollte.

Ein weiteres Reskript vom 4. September 1732[31] ließ zwar die Aktenversendung an nahegelegene Fakultäten wieder zu. In den Fällen, in denen eine Bestätigung erforderlich wurde, waren die Sprüche aber danach an die Regierung zur Confirmation einzusenden, die nach Erstellung eines Gutachtens die Akten an den königlichen Hof weiterleitete.

Als im Jahre 1739 *Cocceji* beim König anfragt, ob nicht angesichts der bei den Regierungen errichteten Kriminal-Kollegien diesen das Bestätigungsrecht wiedergegeben werden könnte, entscheidet er sich für den Fortbestand der jetzigen Praxis: In einer Resolution legt er fest, „daß ohngeachtet derer in denen Provinzien bestelleten Criminalcollegien dennoch die Criminal-Acta auch in Sachen, so keine Lebensstrafe angehen, nach Hofe zur Revision und zum Spruch eingesandt werden sollen. So bleibt es auch dabei, daß, wenn jemand zur Festung condemnisiret wird, deshalb jedesmahl erst die Confirmation und Ordre von Mir eingeholet werden soll“[32].

Auch *Friedrich II.* verzichtete nicht auf das durch seinen Vorgänger erkämpfte umfassende Bestätigungsrecht. Kurz nach seinem Regierungsantritt bringt zwar die Clevische Regierung vor, daß nach der Bestellung des Kriminal-Kollegiums „viel weniger ein Verstoß gegen die Rechten und Ordnungen zu besorgen“ sei, und sie macht daher den Vorschlag, „ob nicht die Einsendung der Criminal-Acten nach dem Collegio criminali zu Berlin, wenigstens extra casum ultimi supplicii vel juris aggratiandi, eingestellet, mithin es in diesem wieder auf den vorigen Fuß in Gnaden gestellet werden könne“[33]. Am 26. Juni 1743 stellen sich die Justizminister auf denselben Standpunkt: Die Einsendung der Urteile habe dazu geführt, daß die Strafprozesse verlängert worden seien; die Inquisiten hätten länger im Gefängnis sitzen müssen; die Strafkassen seien mit Kosten überhäuft und die Untertanen seien beim Mangel an ordentlichen Gefängnissen mit zusätzlichen Wachen be-

[31] *CCM*, II. Teil, 3. Abt., Sp. 167 - 170.
[32] *AB*, Bd. 5, 2. Teil, S. 770 ff. (772).
[33] *AB*, Bd. 6, 2. Hälfte, S. 14 ff. (16).

schwert worden. Die Einsendung der Kriminalurteile aus den Provinzen könne nach ihrer Ansicht daher unterbleiben[34].

Friedrich II. entschied jedoch: „Sie sollen alle Criminalurtheile einschicken; sonst können dabei allerhand Inconvenienzen entstehen und die Leute in den Provinzen nach Gefallen gehudelt werden[35].“

---

[34] *AB*, Bd. 6, 2. Hälfte, S. 611, 612.

[35] *AB*, Bd. 6, 2. Hälfte, S. 612.

3. Kapitel

Die Praxis der Kabinettsjustiz unter Friedrich Wilhelm I.

A. Versuch einer ersten Beurteilung

Nach der Durchsetzung eines umfassenden landesherrlichen Bestätigungsrechts in Strafsachen nahm naturgemäß die Anzahl der Urteile, die zur Bestätigung an den Berliner Hof gelangte, sprunghaft zu. Das Berliner Kriminal-Kollegium gutachtete in den eingehenden Fällen und legte sie dann dem Justizminister vor, der dem König den Fall zur Entscheidung vorzutragen hatte. Die im Bestätigungsverfahren ausgesprochene Billigung, Milderung oder aber auch Schärfung des gerichtlichen Spruches war, wie *Eb. Schmidt*[1] zu Recht festgestellt hat, eine richterliche Entscheidung. Die vorangegangenen Gutachten der Regierungen und des Kriminalkollegiums hatten, selbst, wenn sie in der äußeren Form eines Urteils vorgelegt wurden, den Charakter von Gutachten, die das eigentliche Strafurteil des Königs nur vorzubereiten hatten[2].

Diese strafrichterliche Tätigkeit *Friedrich Wilhelms I.* gehörte zu seinen alltäglichen Regierungsgeschäften und mußte also nicht nur verhältnismäßig kurzfristig, sondern auch in der jeweiligen gesundheitlichen Tagesform[3] erledigt werden. Eine gerechte Beurteilung dieser strafrichterlichen Praxis ist sehr schwer.

Zunächst einmal wird jedes Urteil von vornherein verfehlt sein, das aufgrund heutiger moderner Vorstellungen von der Strafe und richterlicher Rechtsfindung ergeht. *Holtze*[4], der zu sehr ausgewogenen Bewertungen der Bestätigungspraxis Friedrich Wilhelms I. gelangt, hat daher völlig Recht: Wer moderne Begriffe auf eine Zeit ganz anderen Empfindens und viel stärkerer Nerven überträgt, der wird in der Strafrechtspflege des Königs eine Mischung von Gesetzlosigkeit und Barbarei erblicken.

[1] *Eb. Schmidt*, Rechtssprüche u. Machtsprüche, S. 14.

[2] Ein gutes Beispiel für den Ablauf des Bestätigungsverfahrens und die anschließende Strafvollstreckung durch Hegung des „Hochnothpeinlichen Halsgerichts" bietet *Meydam*, Ein peinlicher Prozeß aus dem Jahre 1723, Schriften d. Vereins f. d. Geschichte der Neumark, Heft 27, S. 107 - 114.

[3] Der König litt zeitweise unter einer schweren Gicht.

[4] *Holtze*, Strafrechtspflege unter Fr. W. I., S. 42.

Aber selbst in Erkenntnis und bei Berücksichtigung dieser Bewertungsschranke ist bei der Beurteilung der strafrichterlichen Praxis die außerordentliche Härte Friedrich Wilhelms I. stets hervorgehoben worden[5]. Diese Härte, die auch hier keinesfalls hinwegdiskutiert werden soll, hatte sicher ihre Ursache einmal in einem grenzenlosen Mißtrauen, das der König nicht nur gegenüber seinen Gerichten hegte[6]; zum anderen erklärt sie sich durch die vom König vertretene Vergeltungsidee[7].

Auch die in dieser Arbeit mitgeteilten und tabellarisch festgehaltenen 25 Fälle von Strafschärfungen oder eigenen Strafentscheidungen Friedrich Wilhelms I.[8] scheinen auf den ersten Blick von dem überaus harten Strafrichter zu kündigen, und das um so mehr, wenn mitgeteilt wird, daß diese 25 erörterten Fälle aus einer Gesamtzahl von nur etwa 40 veröffentlichten Strafentscheidungen Friedrich Wilhelms anfielen. Man darf jedoch nicht verkennen, daß damit lediglich ein winziger Bruchteil von Strafurteilen des Königs ausgewertet werden konnte, und daß ein Gesamtbild seiner richterlichen Tätigkeit erst durch eine systematische Analyse des aus seiner Zeit vorliegenden sicher sehr umfangreichen Rechtsprechungsmaterials gewonnen werden kann.

Das wird nicht immer gesehen, und manchmal dienen daher auch die „spektakulären" Strafschärfungen[9] — etwa der Fall Katte oder etwa die Vorgänge um den eigentlichen Kronprinzenprozeß — als alleinige Urteilsbasis. Sicher wird man aufgrund der aufgefundenen Fälle von strafschärfender Kabinettsjustiz bzw. eigener Gerichtssprüche nicht leugnen können, daß Friedrich Wilhelm bereit war, auch nackter Staatsräson den Vorrang einzuräumen. Man wird ihn auch nicht von jeglicher Willkür freisprechen können. Auch kam es vor, daß er für die Gestellung von „langen Kerls" bereit war, Verfahren niederzuschlagen[10].

---

[5] *Holtze*, Strafrechtspflege, S. 41, 43, 82, 83; *Twesten*, Der preußische Beamtenstaat, Preuß. Jahrbücher, Bd. 18, S. 123; *Eb. Schmidt*, Die Kriminalpolitik Preußens, S. 5, 10.

[6] Das hat *Schwandt*, Richterliche Unabhängigkeit, DRiZ 1969, S. 240 richtig gesehen.

[7] *Eb. Schmidt*, Die Kriminalpolitik Preußens, S. 8 - 10.

[8] Vgl. unten das 4. Kap.

[9] *v. Exenstein*, Straf- u. Polizeygesetze des 18. Jahrhunderts, S. 186; *Köble*, Richter u. Landesherr im absoluten Staat, S. 23, 24. Zum Kronprinzenprozeß vgl. noch *Koser*, Ungedruckte Aufzeichnungen, Märkische Forschungen, Bd. 19, S. 397; *Zimmermann / Branig*, Fürsprache. Monarchenbriefe zum Kronprinzen-Prozeß, Berlin 1965; *Eb. Schmidt*, Friedrich der Große als Kronprinz vor dem Kriegsgericht, Festschrift f. H. Mayer, Berlin 1966, S. 13 - 31.

[10] Vgl. das Verfahren gegen *Troschke* unten S. 151 f. Auch *Friedrich II.* scheint das gewußt zu haben. So bietet er seinem Vater, um sich bei diesem wieder in Gunst zu setzen, im Jahre 1732 einen Schäferknecht von 6 Fuß 4 Zoll an, vgl. *Preuß*, Urkundenbuch, Teil 2, S. 209, 210.

Nur, zur Bewertung der Kabinettsjustiz gehört auch die Antwort auf die Frage, wie er in den Hunderten von Fällen der Alltagskriminalität verfuhr, ob sich hier Leitlinien und Entscheidungsgrundsätze ausgebildet hatten und in welchem Umfang er etwa Sprüche der Gerichte auch gemildert hat. Solange eine *umfassende* Untersuchung hier fehlt, können Einzelfalldarstellungen immer nur mehr oder weniger repräsentative Schlaglichter aufwerfen. Aber noch eines kann gesagt werden: Auch Friedrich Wilhelm hat mit seinen Entscheidungen aus dem Kabinett schon dazu beigetragen, die schlimmsten Härten der mittelalterlichen Strafrechtspflege zu beseitigen oder doch zu mildern.

B. Verfahren und Urteile im Zusammenhang mit der Affäre um den Ungarn Michael v. Klement und Komplizen (1718 - 1720)[11]

1. Der Hintergrund, Verfahren und Urteil gegen Michael v. Klement

Die große Politik der Zeit, die Auseinandersetzungen der großen Mächte im Nordischen Krieg, bildeten den Hintergrund für die Affäre um den Ungarn Michael v. Klement und seine Komplizen[12].

---

[11] Wie es scheint, ist die Affäre um den Ungarn Michael v. Klement in unserem Jahrhundert fast in Vergessenheit geraten. Außer einer kurzen Notiz bei *Hintze*, Die Hohenzollern und ihr Werk, Berlin 1915, S. 279, scheinen nur *Oppeln-Bronikowski*, Abenteurer am Preussischen Hofe 1700 - 1800, Berlin 1927, S. 46 - 70 (Die Klementschen Händel) und *Hofmann*, Der Fall Klement. Ein geheimer politischer Prozeß aus dem alten Berlin, ‚Unser Berlin', Berlin 1928, S. 231 - 242, diesen Fall in mehr allgemein interessierender Darstellung erwähnt zu haben, wenn man von der sehr quellengetreuen Bearbeitung des Stoffes durch *Klepper* in seinem Roman ‚Der Vater', Stuttgart 1937, absieht.

Am Ende des 19. Jahrhunderts war der Fall wissenschaftlich aufbereitet worden (s. unten Anm. 12).

Wie sensationell der Fall Klement noch um die Mitte des 18. Jahrhunderts empfunden wurde, ergibt sich daraus, daß *Friedrich der Große* sich im Jahre 1747 durch seinen Minister *v. Podewils* einen Bericht über die Affäre vorlegen ließ: „Mémoire sur les intrigues et le procès du fameux Clément ...," abgedruckt in ‚*Miscellaneen* zur Geschichte König Friedrichs des Großen', Berlin 1878, S. 450 - 459; diesen Bericht hat er sodann in seinem Werk ‚Denkwürdigkeiten zur Geschichte des Hauses Brandenburg' (*Werke*, Hrsg. *Volz*, Bd. 1, Berlin 1913, S. 137, 138) verarbeitet.

Die allgemeine historische Bedeutung des Falles, das deutlich gewordene Charakterbild *Friedrich Wilhelms I.* und die im Prozeß gegen Klements Komplizen vorgefallenen Strafschärfungen rechtfertigen es, diese Affäre hier noch einmal kurz darzustellen.

[12] Vgl. den aufgrund der Prozeßakten verfaßten Bericht des ehemaligen Preußischen Justizministers *H. v. Friedberg*, Der Kriminalprozeß wider den Ungarn Michael v. Klement, in: HZ, Bd. 62 (= N. F. Bd. 26), Jg. 1889, S. 385 - 465, mit zahlreichen weiteren Nachweisen, s. auch die Besprechung dieses Aufsatzes durch *Günther* in ZStW, Bd. 12, S. 647 - 650. Vgl. ferner *v. Witzleben*, Die Kléementsche Affaire und der Fürst Leopold von Dessau, in: *Zeitschrift f. Preuss. Gesch. u. Landesk.*, Bd. 11, S. 451 - 460 sowie die Notizen

Das Verhältnis zwischen Brandenburg-Preußen und Österreich — seit 1717 wegen des vor dem Reichshofrat in Wien schwelenden Streites zwischen *Friedrich Wilhelm I.* und seinen magdeburgischen Vasallen um die sogenannten „Lehnpferdegelder“[13] ohnehin belastet — hatte sich durch die außenpolitische Entwicklung immer mehr verschlechtert. 1719 kam die „Wiener Tripelallianz“ zustande, ein gegen Preußen und Rußland gerichtetes Defensivbündnis von England-Hannover, Sachsen-Polen und dem Kaiser mit dem Ziel, die völlige Vernichtung Schwedens durch Preußen und Rußland zu verhindern.

Diese politische Konstellation nutzte Michael *v. Klement,* ein ungarischer Abenteurer und ein überaus gewandter Diplomat. Er hatte nacheinander bei dem Fürsten *Rákóczy* in Siebenbürgen, dem *Prinzen Eugen von Savoyen* und bei dem sächsischen Minister *Graf Flemming* politische Vertrauensposten bekleidet. Seine in diesen Diensten erworbenen intimen Kenntnisse über die Beziehungen der Höfe zu Berlin und Wien gedachte er in lukrativer Weise zu Erpressungen auszunutzen. Er verstand es, sich auch in Berlin durch Anwerbung mehrerer Spitzel die besten Nachrichten zu verschaffen. So gelang es ihm schließlich am 13. September 1718, *Friedrich Wilhelm I.* durch Vorlage gefälschter Briefe des *Prinzen Eugen* und des *Grafen Flemming* davon zu überzeugen, daß man am Sächsischen und am Wiener Hofe einen Komplott gegen ihn plane:

Danach sollte der König bei passender Gelegenheit aufgehoben und in Gewahrsam genommen, die Stadt Berlin okkupiert, der Staatsschatz fortgebracht und der Kronprinz unter die Vormundschaft des Kaisers gestellt werden.

Klements Lohn bestand in der Verleihung des Ordens de la générosité und in einigen tausend Dukaten. Wie sehr *Friedrich Wilhelm I.* von der Wahrheit dieser Geschichte überzeugt war, zeigt sein Brief vom folgenden Tage an den *Fürsten Leopold von Dessau:*

„Ich muß Euer Lieben sagen, daß meine Affairen in der größten Krisis sein und in der Welt Alles sehr confus aussieht. Ich weiß sehr viel, kann es aber

---

über den Fall Klement bei *Förster,* Friedrich Wilh. I., Bd. 2, S. 272, 273; Bd. 3, S. 320 ff. und *Holtze,* Strafrechtspflege unter König Friedrich Wilhelm I., S. 80, 83, 84.

[13] Vgl. dazu den scharfen Erlaß des Kaisers v. 20. 2. 1718 in dieser Angelegenheit: „... So finden wir uns in Ansehung derer oben angezogenen Rechten ... Krafft Unser darauf gerichteten Kaiserl. Autorität ... in alle Wege gehalten, die nachdrückliche Erinnerung zu thun, daß Sie all obiges in kundbaren Ungrunde bestehendes Verfahren fördersamst von selbsten abstellen, die Ritter und Landschaft bei ihrem Lehne dem alten Herkommen gemäß verbleiben lassen, die Appellationen an Unsere allerhöchsten Reichsgerichte keines weges verbieten oder hindern“ ... etc. (abgedruckt bei *v. Friedberg,* Anlage I, S. 459 - 460). Zur Preußischen Reaktion vgl. *Stölzel,* Rechtsverwaltung und Rechtsverfassung, Bd. 2, S. 80.

der Feder nit anvertrauen. Wenn ich werde das Glück haben, E. L. zu sprechen, dann werde ich Sie Sachen sagen, dann Sie sollen sich sehr verwundern und sagen: es ist italienisch[14]."

Später kamen *Friedrich Wilhelm I.* aber doch Bedenken gegen die Wahrheit der Klementschen Angaben. Klement wurde in Haft genommen; die gegen ihn eingeleitete Untersuchung dauerte fast eineinhalb Jahre; 72 Bände Prozeßakten mit insgesamt 5954 Blättern zeigten, wie weitläufig und schwerfällig sich der inquisitorische Prozeß nach der neuen CrimO von 1717 in umfangreichen Fällen darstellte.

Außenpolitisch hatte die Affäre viel Schaden angerichtet. Sowohl der sächsische Hof als auch der Kaiser forderten Satisfaktion und *Friedrich Wilhelm I.* beeilte sich denn auch in einem Schreiben an den *Prinzen Eugen* vom 7. Januar 1719 zuzusichern, er werde *Klement* „nach aller Schärfe den Process machen lassen und gewiß ein solches Exempel an ihm statuiren, und ihn mit solcher Straffe belegen lassen ..., daß Eure Liebden, und Andere, die durch seine falschen Angebungen beleidigt und angetastet worden, dadurch alle satisfaction erlangen sollen"[15].

Am 19. Januar 1720 fällte das Criminal-Collegium seinen Spruch[16] „wider den des criminis laesae majestatis und anderer schwerer mit unterlaufenden Verbrechen überführten Johann Michael v. Clement, daß derselbe wegen commitirten enormen Verbrechen zu seiner wohlverdienten Strafe, Anderen aber zum Exempel und Abscheu, nach dem Richtplatz auf einem Schinderkarren zu führen, unterwegs an zweyen Orthen in der Stadt jedesmal mit einer glüenden Zange in den Arm zu kneifen und folgendes darauf mit dem Strange vom Leben zum Tode zu bringen sei".

Der König bestätigte das Urteil und am 18. April 1720 wurde *Klement* in Berlin hingerichtet[17].

Im Zusammenhang mit dieser Affäre wurde einer Reihe weiterer Personen der Prozeß gemacht, die beschuldigt wurden, unmittelbare Komplizen des *Klement* oder diesem sonst behilflich gewesen zu sein[18].

---

[14] *v. Witzleben*, S. 453, und in einem eigenhändigen Schreiben an den Kabinettsminister *Illgen* vom 16. September 1718 regelte Fr. Wilh. I. „aus gewiße erhebliche wichtige Ursachen", noch einmal ausdrücklich die Geheimhaltung der „geheime afferen", vgl. *AB*, Bd. 3, S. 100.

[15] *v. Friedberg*, Klement, Anlage VI, S. 462, 463.

[16] *v. Friedberg*, Klement, S. 421.

[17] Offenbar war der König sogar bereit gewesen, *Klement* zu begnadigen, gab diese Absicht aber mit Rücksicht auf die außenpolitischen Folgen auf.

[18] Sein Hauptkomplize *Lehmann* wurde — des Verbrechens der verletzten Majestät und des landesverräterischen Anschlags für schuldig befunden und verurteilt: „daß nachdem er zweimal in den Arm mit glüender Zange gekniffen, ihm der Kopf abgeschlagen, sein Körper geviertheilt und die Theile am Galgen geheftet werden sollen". Dieses vom König ebenfalls bestätigte Urteil wurde auch vollstreckt. Ein weiteres Verfahren gegen den Kammerjunker *v. Troschke* wurde niedergeschlagen nachdem dessen Bruder ein

Sechs dieser Verfahren sind hier von Interesse, weil *Friedrich Wilhelm I.* — offenbar unter dem Eindruck des auch außenpolitisch entstandenen Schadens — die Urteile schärfte oder selbst eine Entscheidung fällte.

2. *Verfahren und „Urteil“ gegen den Sekretär Bube*[19]

Bube stand als Sekretär im Dienste des Generalfeldmarschalls *v. Wartensleben*. Als solcher hörte und sah er Vieles, was für *Klement* interessant war. Neben Nachrichten hatte er *Klement* auch einen Plan der Stadt Berlin verschafft, der für die angeblich geplante Überrumpelung gebraucht werden sollte. Nachdem die Untersuchung gegen *Klement* eingeleitet worden war, verhängte man über *Bube* zunächst Hausarrest. Als dieser jedoch versuchte in Frauenkleidern aus der Stadt zu gelangen, wurde er auf der Hausvogtei in Haft genommen und später auf die Festung Spandau überführt. Dort starb er in der Haft. Der König vermutete, *Bube* habe Gift genommen. Eine von ihm angeordnete Obduktion ergab dafür keine Anhaltspunkte. Darauf erging am 14. Juli 1719 eine seltsame Kabinettsordre des Königs, die den Vollzug der Todesstrafe an *Bubes* Leichnam anordnete:

„Nachdem der vormahlige Secretarius Bube in seinem Gefängniß zu Spandow ganz unvermuthet verstorben, dessen Thaten aber, und daß er an der gegen S.Kgl.Majestät vorgewesenen Verrätherei und anderen bösen Vorhaben hauptsächlich mit interessirt von ihm nachhero genugsam ad protocollum zugestanden und bekennet worden, ... So haben durch S.K. Majestät nach der Justiz und zum Schrecken auch exempel anderer bei einer so abscheulichen That und Unternehmen eines Landeskindes gegen seinen souverain und König nicht anders gekonnt, sondern hierdurch gerecht veranlaßt und geordnet, daß dessen Cörper hinwieder angekleidet und durch den Scharfrichter auf seiner Karre oder Wagen aus der Festung Spandow abgeholt, auf einen Stuhl gesetzet und gebunden durch die Stadt Berlin den gewöhnlichen Weg nach dem Gerichtsplatz und Galgen von Berlin geführt, daselbst ein Rad aufgerichtet, und dann der Cörper wenn durch den Henker ihm der Kopf vorher abgeschlagen, zum Beispiel Anderer darauf geflochten und der Kopf aufgestecket werden solle ...“

Dieser merkwürdige „Urteils“-Spruch des Königs über einen Toten ist dann auch zur Vollstreckung gelangt.

---

schriftliches Versprechen abgegeben hatte, „drei Mannen, einen jungen Kerl von 23 Jahren, nur ein paar Finger niedriger, als der Flügelmann aus dem ersten Gliede, und dann noch zwei große Kerls aus seinem Dorfe zu den Grenadieren des Königs zu stellen“. Dieses Anerbieten nahm der König durch das Marginale „citto nach Potsdam“ an und *v. Troschke* wurde nach einer Haftzeit von über 2 Jahren wieder freigelassen.

[19] *v. Friedberg*, Klement, S. 429 - 431; *v. Witzleben*, Kléementsche Affaire, S. 457.

3. *Verfahren und Urteil gegen Frau Schirrhöfer und deren Tochter Elisabeth*[20]

Frau *Schirrhöfer* und deren Tochter waren nur mittelbar an der Klement'schen Affäre beteiligt. Sie waren es gewesen, die dem Sekretär *Bube* die Frauenkleider für dessen Fluchtversuch zur Verfügung gestellt hatten. Sie wurden als Helfershelfer bei dem Fluchtversuch eines Angeschuldigten nun selbst in Haft genommen.

Am 19. Dezember 1718 gab das Kriminalkollegium sein Gutachten an den König dahin ab:

„daß beide Inquisiten, als Mutter und Tochter, auf ein Vierteljahr in das Arbeitshaus zu ihrer Bestrafung zu bringen, zuvor aber die Mutter mit einem angehängten Zettel öffentlich auszustellen".

Der König war jedoch mit dieser Strafe nicht einverstanden.

Er *verschärfte* sie, indem er „beide Weibspersonen dahin condemnirte, daß sie Anderen zum Exempel, ihnen selbst aber zur wohlverdienten Strafe auf ein halbes Jahr in das Arbeitshaus gebracht, vorher aber Beide, Mutter und Tochter, eine Stunde lang öffentlich ausgestellt werden sollen, und zwar mit angehängtem Zettel, worauf die Strafe und das Verbrechen geschrieben worden".

4. *Verfahren und Urteil gegen den Sekretär Wernicke*[21]

Wernicke war Sekretär bei dem Kriegsminister *v. Grumbkow*. Er hatte Klement ebenfalls mit Nachrichten versorgt und ihn unter anderem Briefe *v. Grumbkows* an andere Minister lesen lassen. Er war es auch gewesen, der den Plan der Stadt Berlin verschafft und durch *Bube* in Klements Hände hatte gelangen lassen. Darüber hinaus machte man ihm zum Vorwurf, er habe im Verein mit *Klement* und *Bube* lose Reden geführt, etwa, „daß die Leute so viel Steuern geben müßten, welches sie nicht erschwingen könnten" oder daß es, „viele Arbeit und wenig Besoldung" gebe.

Das Kriminalkollegium fällte am 3. August 1719 ein mildes Urteil. Es schlug als Strafe einen dreijährigen Festungsarrest vor, in welchem der Verurteilte „in Ansehung seiner schwachen Leibes-Constitution nur dann und wann zu mäßiger Arbeit anzuhalten sei". Als Milderungsgrund führte das Kollegium an, daß *Wernicke* „weder Seiner Kgl. Majestät noch dem *v. Grumbkow* geschworen, daß er dasjenige, was ihm anvertraut, geheim und verschwiegen halten und nicht public machen solle".

---

[20] *v. Friedberg*, Klement, S. 431 - 432.

[21] *v. Friedberg*, Klement, S. 432 - 433.

Friedberg[22] hat aufgrund der Kenntnis der Prozeßakten vermutet, gerade diese Begründung habe *Friedrich Wilhelm I.* dazu gebracht, die Strafe zu verschärfen.

Durch eigenhändigen Erlaß änderte dieser das Urteil dahin: „daß gedachter Wernicke an stath der ihm zuerkannten drei Jahre, auf zwanzig Jahre Vestungsarrest (er)halten, und so viehl seine, dem Bericht nach schwache Leibes-Constitution es zulässet zur mäßigen Vestungsarbeith angehalten werden soll".

Diese Schärfung des Urteils war in der Tat ungewöhnlich. *Friedrich Wilhelm I.* wollte aber offenbar dem Kriminalkollegium deutlich machen, daß es von einer falschen Position ausgegangen war.

5. *Verfahren und Urteil gegen den Baron v. Heidekamm*[23]

Ein weiterer Agent *Klements* war der *Baron v. Heidekamm.* Zunächst unter der Beschuldigung des Verrats politischer Geheimnisse in Untersuchung geraten, trat während des Verfahrens immer stärker ein anderer gegen ihn gerichteter Vorwurf in den Vordergrund: „er habe beleidigende Reden über den König und die Minister geführt, auch das Andenken der verstorbenen Mutter des Königs durch Schmähreden beschimpft".

v. Heidekamm gestand denn auch ein, im Gespräch mit *Lehmann* und *Bube* geäußert zu haben „die Minister verständen ihre Sache nicht"; auch habe er gesagt, „wenn man von Seiner Majestät etwas haben wolle, müsse man einen Grenadier schaffen oder kaufen". Außerdem gab er zu, sich über mangelnde Besoldung für Spionagedienste beschwert zu haben, die er im Jahre 1714 in Stralsund dem König gegen die Schweden geleistet hatte. Dagegen leugnete er — selbst nach Androhung der Folter und durchgestandener Realterrition — die angeblich gegen die verstorbene Mutter des Königs geführten Schmähreden.

Das Kriminalkollegium, dem die Akten zum Spruch übermittelt wurden, fällte das Urteil dahin,

„daß Inquisit wegen der von ihm geschehenen Propalation und Nachsage zwar mit der Todesstrafe zu verschonen, jedoch Zeitlebens zum engen Festungsarrest zu condemniren sei".

Interessant war die Begründung des Urteils.

Man habe auf eine „öffentliche Ahndung" des Verbrechens verzichtet, weil „auf solche Arth Gelegenheit an die Hand gegeben werde, nachzuforschen, worin eigentlich die Verlästerung Sr. Kgl. Majestät Allerheiligsten Person bestanden, welches doch aufs allersorgfältigste zu secretiren".

---

[22] *v. Friedberg,* Klement, S. 433.

[23] *v. Friedberg,* Klement, S. 424 - 429.

Friedrich Wilhelm I. teilte diese Bedenken offenbar nicht. Er bestätigte daher am 13. 12. 1719 mit dem verschärfenden Zusatz,

daß der Inquisit „durch den Scharffrichter vor infam und ehrlos auszurufen, und zu erklären, hernach demselben ein Paar Ohrfeigen und mit Ruthen etliche Streiche — jedoch unausgekleidet — zu geben und daß er Zeitlebens in gefänglicher Haft solle gehalten werden".

Am Tage der Hinrichtung *Klements* und *Lehmanns* wurde v. Heidekamm „seiner Schwachheit wegen" auf einem Krankenstuhl zum Schafott getragen und das Urteil wurde vom Scharfrichter entsprechend der königlichen Anordnung vollstreckt.

6. Untersuchung und Entscheidung des Königs gegen die Oberhofmeisterin der Königin Frau v. Blaspiel[24]

Die Oberhofmeisterin der Königin Frau *v. Blaspiel* geriet mehr zufällig in den Strudel von Verdächtigungen und Intrigen, den die Klementsche Affäre am Hofe *Friedrich Wilhelm I.* ausgelöst hatte. Nach der Verhaftung *Klements* hatte der König eine Haussuchung bei dem polnisch-sächsischen Geschäftsträger *Wilhelmi* durchführen lassen. Dabei hatte man festgestellt, daß zwischen der Frau *v. Blaspiel* und dem sächsischen Minister des Innern ein reger Briefwechsel stattgefunden hatte, der aber nicht durch die gewöhnliche Post sondern durch *Wilhelmi* vermittelt worden war. Der König, durch diese Art der Briefübermittlung ohnehin mißtrauisch geworden, war gänzlich verbittert, als sich in einem der Briefe eine die Königin beleidigende Äußerung fand[25]. Aus Hofkreisen, vor allem wohl durch den Kriegsminister *v. Grumbkow*[26], wurde *Friedrich Wilhelm I.* bedrängt, gegen Frau *v. Blaspiel* vorzugehen.

Sie wurde schließlich, nachdem bei ersten Verhören nichts aus ihr herauszubringen war, auf die Festung Spandau gebracht — ein Ereignis, das die auswärtigen Gesandten als Aufsehen erregend an ihre Höfe berichteten. Aber auch die weiteren Verhöre brachten nichts Kriminelles ans Licht. Frau *v. Blaspiel* beteuerte, die Briefe seien harmlos und von durchaus unpolitischer Natur gewesen und bat — um den Beweis erbringen zu können — den sächsischen Minister um die Rückgabe der Briefe[27]. Schließlich bat sogar der die Untersuchung füh-

---

[24] *v. Friedberg*, Klement, S. 433 - 441.

[25] Frau *v. Blaspiel* hatte über die Königin geäußert, sie wäre schwach, wechselnd und mißtrauisch. *Fr. W. I.* hatte dazu vermerkt: „Und wie spricht die Frau von meiner Frau, als wenn es ein Lappen wäre!"

[26] Zwischen *Grumbkow* und dem Ehemann der Frau *v. Blaspiel* bestand seit langem eine Feindschaft, vgl. *AB*, Bd. 1, S. 204 - 213, 268.

[27] *v. Friedberg* hat diese Briefe in Berlin einsehen können und hat die Aussage der Frau *v. Blaspiel* voll bestätigt, vgl. *v. Friedberg*, Klement, S. 437.

rende Generalauditor Katsch um die Einstellung des Verfahrens. Der König stimmte dem zu, traf jedoch noch folgende Entscheidungen: Frau *v. Blaspiel* mußte am 4. 1. 1719 vor einem großen Forum Abbitte leisten. Sie mußte einen Urfedebrief unterzeichnen und versprechen,

„daß sie sich nach den Clevischen Landen begeben, darin ruhig leben und daraus nicht gehen, noch an das Hoflager, wo S.K. Majestät oder die Königin Majestät sich befinden, ohne absonderliche Erlaubnis kommen werde".

Friedberg hat wohl recht, wenn er in der Verbannung aus der ersten Stelle am Hof in eine kleine Provinzialstadt die eigentliche Strafe der Frau *v. Blaspiel* erblickt[28].

7. *Untersuchung und Entscheidung des Königs gegen den Wirklichen Geheimen Rat v. Kameke*[29]

Der Geheime Rat v. Kameke war in die Klementsche Affäre nicht verwickelt. Vielmehr war er ganz offenbar das Opfer einer wiederum durch den Minister *v. Grumbkow* inszenierten Intrige. Dieser machte am Tage der Verhaftung der Frau *v. Blaspiel* den König darauf aufmerksam, daß *v. Kameke* zu den Freunden der Verhafteten gehöre. Auch rede man darüber, daß dieser über Frau *v. Blaspiel* der Königin die Warnung habe zukommen lassen, sie möge sich vorsehen, daß der König nichts von dem Verkauf der Diamanten erfahre, die dieser ihr geschenkt habe. Man wolle dem König dies beibringen.

v. Kameke, durch den König auf das Schloß zitiert, gab zu, daß er mit Frau *v. Blaspiel* bekannt sei, und daß er auch von einem Verkauf von Diamanten durch die Königin habe sprechen hören.

v. Kameke wurde ebenfalls auf die Festung Spandau gebracht. Ein Versuch, ihn doch noch in die Klementsche Sache hineinzuziehen, mißlang, denn *v. Kameke* leugnete, von einem geplanten Anschlag auf den König gewußt zu haben.

Die Untersuchungskommission meinte nun, „es sei kein Grund aufzufinden, die verhängte Haft noch fortdauern zu lassen". Am 4. 1. 1719, dem Tag der Entscheidung in Sachen der Frau *v. Blaspiel,* verfügte der König, „daß der Verhaftete seines Arrestes zu entlassen und anhero dimittirt werden solle".

Aber auch er mußte das Schicksal der Frau *v. Blaspiel* teilen. Auf Befehls des Königs mußte er Urfede leisten und nach spätestens 10 Tagen Aufenthalt in Berlin seine Güter in Pommern aufsuchen.

---

[28] *v. Friedberg,* Klement, S. 440.
[29] *v. Friedberg,* Klement, S. 441 - 444.

4. Kapitel

Tabellarische Übersicht über die Strafschärfungen und eigenen Strafentscheidungen der Preußischen Könige im 18. Jahrhundert

A. Vorbemerkung

Bei der Aufarbeitung der Quellen zur Kabinettsjustiz der Preußischen Könige konnten bei der Durchsicht der *Acta Borussica,* von *Kleins Annalen, v. Hymmens* und *Eisenberg-Stengels Beiträgen* usw. sowie als Lesefrüchte aus der Literatur knapp über 500 veröffentlichte Verfahren in solchen Strafsachen des 18. Jahrhunderts ausgewertet werden, an denen die Preußischen Könige persönlich mitgewirkt haben.

Dabei wurden nur solche Fälle berücksichtigt, bei denen der Anekdotencharakter aufgrund des Abdruckes von Urteilen, Urteilsgutachten oder sonstigen Teilen von Prozeßakten eindeutig ausgeschlossen werden konnte[1].

---

[1] Wie eng gerade in der Preußischen Rechtsgeschichte immer wieder reine Anekdote und wahre Tatsache beisammen liegen, bzw. Tatsachenvorgänge anekdotisch aufbereitet worden sind, zeigen etwa folgende Beispiele:

Die Falschmeldung von *Alker,* Handbuch des preußischen Kriminalprozeßverfahrens, 1. Theil, Berlin 1842, S. XVII - XVIII über den Grund der angeblich „gänzlichen" Aufhebung der Tortur durch *Friedrich II.* im Jahre 1754 (Kandidat d. Theologie gestand unter der Folter einen Mord, den jedoch zwei Scharfrichterknechte begangen hatten) ist von *Koser,* Die Abschaffung der Tortur durch Friedrich den Großen, FBPG, Bd. 6, S. 575 - 581 und *Holtze,* Der Prozeß gegen Fonk und juristische Mythenbildung in Preußen, FBPG, Bd. 7, S. 128 - 139 hinreichend berichtigt worden: Der Vorgang gehört den Jahren 1736, 1737 an, der „schwächliche" Kandidat der Theologie ist schmückendes Beiwerk.

Die zu Beginn des 19. Jahrhunderts unter anderem auch im *Niederrheinischen Archiv* f. Gesetzgebung, Rechtswissenschaft und Rechtspflege, Bd. 1, Köln 1817, S. 241 f. abgedruckte Geschichte über einen angeblich unter *Friedrich II.* mit einer Jury geführten Prozeß, die als „Scherflein für die Beibehaltung der Geschworenen — Anstalten" verstanden werden wollte, hat sich, wie u. a. *Preuß,* Friedrich der Große, Bd. 4, Nachträge zu Bd. 2, S. 483 festgestellt hat, als Erfindung einer englischen Erzählerin entpuppt.

Als Verbreiter ähnlicher Anekdoten hat sich vor allem auch *Morgenstern,* Über Friedrich Wilhelm I., Braunschweig 1793, betätigt. Seine dort (S. 65 - 67) aufgetischte Geschichte über ein angeblich von *Friedrich Wilhelm I.* auf einen Zettel gekritzeltes Todesurteil „Rädel aufhenken", das den Berliner Kommandanten v. Glasenapp dazu veranlaßt haben soll, sich in Berlin auf

In der ganz überwiegenden Mehrzahl wurden den Landesherrn diese Urteile zur Bestätigung eingesandt. In geringer Zahl ergingen eigene Entscheidungen der Landesherren, vor allem bei Verfehlungen von Beamten. Entweder waren in diesen Fällen die Gerichte am Verfahren überhaupt nicht beteiligt, oder die Herrscher fällten nach einer gerichtlichen Voruntersuchung oder den Ermittlungen einer vom Landesherrn bestellten Kommission selbst das Urteil.

In 167 von den Gerichten zur Bestätigung vorgelegten Fällen ließ sich nicht feststellen, wie die königliche Entscheidung ausgefallen ist.

Von den verbleibenden rund 340 Fällen haben Preußens Könige des 18. Jahrhunderts im Bestätigungsverfahren in 43 Fällen die Strafe gemildert.

Nicht erfaßt sind in dieser Zahl die Urteilsmilderungen, die nach Abschluß des Bestätigungsverfahrens im Wege der gesonderten *Begnadigung* meist auf ein förmliches Gnadengesuch hin gewährt wurden. Milderungen, die nur in der Erleichterung gewisser Formen der Urteilsvollstreckung bestanden, wurden ebenfalls nicht berücksichtigt. Solche Milderungen bestanden etwa darin, daß der Inquisit vor dem „Rädern" oder dem Vollzug der „Feuerstrafe" „ohnvermerkt und ohne, daß es die Zuschauer sonderlich gewahr werden können", durch den Scharfrichter erwürgt werden sollte[2].

In 69 Fällen wurden die von den Gerichten vorgeschlagenen Urteile entweder geschärft, oder es erging eine eigene Strafentscheidung der Könige.

Schärfungen von Urteilen lediglich in unbedeutenderen Maßnahmen wurden nicht hinzugezählt. Solche — sehr häufig vorgekommenen — Schärfungen bestanden etwa darin, daß der Hinzurichtende „ohne Begleitung eines Geistlichen" zum Richtplatz geführt werden sollte[3].

---

die Suche nach einem Menschen Namens „Rädel" zu machen, hat *Förster*, Friedrich Wilhelm I., Bd. 2, S. 271 noch kritiklos übernommen. Erst *Holtze*, Strafrechtspflege unter Fr. W. I., S. 80, Anm. 43 hat auf die Zweifel aufmerksam gemacht, die den Wahrheitsgehalt in Frage stellen.

Derartige Anekdoten aus dem Bereich der Justizpflege ließen sich vermehren.

[2] Vgl. dazu etwa: Bestätigung des Urteils gegen den Musketier Rhein (*Preuß*, Friedrich der Große, Urkundenbuch, 4. Teil, Berlin 1834, S. 265). Bei dieser Gelegenheit wollte *Friedrich II.* diese Milderung generell in leichten Fällen angewendet wissen. Sie ist aber auch später immer gesondert vermerkt worden: Bestätigungen vom 28. Juli 1777 (*Hymmen*, Beyträge, Bd. 5, S. 299); 12. Februar 1778 (*Hymmen*, Bd. 6, S. 322); 31. Dezember 1781 (*Hymmen*, Bd. 8, S. 185); 2. Dezember 1782 (*Hymmen*, Bd. 8, S. 207); 22. Januar 1787 (*Klein*, Annalen, Bd. 2, 2. Aufl., S. 105); s. auch den Mordfall Wilde in *Klein*, Annalen, Bd. 15, S. 206.

[3] Vgl. etwa allein die Fälle aus dem Jahre 1777 bei *Hymmen*, Beyträge, Bd. 5, S. 297, 299, 300).

Andere Inquisiten sollten auf einer Kuhhaut zum Richtplatz geschleift werden. Weitere Schärfungen bestanden darin, daß der Körper des Delinquenten im Anschluß an die Hinrichtung „auf dem Richtplatz zu verscharren" oder „auf das Rad zu flechten sei"[4].

Üblich waren auch Schärfungen, nach denen der Kopf eines Enthaupteten „auf den Pfahl zu stecken" war[5] oder aber der Körper eines Hingerichteten solange am Galgen hängenbleiben sollte, bis er abfiel.

Dagegen wurde der zusätzlich zur Strafe verordnete „Staubbesen" oder aber das „Reißen mit glühenden Zangen" als echte Strafschärfung verstanden.

Dabei muß aber ausdrücklich darauf hingewiesen werden, daß diese Zahlen sich aus einer durchaus ergänzungsbedürftigen und auch ergänzungsfähigen Bestandsaufnahme von veröffentlichtem Material herleiten und bei einer statistischen Gesamtwürdigung der landesherrlichen Bestätigungspraxis nur mit allergrößter Vorsicht zu verwenden sind. Einmal deshalb, weil die Zahl der veröffentlichten Bestätigungsentscheidungen gering ist, denn immerhin verteilen sie sich auf eine Bestätigungspraxis von 100 Jahren. Zum anderen aber auch deswegen, weil die Publikationsreihen schwerpunktmäßig Entscheidungen aus der 2. Hälfte des 18. Jahrhunderts berücksichtigt haben. Sodann ist anzunehmen, daß Fälle von Strafschärfungen aber auch von spektakulären Strafmilderungen vorrangiges Interesse bei den Lesern erwarten ließen und daher bevorzugt abgedruckt wurden.

Man kann daher wohl davon ausgehen, daß der Anteil von Strafschärfungen im Verhältnis zur Gesamtzahl aller zur Bestätigung gelangten Urteile sehr viel niedriger lag, als es die obigen Zahlen vermuten lassen.

Wenn die Zahlen eine Aussage zulassen, dann diejenige, daß sich — entgegen manchmal geäußerten Vermutungen — die Strafschärfungen nicht etwa gegen das Ende der Regierungszeiten der Könige hin häufen, sondern sich vielmehr ganz gleichmäßig auf diese Zeiträume verteilen.

Wenn in den nachfolgenden Tabellen dennoch in zeitlicher Reihenfolge eine Übersicht über die aufgefundenen Fälle von Strafschärfungen aber auch der eigenen Strafentscheidungen der Könige gegeben wird, so aus zwei Gründen:

Zunächst sind die Aussagen über die Zahl der im 18. Jahrhundert in Brandenburg-Preußen vorgekommenen Strafschärfungen noch immer

[4] Vgl. 29. Februar 1776 (*Hymmen*, Beyträge, Bd. 4, S. 317); 6. August 1778 (*Hymmen*, Bd. 6, S. 319); 26. Februar 1778 (*Hymmen*, Bd. 6, S. 317).

[5] *Hymmen*, Beyträge, Bd. 4, S. 305.

kontrovers[6] und eine Zusammenstellung solcher Fälle fehlt daher bisher. Es liegt nur statistisches Material über die Bestätigungspraxis in Preußen aus der ersten Hälfte des 19. Jahrhunderts vor[7]. Danach wurden in den Jahren 1818 bis 1840 von 312 Todesurteilen nur 145 bestätigt und vollstreckt. Von weiteren 129 Todesurteilen aus der Rheinprovinz wurden nur 11 Urteile bestätigt.

Aus dem 18. Jahrhundert liegen nur vereinzelte Kriminalprozeßtabellen für bestimmte Jahre vor, die wiederum auch nur zum Teil Rückschlüsse auf die Bestätigungspraxis zulassen[8].

Zum anderen soll aber auch durch Mitteilung der in den einzelnen Fällen ausgeworfenen Strafen[9] sowie durch den Nachweis weiterführender Literatur wenigstens die Möglichkeit gegeben werden, das nackte Zahlenwerk etwas lebendiger werden zu lassen, um so darauf hinzudeuten, daß es bei diesen Fällen vor allem um Menschenschicksale ging.

---

[6] Vgl. oben S. 23 Anm. 4, sowie die z. T. divergierenden Aussagen über die Bestätigungspraxis bei *Morgenstern*, Über Fr. W. I., 1793, S. 204, 205; *Karakterzüge* Fr. W. I., 1788, 7. Sammlung, S. 4; *Förster*, Fr. W. I., Bd. 2, S. 268; *Hälschner*, Geschichte des pr. Strafr., S. 184; *Bornhak*, Preuß. Staatsrecht, Bd. 1, 2. Aufl., S. 571.

[7] *Temme*, Statistik der Todesurteile und Begnadigungen im Preußischen Staate, vom Jahre 1818 bis 1840, Criminalistische Zeitung f. d. Königreich Preußen, 1. Jg. 1841, S. 136 - 138 u. 144 - 145; vgl. auch *Preuß*, Friedrich der Große, Bd. 3, Berlin 1833, S. 376 (Zeitraum 1818 bis 1827); *Statistische Bemerkungen* über die Todesstrafe, JMBlPr., 10. Jg., Berlin 1848, 247 - 253 (Zeitraum 1826 - 1843).

[8] Für das Jahr *1751* vgl. *AB*, Bd. 9, Berlin 1907, S. 325; *1774: Hymmen*, Beyträge, Bd. 1, S. 240, 241, 288, 289; *1775, 1776: Hymmen*, Bd. 2, S. 290, 291; *1777, 1778: Hymmen*, Bd. 4, S. 301; *1786, 1787: Klein*, Annalen, Bd. 2, 2. Aufl., Berlin 1794, S. 306; *1789: Klein*, Annalen, Bd. 7, Berlin 1791, S. 337, 339.

Aufschlußreich ist auch die Angabe *Friedrichs des Großen* in einem Brief an Voltaire vom 11. Oktober 1777: „Seitdem nun unsere Gesetze gemildert worden sind, werden bei uns im Durchschnitte jährlich nur 14, höchstens 15 Todesurtheile gefällt. Das kann ich um so zuverlässiger sagen, da ohne meine Unterschrift niemand zur Festungsstrafe verurtheilt, und ebenso niemand hingerichtet werden darf, wenn ich die Sentenz nicht bestätigt habe“ (abgedruckt bei *Preuß*, Friedrich der Große, Bd. 3, Berlin 1833, S. 376, 377).

[9] Soweit in den nachfolgenden Tabellen eine „vorgeschlagene Strafe“ nicht angeführt ist, handelt es sich um eine *eigene*, unmittelbare Strafentscheidung des Landesherrn.

B. Tabellarische Übersicht über die Strafschärfungen und eigenen Strafentscheidungen*

1. König Friedrich I. (1701 - 1713)

lfd. Nr.	Verfahren gegen Name, Titel	Datum d. kgl. Entsch.	Vorgeschlagene Strafe	Strafentscheid des Königs	Vorgeworfenes Delikt	spätere Begnadigung	*Quellen*
1	*v. Danckelmann,* Eberhard, Oberpräsident	10. 12. 1697	—	Verhaftung/ Festungshaft	Hochverrat	—	*Breysig,* S. 38
		22. 2. 1704		Aufrechterhaltung der Festungshaft			*Droysen,* Bd. 4, 1, S. 294, Nr. 219
						23. 11. 1707	*Breysig,* S. 94

Anmerkungen zu
1 *Bresslau / Isaacsohn,* Der Fall zweier preussischer Minister, Berlin 1878; *Breysig,* Der Prozeß gegen Eberhard Danckelmann, Leipzig 1889; vgl. auch: *Droysen,* Geschichte der Preußischen Politik, Bd. 4, 1. Abt.: Friedrich I. König von Preußen, 2. Aufl. Leipzig 1872; *Danckelmanns Sturz.* Briefe Friedrichs III. an die Kurfürstin Sophie von Hannover, in: HZ, Bd. 62, N. F. Bd. 26, München - Leipzig 1889, S. 279 ff.
* Vgl. Vorbemerkung

2. König Friedrich Wilhelm I. (1713 - 1740)

lfd. Nr.	Verfahren gegen Name, Titel	Datum d. kgl. Entsch.	Vorgeschlagene Strafe	Strafentscheid des Königs	Vorgeworfenes Delikt	spätere Begnadigung	*Quellen*
1	*Drost,* Kammermeister	3. 11. 1714	—	Festungshaft u. Karre	Gehorsamsverweigerung	5. 11. 1714	*AB,* Bd. 2, S. 128 ff. (129, 131, 132)
2	*Wernecke,* Johann Friedrich, Kammersekretär	3. 11. 1714	—	Festungshaft u. Karre	Gehorsamsverweigerung	5. 11. 1714	
3	*Schermer,* Kammerverwandter	3. 11. 1714	—	Festungshaft u. Karre	Gehorsamsverweigerung	5. 11. 1714 (Festungshaft 12 Monate) für 1. - 3.	

Anmerkungen zu
1 - 3 Vgl. zu dieser Angelegenheit auch *AB,* Bd. 2, S. 49 - 51, 64 - 66; 168 - 171.

2. König Friedrich Wilhelm I.

lfd. Nr.	Verfahren gegen Name, Titel	Datum d. kgl. Entsch.	Vorgeschlagene Strafe	Strafentscheid des Königs	Vorgeworfenes Delikt	spätere Begnadigung	*Quellen*
4	*Runck*, Valentin, Castellan	6. 6. 1718	Tod durch Strang, 3x glühende Zangen u. Tortur hinsichtlich nicht aufgeklärten Teils	Rädern von unten, danach aufhängen, 3x glühende Zangen	Schloß-Diebstahl	—	
5	*Stieff*, Daniel, Hof-Schlösser	6. 6. 1718	Tod durch Strang, 3x glühende Zangen u. Tortur hinsichtlich nicht aufgeklärten Teils	Rädern von unten, danach aufhängen an eisernem Galgen	Schloß-Diebstahl	—	
6	Frau *Stieff*	6. 6. 1718	2 Jahre Spinnhaus	Mitansehen der Exekution, Spinnhaus bis auf weiteres	Mitwisserschaft, falsche Aussage	—	Acten-Mässige *Relation* von denen beyden Schloßdieben zu Berlin, S. 116 - 118 u. 134, 135
7	Frau *Runck*	6. 6. 1718	1 Jahr Spinnhaus	Mitansehen der Exekution, Spinnhaus bis auf weiteres	Mitwisserschaft, falsche Aussage	—	
8	*Müsseth*, Margaretha	6. 6. 1718	14 Tage Gefängnis	Mitansehen der Exekution, 14 Tage Gefängnis; nachträglich geändert: keine Ausführung z. Exekution	Mitwisserschaft	—	

Anmerkungen zu

4 - 8 Acten-Mässige *Relation* von denen beyden Schloß-Dieben zu Berlin Valentin Runcken und Daniel Stieffen, Berlin 1720; *Schmid*, Die erwiesene Göttliche Zorn=Macht, Berlin 1720; Wahrhafter Theologischer *Bericht* von der Bekehrung und Ende des Maleficanten Valentin Runcks, Berlin 1720; *Fassmann*, Leben u. Thaten, Hamburg 1735. S. 215 - 220.

2. König Friedrich Wilhelm I.

lfd. Nr.	Verfahren gegen Name, Titel	Datum d. kgl. Entsch.	Vorgeschlagene Strafe	Strafentscheid des Königs	Vorgeworfenes Delikt	spätere Begnadigung	*Quellen*
9	Frau *Schirrhöfer* und Tochter	19. 12. 1718	1/4 Jahr Arbeitshaus und öffentl. Ausstellung der Mutter	1/2 Jahr Arbeitshaus u. öffentl. Ausstellung von Mutter u. Tochter	Fluchthilfe	—	*v. Friedberg*, S. 431 - 432
10	Frau *v. Blaspiel*	4. 1. 1719	—	Verbannung in die Provinz, Abbitte	Korrespondenz m. sächs. Hof, Beleidigung der Königin	—	*v. Friedberg*, S. 433 - 441
11	*v. Kameke*, Wirklicher Geheimer Rat	4. 1. 1719	—	Dienstentlassung und Verbannung	Üble Nachrede	—	*v. Friedberg* S. 441 - 444
12	*Bube*, Sekretär	14. 7. 1719	—	Todesstrafe an Leiche zu vollstrecken	Verrat	—	*v. Friedberg* S. 429 - 431
13	*Wernicke*, Sekretär	5. 8. 1719	3 Jahre Festungshaft und mäßige Arbeit	20 Jahre Festungshaft u. mäßige Arbeit	Verrat	—	*v. Friedberg* S. 432 - 433
14	*v. Heidekamm*, Baron	13. 12. 1719	lebenslängliche Festungshaft	lebenslängliche Festungshaft u. öffentl. Unehrlichmachung	Verrat, Schmähreden gegen verstorbene Königinmutter	—	*v. Friedberg* S. 424 - 428
15	*Berger*, Proviantmeister	12. 8. 1720	—	Todesstrafe durch Aufhängen	Unterschlagung	—	*Förster*, S. 51

Anmerkungen zu

9 - 14 *v. Friedberg*, Der Kriminalprozeß wider den Ungarn Michael v. Klement, in: HZ, Bd. 62, S. 385 - 465; *v. Witzleben*, Die Kléementsche Affaire und der Fürst Leopold von Dessau, in: Zeitschrift f. Preußische Geschichte, Bd. 11, S. 451 - 460; vgl. zum Fall Klement und den unter 9 - 14 aufgezählten Komplizen die oben (4. Abschn., 3. Kap. B) gegebene Kurzdarstellung m. w. N.

15 *Förster*, Friedrich Wilhelm I., Urkundenbuch zu Bd. 1, Potsdam 1834.

2. König Friedrich Wilhelm I.

lfd. Nr.	Verfahren gegen Name, Titel	Datum d. kgl. Entsch.	Vorgeschlagene Strafe	Strafentscheid des Königs	Vorgeworfenes Delikt	spätere Begnadigung	*Quellen*
16	*Möschel*, Landsyndicus	4. 12. 1722	—	Arrest		19. 7. 1723	*Staats-Archiv*, Bd. 3, 11. Heft, S. 249 ff.
17	*Ritter*, Doris	5. 9. 1730	—	lebenslanges Spinnhaus, Staupenschlag	? Zusammenhang mit Verfahren gegen Friedrich II.	11. 7. 1733	*Preuß*, 1. Bd., S. 64, 65 *Holtze*, S. 38, 79
18	*v. Katte*, Hans Herrmann, Leutnant	2. 11. 1730	lebenslängliche Festungshaft	Aufhebung des Militärgerichtsurteils, Todesstrafe durch das Schwert	Ungehorsam, Desertion	—	Patriotisches *Archiv*, Bd. 3, S. 162, 163 *Hinrichs*, S. 129, 130, 135 - 137
19	Bürger, unbek.	Nov. 1730	—	8 Tage Arrest	Schlägerei	—	*Förster*, S. 70
20	*v. Wolden*, Leutnant	März 1731		Cassation	Schlägerei	—	*Förster*, S. 71

Anmerkungen zu

16 *Landsyndicus Möschel*, oder Schrecklichkeit der Cabinetts-Criminal-Justiz, in: *Staats-Archiv*, Hrsg. v. Häberlin, Bd. 3, 11. Heft, Helmstedt 1797, S. 249 - 281; *Löwe*, Die Allodifikation der Lehen unter Friedrich Wilhelm I., in: Forsch. zur Brandenb. u. Preuß. Geschichte, Bd. 11, S. 341 - 374; *Klein*, Geist des Criminalwesens in: Arch.Crim.R. Bd. 1, S. 126.

17 *Preuß*, Friedrich der Große, 1. Bd., Berlin 1832; *Holtze*, Strafrechtspflege unter König Friedrich Wilhelm I., Berlin 1894; *Gaxotte*, Friedrich der Große, Frankfurt am Main, 3. Aufl. 1974, S. 78, 79.

18 Königl. *Kabinets-Justiz-Mord* v. Jahre 1730, in: Patriotisches *Archiv* f. Deutschland, Hrsg. Moser, Bd. 3, Frankfurt 1785, S. 162, 163; Bd. 4, Frankfurt 1786, S. 451 - 453. *Hinrichs*, Der Kronprinzenprozeß, Hamburg 1936, S. 129, 130, 135. Der Fall Katte ist in der Literatur so häufig erwähnt worden, daß hier auf weitere Fundstellen verzichtet wird.

19 u. 20 *Förster*, Friedrich Wilhelm I., Urkundenbuch zu Bd. 1, Potsdam 1834.

2. König Friedrich Wilhelm I.

lfd. Nr.	Verfahren gegen Name, Titel	Datum d. kgl. Entsch.	Vorgeschlagene Strafe	Strafentscheid des Königs	Vorgeworfenes Delikt	spätere Begnadigung	*Quellen*
21	*Schlubhut*, Kriegsrat	13. 8. 1731	einige Jahre Festungsarrest	Todesstrafe	Unterschlagung	—	*AB*, Bd. 5, 1. Hälfte, S. 261, 262
22	*Hesse*, Steuerrat	12. 11. 1732	6 Jahre Festungsarrest	Todesstrafe	Unterschlagung	—	*AB*, Bd. 5, 1. Hälfte, S. 452 - 456
23	*Ortgies*, Franz Hermann, Geh. Sekretär	12. 2. 1735	—	5 Monate Haft u. Landesverweisung	unerlaubte Korrespondententätigkeit	—	Berliner geschriebene *Zeitungen*, Vorwort S. XIV - XVI
24	*Dehrenthal*, Regierungspräsident	1735	—	6 Monate Festungsarrest u. 2000 Rtl.	Schlägerei	28. 5. 1735 Festungsarrest erlassen, dafür 1000 Rtl.	*AB*, Bd. 5, 1. Hälfte, S. 134 *AB*, Bd. 5, S. 753, 754
25	*Wilke*, Geheimer Rat	20. 5. 1738	2 Jahre Festung	lebenslänglich Festung u. 3x Staupbesen	Veruntreuung der Steuerkasse	—	*Förster*, Bd. 2, S. 269

Anmerkungen zu

21 Vgl. *AB*, Bd. 4, S. 234 ff.; *AB*, Bd. 5, 1. Hälfte, S. 286, 287; *Stadelmann*, Preussens Könige in ihrer Thätigkeit für die Landescultur, Bd. 1, Friedrich Wilhelm I. Neudruck der Ausgabe v. 1878, Osnabrück 1965, S. 46 - 49, S. 284, 285; *Förster*, Friedrich Wilhelm I., Bd. 2, Potsdam 1835, S. 268; *Karakterzüge* aus dem Leben König Friedrich Wilhelm I. nebst verschiedenen Anecdoten (Verf. C. F. v. Benckendorf) 7. Sammlung, Berlin 1788, S. 15 - 25.

22 *Patriotisches Archiv f. Deutschland*, Hrsg. v. Moser, Bd. 1, Frankfurt und Leipzig 1784, S. 518 - 521; *Förster*, Friedrich Wilhelm I., Bd. 2, S. 269.

23 Berliner geschriebene *Zeitungen* aus den Jahren 1713 bis 1717 und 1735, Hrsg. E. Friedländer, in: Schriften d. Vereins f. d. Geschichte Berlins, Heft 38, Berlin 1902, Vorwort S. XIV - XVI.

25 *Förster*, Friedrich Wilhelm I., Bd. 2, Potsdam 1835; vgl. auch: *Karakterzüge* aus dem Leben Friedrich Wilhelm I., 7. Sammlung, Berlin 1788, S. 36 - 47 und *AB*, Bd. 5, 2. Hälfte, S. 378 u. 541.

3. König Friedrich II. (1740 - 1786)

lfd. Nr.	Verfahren gegen Name, Titel	Datum d. kgl. Entsch.	Vorgeschlagene Strafe	Strafentscheid des Königs	Vorgeworfenes Delikt	spätere Begnadigung	*Quellen*
1	*Backmeister*, Regierungsrat	7. 6. 1744	—	Arrest	Ungehorsam	28. 8. 1744	*AB*, Bd. 6, 2. Hälfte, S. 758 - 759 *AB*, Bd. 6, 2. Hälfte, S. 822 - 823
2	*v. Wicht*, Regierungsrat	7. 6. 1744	—	Arrest	Ungehorsam	28. 8. 1744	*AB*, Bd. 6, 2. Hälfte, S. 758 - 759 *AB*, Bd. 6, 2. Hälfte, S. 822 - 823
3	*v. der Trenck*, Friedrich, Freiherr, Kornett	28. 6. 1745	—	Festungshaft auf unbestimmte Zeit	Landesverrat	29. 12. 1763	*Hülle*, S. 844, 845 *Hülle*, S. 864
4	Richter am pr. Obertribunal	25. 1. 1746	—	50 Reichstaler	falsche Rechtsprechung		*AB*, Bd. 7, S. 16 ff.
5	*Beyer*, Student	19. 3. 1747	3 Monate Festungshaft	mindestens 1 Jahr Festungsarrest	Schlägerei mit tödlichem Ausgang	—	*AB*, Bd. 7, S. 265
6	Frau *Wahl*	18. 8. 1747	unbekannt	Anweisung an das Kriegsgericht, eine härtere Strafe auszusprechen	Anstiftung zur Desertion	—	*AB*, Bd. 7, S. 355, 356

Anmerkung zu

3 *Hülle*, Friedrich und Trenck, in: ZStW, 81. Bd., 1969, S. 834 - 868 m. w. Nw.; *Trenck* entfloh bereits am 26. 11. 1746 aus der Festung Glatz. Am 12. 4. 1747 wurde er durch Urteil eines Kriegsgerichts, das am 14. 4. 1747 vom König bestätigt wurde, wegen Desertion zur Vermögenseinziehung, zu Ehrverlust und Anschlagung seines Bildnisses an den Galgen verurteilt. *1754* erneut ergriffen, wurde er durch Urteil eines Kriegsgerichts vom 4. 8. 1756, das am 7. 8. 1756 bestätigt wurde, zu lebenslangem Festungsarrest in Ketten verurteilt.

3. König Friedrich II.

lfd. Nr.	Verfahren gegen Name, Titel	Datum d. kgl. Entsch.	Vorgeschlagene Strafe	Strafentscheid des Königs	Vorgeworfenes Delikt	spätere Begnadigung	*Quellen*
7	*v. Puttkammer,* Fähnrich	22. 9. 1747	—	Festungsarrest „bis er Besserung gelobt“	liederlicher Lebenswandel	—	*Preuß,* Urkundenb. z. Bd. 1, S. 96, 97
8	*v. Cocceji,* Carl Ludwig, Geheimer Sekretär	12. 1. 1748	—	Festungsarrest	Verhältnis zur Tänzerin Barberina		*AB,* Bd. 7, S. 435, 436
9	drei Rädelsführer aus Prömnitz	8. 1. 1750	—	Festungsarrest	Verweigerung von Diensten		*Preuß,* Urkundenb. z. Bd. 1, S. 190
10	*Freudenreich*	8. 4. 1750	2 Jahre Festungsarbeit	10 Jahre Festungsarbeit	Straßenraub	—	*v. Arnim,* Teil 1, S. 15 - 17; *Hymmen,* Beyträge, Bd. 4, S. 172 - 174
11	*Meyners,* Kriegs- und Domänenrat	18. 4. 1750	2 Monate Festungshaft	2 Monate Festungshaft und Entlassung	falsche Denunziation	—	*AB,* Bd. 8, S. 723
12	*Gessler,* Gräfin	26. 9. 1750	6 Jahre Arrest	Anordnung von Strafschärfung in erneuter Untersuchung	Mißhandlung von Gutsuntertanen	—	*Stadelmann,* Bd. 2, S. 296, 297

Anmerkungen zu

7 *Preuß,* Urkundenbuch zu: Friedrich der Große, Bd. 1, Berlin 1832.

8 Vgl. auch: *AB,* Bd. 8, S. 474 - 476; *Olivier / Norbert,* Barberina Campanini. Eine Geliebte Friedrichs des Großen, Berlin 1909; *Gaxotte,* Friedrich der Große, 3. Aufl., Frankfurt a. M. 1974, S. 277 - 279, 495.

10 *v. Arnim,* Bruchstücke über Verbrechen und Strafen, 1. Teil, Berlin 1801; *Hymmen,* Beyträge zur juristischen Litteratur, Bd. 4, Berlin 1780; vgl. auch: *AB,* Bd. 9, S. 94, 95.

12 *Stadelmann,* Preussens Könige in ihrer Thätigkeit für die Landescultur, Bd. 2, Friedrich der Große, Leipzig 1882.

3. König Friedrich II.

lfd. Nr.	Verfahren gegen Name, Titel	Datum d. kgl. Entsch.	Vorgeschlagene Strafe	Strafentscheid des Königs	Vorgeworfenes Delikt	spätere Begnadigung	*Quellen*
13	*v. Walrave*, General	ca. 1752	—	lebenslange Festungshaft	Landesverrat (Feindkontakte)	—	*AB*, Bd. 9, S. 361
14	*Schmidt*, Hoffiscal	24. 12. 1752	3 Monate Festungshaft	6 Monate Festungshaft und Cassation	unbekannt	—	*AB*, Bd. 9, S. 550
15	*Cannengießer*, Commissionsrat	24. 12. 1752	3 Monate Festungsarrest	6 Monate Festungshaft und Cassation	unbekannt	—	*AB*, Bd. 9, S. 550
16	*Kaatz*, Joh. Heinrich	30. 1. 1753	?	in die Acht und für vogelfrei erklärt	Raub, Mord	—	*Preuß*, Bd. 4, S. 490
17	*v. Pehnen*, Kammer-Direktor	7. 4. 1757	—	Cassation	? („Schuldenmachen“)	—	*AB*, Bd. 11, 2. Hälfte, S. 497 - 498
18	*de Prades*, J. M., Vorleser Fr. II.	15. 11. 1757	—	Festungshaft	Spionage	6. 4. 1763 Freilassung	*Gundlach*, S. 33 *Gundlach*, S. 36
		15. 4. 1763		erneute Verhaftung auf unbegrenzte Zeit			*Gundlach*, S. 36, 37
19	*v. Görne*, Kriegsrat	24. 2. 1761	—	6 Wochen Arrest	Dienstvergehen	—	*AB*, Bd. 12, S. 360

Anmerkungen zu

13 *AB*, Bd. 9, S. 327 ff. (politisches Testament Friedrich II. April - Juli 1752). Vgl. auch: *Hülle*, Friedrich und Trenck, in: ZStW, 81. Bd. 1969, S. 848; *Karakterzüge* aus dem Leben Friedrich Wilhelm I., 7. Sammlung, Berlin 1788, S. 20.

16 *Preuß*, Friedrich der Große, Bd. 4, Berlin 1834, Nachtrag z. Bd. 2, S. 490.

18 *Gundlach*, Friedrich der Große und sein Vorleser Jean Martin de Prades, Hamburg 1892; vgl. auch: *Pantenius*, Die Verhaftung des Abbé de Prades im Herbst 1757, in: Forsch. zur Brandenb. u. Preuß. Geschichte, Bd. 24, Leipzig 1911, S. 577 - 583; *Pantenius*, Abbé de Prades und sein späterer Biograph Andreas de Francheville, in: Forsch. zur Brandenb. u. Preuß. Geschichte, Bd. 25, Leipzig und München 1913, S. 573 - 575.

3. König Friedrich II.

lfd. Nr.	Verfahren gegen Name, Titel	Datum d. kgl. Entsch.	Vorgeschlagene Strafe	Strafentscheid des Königs	Vorgeworfenes Delikt	spätere Begnadigung	*Quellen*
20	*Nattermöller*, Kriegsrat	7. 3. 1769	Cassation	Cassation, Festungshaft	Dienstvergehen, Untreue	—	*Preuß*, Bd. 3, Urkundenb. S. 284
21	*Haevermann*, Steuerrat	26. 7. 1771	Cassation	Cassation und 3 Wochen Festungshaft	Bestechung	—	*AB*, Bd. 15, S. 555
22	*Reinhardt*, Accise-Inspector	13. 10. 1772	6 Monate Festungshaft	1 Jahr Festungshaft	Betrug	—	*AB*, Bd. 16, Teil 1, S. 14, Nr. 9
23	*Galster*, Geh. Kriegsrat	18. 2. 1775	—	Cassation und Festungshaft	Vertrauensmißbrauch und unrechtmäßige Bereicherung	5. 4. 1776	*AB*, Bd. 16, Teil 1, S. 213 *AB*, Bd. 16, Teil 1, S. 221, 222
24	*Freund*, Daniel	2. 9. 1779	lebenslängliche Festungshaft	Todesstrafe	Totschlag	—	*Hymmen*, Beyträge, Bd. 6, S. 348, 349

Anmerkungen zu

20 *Preuß*, Friedrich der Große, 3. Bd., Urkundenbuch, Berlin 1833.

23 Vgl. auch: *Hüffer*, Die Beamten des älteren preußischen Kabinets von 1713 - 1808, in: Forsch. z. Brandenb. u. Preuß. Geschichte, Bd. 5, (1892) S. 157 - 190, Fall Galster S. 172 - 177; Preuß, Friedrich der Große, 1. Bd., S. 348, 349 u. 4. Bd., Nachträge zum 1. Bd., S. 475.

24 *Hymmen*, Beyträge zur juristischen Litteratur, Bd. 6, Berlin 1780, S. 348, 349.

3. König Friedrich II.

lfd. Nr.	Verfahren gegen Name, Titel	Datum d. kgl. Entsch.	Vorgeschlagene Strafe	Strafentscheid des Königs	Vorgeworfenes Delikt	spätere Begnadigung	*Quellen*
25	*Müller Arnoldsche Sache* (*Busch, Bandel, Neumann,* Regierungsräte ferner *Friedel* und *Graun,* Kammergerichtsräte, *Schlecker,* Hoffiscal)	1. 1. 1780	Freispruch	Cassation und 1 Jahr Festungsarrest sowie Schadensersatz	Rechtsbeugung	5. 9. 1780 14. 11. 1786 völlige Rehabilitation durch Fr. Wilh. II	*Sietze,* Beilage B, S. 66, 67 *Sietze,* Beilage B, S. 66, 67

Anmerkungen zu

25 *Sietze,* Ausübung oberstrichterlicher Gewalt des Staats und Cabinetts-Justiz in wesentlicher Differenz dargestellt, Potsdam 1835; NCC, 1779/1780, Sp. 1629 - 1632; *Preuß,* Friedrich der Große, Bd. 3, S. 381 - 411 u. 526 ff. Vgl. auch: *Ende der Müller-Arnoldschen Geschichte,* in: Schlözers Stats-Anzeigen, Bd. 9, Göttingen 1786, S. 432 - 439; *Zimmermann,* Fragmente über Friedrich den Großen, 3 Bände, Frankfurt und Leipzig 1790 (2. Buch, S. 86 - 101; 3. Buch, S. 138, 139, 170 - 173); *Dickel,* Beiträge zum preussischen Recht, 1. Heft: Friedrich der Große und die Prozesse des Müllers Arnold, Marburg 1891; *Naudé,* Aus der Zeit des Müller Arnoldschen Prozesses, Forsch. z. Brandenb. u. Preuß. Geschichte, Bd. 5 (1892), S. 314 - 319; *Neumann,* Erlebnisse der verhafteten Kammergerichts- und Regierungsräte auf der Festung Spandau im Jahre 1780. Auszüge aus dem Tagebuch des Rats Neumann, Heft 1 u. 2, Berlin 1904/05; *Graner,* Aus den hinterlassenen Papieren des im Müller Arnoldschen Prozeß zu Festungsstrafe verurteilten neumärkischen Reg.R. Bandel, Forsch. z. Brandenb. u. Preuß. Geschichte, Bd. 38 (1928), S. 7 ff.

3. König Friedrich II.

lfd. Nr.	Verfahren gegen Name, Titel	Datum d. kgl. Entsch.	Vorgeschlagene Strafe	Strafentscheid des Königs	Vorgeworfenes Delikt	weit. Verteidg.	spät. Begnadigung	*Quellen*
26	Frau *Quossin*	6. 3. 1780	8 Jahre Zuchthaus	Lebenslange Festungsarbeit	Anstiftung zur Brandstiftung	—	—	*Hymmen,* Beytr. 7. Sammlung, S. 217, 218
27	*Groß,* Musketier	26. 3. 1782	6 Jahre Festungshaft	Neues Verfahren, schärfere Strafe	versuchter Totschlag eines Vorgesetzten	—	—	*Friccius,* S. 207
		30. 3. 1782	Todesstrafe	Bestätigung				
28	*Hevenbrock,* Fr., Bauer	7. 10. 1785	3 Jahre Festungsarbeit	Todesstrafe	Totschlag	ja, Datum unbek.		*Preuß,* Bd. 3, Urkundenb. S. 203 - 205 *Kleins* Annalen, 8. Bd., S. 171
		4. 9. 1786	3 Jahre Festungsarbeit	Bestätigung durch *Fr. Wilh. II.*				

Anmerkungen zu

26 *Hymmen,* Beyträge zur juristischen Litteratur, 7. Sammlung, Berlin 1782, S. 217, 218.

27 *Friccius,* Entwurf eines deutschen Kriegsrechts, II. Geschichte des deutschen, insbesondere des preuss. Kriegsrechts, Berlin 1848.

28 *Preuß,* Friedrich der Große, 3. Bd., Urkundenbuch, Berlin 1833, S. 203 - 205; *Kleins* Annalen, 8. Bd., Berlin 1791, S. 166 - 172; vgl. auch: *Svarez,* Vorträge über Recht und Staat, 1960, S. 429; *Kleinheyer,* Staat und Bürger im Recht, Bonn 1959, S. 113; Hälschner, Geschichte des Brandenburgisch-Preußischen Strafrechts, Bonn 1855, S. 188, Fußn. 9; Kab.Ordre v. 6. 4. 1786 bei *Preuß,* 3. Bd., Berlin 1833, S. 416.

3. König Friedrich II.

lfd. Nr.	Verfahren gegen Name, Titel	Datum d. kgl. Entsch.	Vorgeschlagene Strafe	Strafentscheid des Königs	Vorgeworfenes Delikt	spätere Begnadigung	*Quellen*
29	*Jannowitz*	9. 3. 1786	2 Monate Festungshaft	lebenslange Festungshaft	Straßenraub	—	*Willenbücher*, S. 22
30	*Wegner*	9. 3. 1786	4 Monate Festungshaft	lebenslange Festungshaft	Straßenraub	—	*Willenbücher*, S. 22
31	*Eilersick*	9. 3. 1786	6 Jahre Festungshaft	Todesstrafe	Mord	—	*Willenbücher*, S. 22
32	*Röber*, Küchenschreiber	28. 3. 1786	2 Jahre Festungsarrest	2 Jahre Festungsarrest und Karre	Unterschlagung	—	*Preuß*, Bd. 3, S. 211
33	*Glave*, Regierungsrat	29. 4. 1786	Cassation und 2 Jahre Festungshaft	Cassation, 2 Jahre Festungshaft und Karre	Dienstvergehen	—	*Preuß*, Bd. 4, S. 488 ff.

Anmerkungen zu
29 - 31 *Willenbücher*, Die Strafrechtsphilosophischen Anschauungen Friedrichs des Großen, Breslau 1904.
32 *Preuß*, Friedrich der Große, 3. Bd., Urkundenbuch, Berlin 1833, S. 206 - 212.
33 *Preuß*, Friedrich der Große, 4. Bd., Berlin 1834, Nachträge zu Bd. 2, S. 488 ff.; Umständliches *Verfahren* von dem auf Sr. Königl. Majestät von Preußen allerhöchsten Immediat-Befehl auf die Klagen der Memelschen Kaufmannschaft gegen den ehemaligen Regierungsrath Glave verhängten Untersuchungs-Prozeß, o. O. 1786.

4. König Friedrich Wilhelm II. (1786 - 1797)

lfd. Nr.	Verfahren gegen Name, Titel	Datum d. kgl. Entsch.	Vorgeschlagene Strafe	Strafentscheid des Königs	Vorgeworfenes Delikt	weit. Verteidg.	spät. Begnadigung	*Quellen*
1	*Jurgeleit,* Stephan	3. 9. 1789	10 Jahre Festungshaft	lebenslängliche Festungshaft	dringender Verdacht des Raubes und Mordes	—	—	*Kleins* Annalen, Bd. 7, S. 21 ff.
2	*Schulz,* Prediger	21. 5. 1792	Freispruch	Dienstentlassung	Verstoß gegen Religions-Edikt			*Volkmar,* S. 160, 161
						27. 7. 1792		Acten-Stücke aus d. Religions-Proceße, S. 215 - 224; *Volkmar,* S. 255 f.
			Bestätigung des kgl. Reskripts (5. 9. 1793)			8. 2. 1798 Revision d. Prozesses zugelassen		*Stölzel,* Bd. 2, S. 325
			Bestätigung des Confirmationsreskriptes v. 21. 5. 1792 (7. 3. 1799)					*Archiv* d. Preuß. Rechts, Bd. 1, S. 397

Anmerkungen zu
1 *Kleins* Annalen, 7. Bd., 1791, S. 21 ff.
2 *Volkmar,* Religions-Prozess des Prediger Schulz zu Gielsdorf genannt Zopfschulz, eines Lichtfreundes des achtzehnten Jahrhunderts, Leipzig 1846; Wichtige bisher noch ungedruckte *Actenstücke* aus dem Religions-Proceße des Prediger Schulz zu Gielsdorf, 1794; *Archiv* des Preußischen Rechts, Hrsg. v. Amelang / Gründler, 1. Bd., Berlin 1799, S. 397; *Stölzel,* Carl Gottlieb Svarez, Berlin 1885, S. 320 ff. *Holtze,* Geschichte des Kammergerichts, 3. Teil, S. 388 - 417 u. 451 - 478; *Stölzel,* Rechtsverwaltung, 2. Bd., Berlin 1888, S. 317 f.

4. König Friedrich Wilhelm II.

lfd. Nr.	Verfahren gegen Name, Titel	Datum d. kgl. Entsch.	Vorgeschlagene Strafe	Strafentscheid des Königs	Vorgeworfenes Delikt	spätere Begnadigung	*Quellen*
3	*Kammergerichtsräte,* die am Verfahren gegen Prediger Schulz beteiligt waren (Freispruch)	11. 6. 1792	—	Geldbuße in Höhe eines Vierteljahresgehalts, Beförderungssperre (Rat v. Arnim zusätzlich 100 Dukaten Geldstrafe)	Verstoß gegen das Religions-Edikt im Zus. mit der Entscheidung gegen Prediger Schulz		*Holtze,* Geschichte d. Kammergerichts, 3. Bd., S. 400, 401
						30. 6. 1792	*Holtze,* Geschichte d. Kammergerichts, 3. Bd., S. 410

4. König Friedrich Wilhelm II.

lfd. Nr.	Verfahren gegen Name, Titel	Datum d. kgl. Entsch.	Vorgeschlagene Strafe	Strafentscheid des Königs	Vorgeworfenes Delikt	weit. Verteidg.	spät. Begnadigung	*Quellen*
4	*Neubert,* Joh. Carl, Justiz-Commissar und Notar		10 Jahre Festungsarrest (Nov. 1794)	Bestätigung (Nov. 1794)	dringender Verdacht der Tötung (Vergiftung)	Dez. 1794		*Kleins* Annalen, Bd. 13, S, 217 - 256; Bd. 14, S. 198
		28. 9. 1795	10 Jahre Festungsarrest	20 Jahre Festungsarrest				Bd. 14, S. 185 - 201
5	*Zerboni,* Josef, Kriegs- und Domänenrat	16. 4. 1797	—	Festungshaft bis zur Begnadigung	Hochverrat			*Grünhagen,* S. 77, 78; *Aktenstücke,* S. 22 - 24
						11. 8. 1798 Haftentlass.		*Grünhagen,* S. 117
6	*Zerboni,* Karl, Kaufmann	16. 4. 1797	—	Festungshaft bis zur Begnadigung	Hochverrat			*Grünhagen,* S. 77, 78; *Aktenstücke,* S. 22 - 24
						Frühj. 1798		*Grünhagen,* S. 90

Anmerkungen zu
4 *Kleins* Annalen, 13. Bd., Berlin 1795, 14. Bd., Berlin 1796.

4. König Friedrich Wilhelm II.

lfd. Nr.	Verfahren gegen Name, Titel	Datum d. kgl. Entsch.	Vorgeschlagene Strafe	Strafentscheid des Königs	Vorgeworfenes Delikt	spätere Begnadigung	*Quellen*
7	*Contessa*, Kaufmann	16. 4. 1797	—	Festungshaft bis zur Begnadigung	Hochverrat		*Grünhagen*, S. 77, 78; *Aktenstücke*, S. 22 - 24
						13. 2. 1798	*Grünhagen*, S. 90
8	*Dr. Kausch*	16. 4. 1797	—	Landesverweisung	Hochverrat		*Grünhagen*, S. 77, 78; *Aktenstücke*, S. 22 - 24
						27. 11. 1797	*Grünhagen*, S. 90

Anmerkungen zu

5 - 8 *Grünhagen*, Zerboni und Held in ihren Konflikten mit der Staatsgewalt 1796 - 1802, Berlin 1897; *Aktenstücke* zur Beurtheilung der Staatsverbrechen des Südpreussischen Kriegs- und Domänenrathes Zerboni und seiner Freunde, 2. Aufl. o. O. 1801; (*Schummel*, Johann), Untersuchung ob dem Kriegsrath Zerboni zu viel geschah, als er nach Glatz, nach Spandau und nach Magdeburg auf die Festung gebracht wurde. Nebst Prüfung der von ihm herausgegebenen Aktenstücke, Leipzig 1801.

5. König Friedrich Wilhelm III. (1797 - 1806)

lfd. Nr.	Verfahren gegen Name, Titel	Datum d. kgl. Entsch.	Vorgeschlagene Strafe	Strafentscheid des Königs	Vorgeworfenes Delikt	spätere Begnadigung	*Quellen*
1	Gräfin *Lichtenau*	16. 11. 1797		Verhaftung und Beschlagnahme des Vermögens	Einmischung in die Staatsgeschäfte		
		13. 3. 1798	Freispruch	Festungsarrest u. Teileinziehung des Vermögens	Einmischung in die Staatsgeschäfte	18. 10. 1800	*Hülle*, S. 5 - 32 (11, 20, 23, 29, 30)
2	*v. Wöllner*, Johann Christoph, Minister	11. 3. 1798	—	Dienstentlassung ohne Pension		—	*Stölzel*, Bd. 2, S. 325, 328

Anmerkungen zu

1 *Hülle*, Das Verfahren gegen die Gräfin von Lichtenau, in: ZStW, Bd. 86 (1974), S. 5 - 32 m. w. Nw.; vgl. auch: Jahrbücher der preussischen Monarchie, Bd. 1, Berlin 1798, S. 113 - 116, 196 - 197; *v. Cölln*, Vertraute Briefe, Bd. 1, S. 95, 96, 104 - 106, 125, 126, 349.

2 *Stölzel*, Rechtsverwaltung und Rechtsverfassung, Bd. 2, Berlin 1888; *Preuß*, Zur Beurtheilung des Staatsministers v. Wöllner, Zeitschr. f. Preuß. Gesch. u. Landesk., 3. Jg., S. 65 - 95.

Ergebnis und Ausblick

Ergebnis

Die vorliegende Studie behandelt mit der Frage nach der Ausbildung eines landesherrlichen Bestätigungsrechts in Strafsachen einen Teilaspekt der mehrhundertjährigen Geschichte der Kabinettsjustiz in Brandenburg-Preußen.

Sie hat zunächst ergeben, daß die sich seit Ende des 15. Jahrhunderts nachweisbare persönliche Richtertätigkeit der brandenburgischen Landesherren mit der gemeinhin verwandten Formel, ein landesherrliches Bestätigungsrecht in Strafsachen habe sich mit Beginn des 16. Jahrhunderts entwickelt, nicht hinreichend umschrieben wird. Eine Analyse der im Staatsverfassungs-, im Gerichtsverfassungs- aber auch im Strafverfahrensrecht wurzelnden Voraussetzungen für die Ausbildung des Bestätigungsrechts zeigt vielmehr, daß diese Kennzeichnung der richterlichen Tätigkeit des Landesherrn lediglich in Zivilsachen, nicht dagegen in Strafsachen treffend ist.

Der Landesherr hatte im Zuge der Ausbildung landständischer Verfassungen landesherrliche Regalien, vorrangig die „Gerichtsbarkeit" an die Stände veräußert, d. h., gegen Zahlung einer Geldsumme als Lehen ausgegeben. Infolge der Rezeption kommt es zu einem Wandel des Begriffs der Gerichtsbarkeit. Der Gerichtsherr, der früher lediglich zur „Bestellung" des Gerichts befugt war, spricht als Richter in seinem Gericht nunmehr selbst das Recht.

Innerhalb des sich ausbildenden jungen Staates stehen sich Stände und Landesherr als Gerichtsherren gegenüber, der Dualismus zwischen Ständen und Landesherrn besteht auch in der Gerichtsverfassung. Aber seit Beginn des 16. Jahrhunderts prägt sich der Gedanke der Landeshoheit aus. Die Fürsten verstehen sich als Landesobrigkeit, als Träger einer ihrem Wesen nach unveräußerlichen und unteilbaren Staatsgewalt. Erst dieses Verständnis macht die Ausbildung eines *landesherrlichen,* d. h., *auf die Landesobrigkeit gestützten* Bestätigungsrechts möglich.

Die Gerichtsverfassung und die Spruchpraxis der brandenburgischen Landesherrn aus dem endenden 15. und dem beginnenden 16. Jahrhundert beweisen deutlich eine oberstrichterliche Tätigkeit der Kurfürsten. Den Ständen war in Zivilsachen nur die Untergerichtsbarkeit verliehen worden. Gegen die Urteile ihrer Gerichte gab es das Rechtsmittel der Appellation, danach führte die Supplikation an den Kurfürsten persönlich. In der kurfürstlichen Entscheidung über die Supplikation (Appellation) tritt uns die höchstrichterliche Tätigkeit des Landesherrn in Zivilsachen entgegen.

Ganz anders stellt sich jedoch die *straf*richterliche Tätigkeit des Landesherrn dar. Der früh in der Mark Brandenburg rezipierte Inquisitionsprozeß kennt kein etwa der Appellation entsprechendes devolutives Rechtsmittel. Deshalb fehlt in der Mark ein dem Kammergericht entsprechendes oberstes Strafgericht. Die Strafurteile konnten also nicht wie die Zivilurteile durch ein Rechtsmittel an einen obersten Richter gelangen. Sie blieben vielmehr immer in einer Instanz. Der Kurfürst konnte die Urteile anderer Gerichtsherren aus dieser Instanz aber auch nicht abfordern, denn das Lehnsrecht verbot dem Lehnsherrn die konkurrierende Ausübung des verliehenen Regals, es sei denn, er hatte einen solchen Vorbehalt ausdrücklich bei der Verleihung zum Ausdruck gebracht.

Wo der Landesherr also Unter- und Obergerichte ohne Bestätigungsvorbehalt als Lehen ausgegeben hatte, hatte er seine Gerichtsherrlichkeit eingebüßt.

Die Strafrechtspraxis des Brandenburger Schöppenstuhls beweist den „Dualismus" zwischen Landesherrn und Ständen. Beide nehmen im Umfang der ihnen verbliebenen bzw. verliehenen Strafgerichtsbarkeit das Bestätigungsrecht von Urteilen und das Begnadigungsrecht in Anspruch. Der Landesherr übt daher bis in die Mitte des 17. Jahrhunderts ein lediglich *gerichtsherrliches* Bestätigungsrecht aus. Neben ihm stehen gleichberechtigt diejenigen ständischen Gerichtsherren, die ohne Vorbehalt mit den Unter- und Obergerichten beliehen wurden.

Zwar bestanden theoretisch einige Ansatzmöglichkeiten für eine Ausweitung des *gerichtsherrlichen* Bestätigungsrechts zu einem *landesherrlichen,* die Urteile *aller* Strafgerichte umfassenden, Bestätigungsrecht. Dies konnte etwa durch eine Intensivierung der aus dem Lehnsverhältnis ableitbaren Mißbrauchsaufsicht des Landesherrn geschehen. Auch bot sich an, das in Strafsachen übliche Aktenversendungsverfahren dadurch in den Dienst der Sache zu stellen, daß man neue, mit landesherrlichen Beamten besetzte, Spruchkörper anstelle der herkömmlichen Fakultäten oder Schöppenstühle verordnete. Aber zu allen diesen Dingen fehlte dem Landesherrn die Macht.

Eine Fernwirkung erreichte jedoch die in der Staatstheorie des Absolutismus entwickelte Lehre von der Souveränität. Die Lehre von dem aus einer höchsten, *unteilbaren* Gewalt abgeleiteten Souveränitätsrecht war geeignet, der alten, vom Lehnsrecht her bestimmten Regalienlehre entgegenzutreten, die die Veräußerung einzelner Regalien ermöglicht hatte.

Seit der Mitte des 17. Jahrhunderts wurde die Ausbildung eines landesherrlichen Bestätigungsrechts durch die territoriale Erweiterung Brandenburg-Preußens zusätzlich erschwert. Der Kurfürst konnte seine in der Kurmark bestehende Gerichtsbarkeit nicht auch in den anderen Provinzen in gleichem Umfang in Anspruch nehmen. Dort übten die jeweiligen Regierungen und Hofgerichte, *ständisch* orientierte Gremien, die Justizaufsicht auch über die landesherrlichen Gerichte aus.

Zwar gelang es dem Großen Kurfürsten als einem Praktiker des Absolutismus, den zentralen Einfluß der Stände in den Provinzen zu brechen. Dies geschah jedoch um den Preis der Erhaltung ihrer ortsobrigkeitlichen Gewalt, die vor allem in der ständischen Gerichtsbarkeit sichtbar wurde.

Dennoch zeichnen sich bis zum Ende des 17. Jahrhunderts Ansätze für eine Ausweitung seines in der Kurmark bestehenden gerichtsherrlichen Bestätigungsrechts zu einem umfassenden, die Gerichtsbarkeit in allen Provinzen einschließenden landesherrlichen Bestätigungsrecht ab.

In der Praxis entwickelt sich die Bestätigungskompetenz des Landesherrn für alle militärgerichtlichen Urteile, für die in Duell-Sachen ergangenen Sprüche sowie für alle auf Landesverweisung lautenden Urteile. Die Bestätigungsentscheidung des Kurfürsten wird vorbereitet durch den Geheimen Rat, der von einer märkischen Provinzialbehörde zu einer Zentralbehörde umgestaltet ist.

Mangelndes Durchsetzungsvermögen ist die Ursache dafür, daß *Friedrich I.* das so bereits in Anfängen bestehende landesherrliche Bestätigungsrecht nicht sehr wesentlich erweitern kann.

Erst *Friedrich Wilhelm I.*, nicht zu Unrecht „der größte innere König" genannt, führt durch die 1717 publizierte Criminalordnung in der Kur- und Neumark die Bestätigungspflicht für die wichtigsten Strafurteile *auch ständischer Gerichtsherren* ein. Unter Berufung auf seine Souveränität und Landeshoheit wandelt er mit einem Federstrich die ständischen Gerichts*herren* in bloße Gerichts*inhaber* um, die diese Urteile nunmehr dem König zur eigentlichen richterlichen Entscheidung einzusenden hatten.

Noch im selben Jahr setzt Friedrich Wilhelm I. diese Bestätigungspflicht gegen den hinhaltenden Widerstand der ständisch orientierten Regierungen und Hofgerichte auch in den übrigen Provinzen durch.

Damit war die Auseinandersetzung um das landesherrliche Bestätigungsrecht in Strafsachen zugunsten der brandenburgisch-preußischen Könige entschieden, der große Kampf um die Durchsetzung absolutistischer Staatsideen in der Verfassungswirklichkeit auf einem weiteren wichtigen Teilsektor ausgekämpft.

Die von den Landesherrn zuvor schon im Rahmen der ihnen verbliebenen Gerichtsherrlichkeit und nunmehr landweit geübte Kabinettsjustiz mußte aber keineswegs *zwingend* für den damaligen Staat und seine Rechtspflege ein Unglück sein. Für den einzelnen Inquisiten mußte sie nicht eine Einbuße an materieller Gerechtigkeit bedeuten. Sicher konnte der Landesherr die einkommenden Urteile nicht nur mildern, sondern auch schärfen. Er konnte auch einen eigenen Richterspruch fällen. Die bei einer Analyse von mehr als 500 Strafurteilen aufgefundenen 69 Fälle, in denen die preußischen Könige des 18. Jahrhunderts Strafurteile geschärft oder solche unter Umgehung der Gerichte selbst gesprochen haben, zeigen jedoch, daß man den Vorwurf der Willkürjustiz wohl nur selten erheben kann.

Für die Rechtspflege der Zeit hat sie sich trotz fehlender Unabhängigkeit der Richter positiv ausgewirkt. Das sich entwickelnde Bestätigungsverfahren wirkte nicht nur rechtsvereinheitlichend, es machte die Anwendung der Folter von der Zustimmung des Landesherrn abhängig, und stellte trotz Fehlens eines devolutiven Rechtsmittels ein einzigartiges Mittel zur Überprüfung von Strafurteilen im Instanzenwege dar. Das größte Verdienst der Kabinettsjustiz lag aber bei all den vorhandenen und nicht wegzudiskutierenden Schattenseiten darin, daß sie ein erfolgreiches und schnell wirkendes Mittel zur Anpassung der Strafrechtspflege an die Erfordernisse der jeweiligen Zeit bot. Auch in Brandenburg-Preußen hat sie tatkräftig dazu beigetragen, schon in der 1. Hälfte des 18. Jahrhunderts die schlimmsten Härten der mittelalterlichen Strafjustiz zu beseitigen.

Ausblick

Obwohl wir über die Kabinettsjustiz *Friedrichs des Großen* noch am ehesten informiert sind, bleibt die Darstellung ihrer Entwicklung vom Regierungsantritt *Friedrichs II.* bis zu der, die Überwindung des Zeitalters des Absolutismus einleitenden[1], Regierung *Friedrich Wilhelms*

---

[1] *Leo Just* hat denn auch das Ende des absolutistischen Zeitalters in Deutschland ungefähr auf das Jahr 1840 gelegt. Vgl. dessen Beitrag „Stufen und Formen des Absolutismus“, Hist. Jahrb. 80, 1961, S. 143 - 159, erneut abgedruckt in „Absolutismus“, Darmstadt 1973, S. 288 f. (307, 308). *Weis*, Absolute Monarchie und Reform im Deutschland des späten 18. und des frühen 19. Jahrhunderts, Festschrift f. Karl *Bosl*, Stuttgart 1974, S. 454, setzt das Ende einer spätabsolutistischen Phase in Preußen auf das Jahr 1848. Zur immer noch fehlenden Übereinstimmung der Historiker bei der einheitlichen Abgrenzung des „Absolutismus“ als Epochenbegriff vgl. *Hubatsch*, Vorwort zum Sammelband „Absolutismus“, S. VIII und IX.

IV. eine noch zu leistende reizvolle Aufgabe. Verspricht doch auch hier gerade eine Analyse der preußischen Verhältnisse Gewinn[2]:

Auf der einen Seite gelangte der den historischen Hintergrund der Kabinettsjustiz bildende Absolutismus in Brandenburg-Preußen schließlich unter *Friedrich II.* zu seiner höchsten Vollendung[3]. Zum anderen war es aber gerade der Preußische Staat, der in Deutschland — seit der Thronbesteigung *Friedrichs II.* im Jahre 1740 — „die führende Rolle bei der praktischen Durchführung der Aufklärungsideen übernahm"[4].

Die Auswirkungen des — gleichsam als Synthese aus dem Widerspruch zwischen absolutistischer Staatsauffassung einerseits und Aufklärungsideen andererseits entstandenen — aufgeklärten Absolutismus auf Theorie und Praxis der Kabinettsjustiz, und die Frage danach, ob bei dem Ringen *Friedrichs II.* um Entscheidungen der Aufklärer oder schließlich doch der absolute Herrscher in ihm den Sieg davon trugen, müssen ein besonderes Interesse erwecken.

Auch verdient die in diesem Zusammenhang von *Eb. Schmidt*[5] vertretene These, im friderizianischen Preußen seien die Ideen der Aufklärung nicht zuletzt durch die oberstrichterliche Tätigkeit des Königs in Strafsachen durchgesetzt worden, ja, gerade die Kabinettsjustiz sei einer der bedeutsamsten „Hebel zur Anpassung der Strafrechtspflege an die politischen und kulturellen Anforderungen der Zeit" gewesen, hervorragende Beachtung.

Die sowohl aufgrund der Ergebnisse dieser Untersuchung als auch nach einer ersten kritischen Sichtung des umfangreichen historischen Materials durchaus mögliche Bestätigung dieser These wirft aber eine Reihe von weiterführenden interessanten Fragen auf:

Haben die Aufklärer des 18. Jahrhunderts in ihrem erbitterten Kampf gegen das Bestätigungsrecht diese wichtige Funktion der Kabinettsjustiz etwa schlicht übersehen, oder verhinderte lediglich die

---

[2] An aufzuarbeitendem historischen Material besteht kein Mangel. Die „Acta Borussica" sowie „Kamptz' Jahrbücher" enthalten allein schon so viel Stoff, daß eine hinreichende Quellenbasis für eine solche Untersuchung gesichert wäre.

[3] So zu Recht *Eb. Schmidt*, Rechtssprüche und Machtsprüche, S. 3.
Diese Ansicht ist allerdings in der modernen Absolutismusforschung durchaus umstritten. So hat etwa *Hartung* den aufgeklärten Absolutismus gerade als abgeschwächte Endphase der absoluten Monarchie angesehen. Vgl. *Hartung*, Der aufgeklärte Absolutismus, HZ, Bd. 180 (1955), S. 15 ff., mehrfach erneut abgedruckt, u. a. im Sammelband „Absolutismus", Hrsg. W. *Hubatsch*, S. 118 f. (149) m. w. Nachw.

[4] *Eb. Schmidt*, Einführung, S. 247.

[5] *Eb. Schmidt*, Einführung, S. 179, 180, 273.

fehlende historische Distanz die Möglichkeiten von — aus heutiger Sicht[6] — abgewogeneren und nüchternen Urteilen?

Oder aber verleiteten gerade die mit Hilfe der Kabinettsjustiz schnell und direkt durchgesetzten aufklärerischen Teilerfolge in der Justizpflege dazu, den auf den Monarchen ausgeübten Druck nicht zu verringern, in der Hoffnung, der König werde schließlich als „Krönung" seiner Reformtätigkeit auch auf das Bestätigungsrecht selbst als einem Mittel absolutistischen Herrschaftsinstrumentariums verzichten[7]? Immerhin wird man der Wertung *Werner Näfs* zustimmen müssen, wenn er meint, der aufgeklärte Absolutismus habe den „Keim zur Selbstüberwindung" in sich getragen[8].

Wie die Antwort auf diese Fragen auch immer lauten mag: Die Geschichte hat zumindestens gezeigt, daß die, wohl auch in Brandenburg-Preußen[9] verbreitete, Hoffnung auf die Fähigkeit des aufgeklärten Absolutismus zu einer allesumfassenden — offenbar bis zur erwünschten Einführung des Konstitutionalismus reichenden — „Revolution von oben" trog. Spätestens der Bruch des Verfassungsversprechens durch *Friedrich Wilhelm III.* verdeutlichte, daß der aufgeklärte Absolutismus zu einer Selbstüberwindung nicht fähig war.

So mußten erst die Verfassungen in der Mitte des 19. Jahrhunderts der Kabinettsjustiz ein Ende setzen.

Man interpretiert *Ogris* sicher nicht falsch, wenn man die These aufstellt, daß auch die Darstellung dieser weiteren 100 Jahre brandenburgisch-preußischer Kabinettsjustiz „nicht nur interessante Einblicke in

---

[6] Daß rechtsgeschichtliche Fragestellungen immer zeitgebunden sind und von der jeweiligen Gegenwartssituation des einzelnen Forschers und seinem Zeitverständnis geprägt werden, wird in der modernen Historiographie nicht mehr bestritten (vgl. etwa *Schieder*, Geschichte als Wissenschaft, 2. Aufl., München 1968, S. 36 - 41).

[7] Der — allerdings mißlungene — Versuch, den König aus Anlaß der Schaffung des ALR auch de iure zu einem Verzicht auf Machtsprüche „in streitigen Fällen", d. h., in Zivilsachen (vgl. *Kleinheyer*, Staat und Bürger im Recht. Die Vorträge des Carl Gottlieb Svarez vor dem preußischen Kronprinzen (1791 - 1792), Bonn 1959, S. 87) zu bewegen (§ 6 der Einleitung zum AGB 1791), nachdem er de facto bereits etwa 40 Jahre auf Machtsprüche dieser Art verzichtet hatte, mag dafür sprechen.

[8] *Näf*, Die Epochen der neueren Geschichte, Bd. 1, 2. Aufl., Aarau 1959, S. 456.

[9] Vgl. etwa die Äußerung des preußischen Ministers *Struensee* aus dem Jahre 1799 gegenüber dem französischen Geschäftsträger: „Die heilsame Revolution, die ihr von unten nach oben gemacht habt, wird sich in Preußen langsam von oben nach unten vollziehen" (zitiert bei *Hintze*, Die Hohenzollern und ihr Werk, Berlin 1915, S. 427). Zu dieser Äußerung Struensees s. auch *Walder*, Aufgeklärter Absolutismus und Revolution, Sammelband „Der aufgeklärte Absolutismus", Hrsg. Freiherr v. Aretin, Köln 1974, S. 103 ff.; vgl. auch *Liebel*, Der aufgeklärte Absolutismus, in: Absolutismus, S. 488 ff.

die Praxis der neuzeitlichen Rechtspflege eröffnen, sondern auch das Bild, das wir von zahlreichen Herrscherpersönlichkeiten besitzen, um aufschlußreiche Züge bereichern"[10] würde. Vielleicht können die hier aufgeworfenen Fragen eine mögliche Zielrichtung dieser Untersuchung angeben.

---

[10] *Ogris*, De Sententiis Ex Plenitudine Potestatis, S. 170, 171.

Quellen- und Literaturverzeichnis

I. Gesetze, Verordnungen, Kabinetts-Ordres

Bambergensis — Bambergische Halsgerichtsordnung. Die Carolina und ihre Vorgängerinnen, Band 2, Halle 1902, Hrsg. J. Kohler und W. Scheel.

Brandenburgica — Brandenburgische Halsgerichts-Ordnung von 1516 (Ausgabe 1582) bei: Boehmer, Joh. Sam., Meditationes in CCC, Halle 1714, Anhang.

Carolina — Die Peinliche Gerichtsordnung Kaiser Karls V. von 1532, Constitutio Criminalis Carolina. Herausgegeben und erläutert von Gustav Radbruch, Stuttgart 1960.

Criminal-Ordnung 1717 — Criminal-Ordnung vor die Chur- und Neumarck (vom 1. März 1717), CCM, II. Teil, 3. Abt., Sp. 61 - 110.

Criminal-Ordnung 1805 — Criminal-Ordnung für die Preußischen Staaten vom 11. 12. 1805, in: Criminal-Ordnung für die Preußischen Staaten nebst der Verordnung vom 3. Januar 1849, 3. Aufl., Berlin 1860, 69 f.

Criminal-Ordnung Magdeburg 1721 — Seiner Königlichen Majestät in Preußen verfaßte Criminal-Ordnung vor Dero Herzogthum Magdeburg und darzu gehörige Graffschafft Mansfeld, Berlin 1721.

Criminal-Ordnung Cleve-Marck 1721 — Seiner Königlichen Majestät in Preussen etc. vor Dero Herzogthum Cleve und Graffschafft Marck verfaßte Criminal-Ordnung, Berlin 1721.

Gesetzbuch, Allgemeines — Allgemeines Gesetzbuch für die preußischen Staaten, 4 Bände, Berlin 1791.

Instrumentum 1661 — Instrumentum. Die neue Regierungßverfassung undt confirmation, deß Landes Privilegien betreffend, bei: Wichert, Th., Die Verfassungsurkunde des Herzogthums Preussen vom Jahre 1661, Zeitschrift f. Preuss. Geschichte u. Landeskunde, Band 11, Berlin 1874, S. 33 f.

Landes-Constitution 1594 — Unser v. Gottes Gnaden Johanns Georgen, Marggrafen zu Brandenburg ... Verbesserung u. weitere Erklärung unserer Landes-Constitution und Cammer-Gerichts-Ordnung ... nach welchen hinfüro in unserem Lande dißeit der Oder, soll verabscheidet, erkannt, und geurtheilet werden; wie solche 1594 abgefasset, aber nicht publiciret worden, CCM, VI. Teil, 3. Abt., Sp. 55 f.

Landrecht Preußen 1620 — Landrecht des Herzogthumbs Preussen, Rostock 1620.

Landrecht Preußen 1685 — Churfürstlich Brandenburgisches Revidirtes Land-Recht des Herzogthumbs Preussen, Königsberg 1685.

Landrecht Preußen 1721 — Friedrich Wilhelms, Königes in Preussen, verbessertes Land-Recht des Königreichs Preussen, Königsberg 1721.

Landrecht, Allgemeines 1794 — Allgemeines Landrecht für die Preussischen Staaten von 1794, Textausgabe. Hrsg. mit einer Einleitung v. Hans Hattenhauer, Frankfurt a. M. 1970.

Project des Corpus Juris Fridericiani 1749 — Project des Corporis Juris Fridericiani, das ist Sr. Königl. Majestät in Preussen in der Vernunft und Landes-Verfassungen gegründetes Land-Recht, Erster Theil, Halle 1749, Zweyter Theil, 2. Aufl., Halle 1751.

II. Urkunden- und Gesetzessammlungen

Acta Borussica — Denkmäler der Preußischen Staatsverwaltung im 18. Jahrhundert. Die Behördenorganisation und die allgemeine Staatsverwaltung Preussens im 18. Jahrhundert, Bände 1 - 16 (Akten von 1701 - 1777), Bände 1 - 15, Berlin 1894 - 1936, Band 16, Berlin 1970.

Acta Brandenburgica — Brandenburgische Regierungsakten seit der Begründung des Geheimen Rates. Hrsg. Melle Klinkenborg, 4 Bände, Berlin 1927 - 1930.

Altmann, Wilhelm — Ausgewählte Urkunden zur Brandenburgisch-Preußischen Verfassungs- und Verwaltungsgeschichte, 2 Teile, 2. Aufl., Berlin 1914 - 15.

CCM — Mylius, Christian Otto. Corpus Constitutionum Marchicarum oder Königlich Preußische und Churfürstlich Brandenburgische in der Chur- und Marck Brandenburg, wie auch anderen Provintzien, publicirten und ergangenen Ordnungen, Edicten, Mandaten, Rescripten usw., 6 Theile und 4 Continuationes, Berlin 1737 - 1755.

CC Magdeburg — Mylius, Christian Otto. Corpus Constitutionum Magdeburgicarum novissimarum oder Königl. Preuß. und Churfl. Brandenb. Landes-Ordnungen, Edicta u. Mandata, im Herzogthum Magdeburg ... von anno 1680 biß 1714 publiciret, 6 Theile in einem Band, Magdeburg u. Halle 1714, Continuatio, aaO. 1717.

Corpus iuris militaris — Corpus iuris militaris novissimum, oder neuestes Kriegs-Recht, worinnen die militair-verordnungen, welche die Römischen Kayser, die geist- und weltliche Chur - Fürsten ... bis auf diese Zeit ergehen lassen, zu finden, 2 Teile, Leipzig 1724.

Gercken, Philipp Wilhelm — Codex diplomaticus Brandenburgensis, 8 Bände, Salzwedel 1769 - 1785.

Gercken, Philipp Wilhelm — Diplomataria Veteris Marchiae Brandenburgensis, 2 Bände, Salzwedel 1765 - 1767.

Gercken, Philipp Wilhelm — Fragmenta Marchica, 6 Teile, Wolfenbüttel 1755 - 63.

Grube, Georg — Corpus Constitutionum Prutenicarum, oder Königliche Preussische Reichs-Ordnungen, Edicta und Mandata sambt unterschiedenen Rescripten, Theile 1 - 3 nebst Register, Königsberg 1721.

JMBl — Justiz-Ministerial-Blatt für die Preußische Gesetzgebung und Rechtspflege, hrsg. im Büro d. Justiz-Ministeriums, 9. Jg., Berlin 1847, 10. Jg., Berlin 1848.

v. Kamptz — Die Provinzial- und statutarischen Rechte in der preussischen Monarchie, 3 Theile, Berlin 1826 - 1828.

Maurenbrecher, Romeo — Die Rheinpreußischen Landrechte, 2 Bände, Bonn 1830 - 31.

Meinardus, Otto — Protokolle und Relationen des Brandenburgischen Geheimen Rates aus der Zeit des Kurfürsten Friedrich Wilhelm, 7 Bände, Leipzig 1889 - 1919.

MGH — Monumenta Germaniae Historica, Constitutiones et Acta publica Imperatorum et Regum, Tomus II, Hannover 1896.

Miscellaneen — Miscellaneen zur Geschichte König Friedrichs des Grossen, Berlin 1878.

NCC — Novum Corpus Constitutionum Prussico-Brandenburgensium, praecipue Marchicarum, oder: Neue Sammlung Königl. Preuß. Verordnungen, Edicte, Mandate, Rescripte .. vom Anfang des Jahres 1751 und folgenden Zeiten, 12 Bände, Berlin 1753 - 1822.

Prinz, P. — Quellenbuch zur brandenburgisch-preußischen Geschichte, 1. Band: Von der ältesten Zeit bis zum Tode Joachims I., Freiburg i. Br. 1892.

Quickmann, David Friedrich — Ordnung oder Samlung derer in dem Königlichen Preußischen Herzogtum Pommern und Fürstentum Camin, bis zu Ende des 1747sten Jahres, publicirten Edicten, Mandaten und Rescripten, in Justiz-Policey-Militair- etc. Sachen, Franckfurt a. d. Oder 1750.

Raumer, Georg Wilhelm v. — Codex diplomaticus Brandenburgensis continuatus, 2 Theile, Berlin u. Elbing 1831 - 1833.

Raumer, Georg Wilhelm v. — Die Neumark Brandenburg im Jahre 1337 oder Markgraf Ludwigs des Aelteren Neumärkisches Landbuch aus dieser Zeit, Berlin 1837.

Scotti, J. J. — Sammlung der Gesetze und Verordnungen, welche in dem Herzogthum Cleve und in der Grafschaft Mark ergangen sind (Vom Jahre 1418 - 1816), 5 Bände, Düsseldorf 1826.

Stölzel, Adolf — Urkundliches Material aus den Brandenburger Schöppenstuhlsakten, 4 Bände, Berlin 1901.

Urkunden und Aktenstücke — Urkunden und Aktenstücke zur Geschichte des Kurfürsten Friedrich Wilhelm v. Brandenburg, 23 Bände, Berlin 1864 - 1930.

Urkunden und Aktenstücke — Urkunden und Aktenstücke zur Geschichte der inneren Politik Kurfürst Friedrich Wilhelms v. Brandenburg, 3 Bände, Berlin 1895 - 1915.

Wackenrode, Christoph Benjamin — Corpus Bonorum des Magistrats der Königlichen Residentzien Berlin v. 12. November 1771, hrsg. von F. Brose in: Schriften des Vereins für die Geschichte Berlins, Heft 24, Berlin 1888.

Zeumer, Karl — Quellensammlung zur Geschichte der Deutschen Reichsverfassung in Mittelalter und Neuzeit, 2. Aufl., Tübingen 1913.

III. Rechtsprechungssammlungen und Zeitschriften

Annalen der Gesetzgebung — Annalen der Gesetzgebung und Rechtsgelehrsamkeit in den Königlich-Preussischen Staaten, Hrsg. Ernst Ferdinand Klein, Bände 1 - 26, Berlin und Stettin 1788 - 1809.

Archiv des Criminalrechts — Archiv des Criminalrechts, Hrsg. E. F. Klein und G. A. Kleinschrod, Bände 1 - 7, Halle 1798 - 1811.

Archiv, Niederrheinisches — Niederrheinisches Archiv für Gesetzgebung, Rechtswissenschaft und Rechtspflege, Hrsg. G. v. Sandt u. K. A. Zum Bach, Bände 1 - 4, Köln 1817 - 1819.

Archiv, Patriotisches — Patriotisches Archiv für Deutschland, Hrsg. Friedrich Karl v. Moser, Bände 1 - 12, Frankfurt u. Leipzig 1784 - 1790, Bände 8 ff., Mannheim u. Leipzig.

Archiv des Preußischen Rechts — Archiv des Preußischen Rechts, Hrsg. Karl Ludw. Amelang u. K. Aug. Gründler, Bände 1 - 3, Berlin 1799 - 1800.

Archiv, Rechtsgelehrsamkeit — Archiv für die theoretische und praktische Rechtsgelehrsamkeit, Hrsg. Theod. Hagemann u. Christian Aug. Günther, Bände 1 - 6, Braunschweig (Bd 6: Helmstädt) 1788 - 92.

Beyträge (Hymmen) — Hymmen. Beyträge zur juristischen Litteratur in den Preussischen Staaten, Sammlung 1 - 8 nebst einer Zugabe zu Band 6 und Repertorium, Sammlung 1 - 7, Berlin 1775 f., Sammlung 8, Dessau 1785, Repertorium, Dessau 1790.

Beiträge (Eisenberg / Stengel) — Beiträge zur Kenntniß der Justizverfassung und juristischen Literatur in den Preußischen Staaten, Hrsg. Fr. Ph. Eisenberg u. Chr. L. Stengel, Bände 1 - 18 nebst Reg., Berlin 1796 - 1804, ab Band 7 f., Halle.

Forschungen zur Brandenburgischen u. Preußischen Geschichte	Forschungen zur Brandenburgischen und Preußischen Geschichte, hrsg. in Verbindung m. a. v. Reinhold Koser, Bände 1 - 55, Berlin 1888 - 1943.
Forschungen, Märkische	Märkische Forschungen, hrsg. vom Verein f. Geschichte der Mark Brandenburg, Bände 1 - 20, Berlin 1841 - 87.
Hohenzollern-Jahrbuch	Hohenzollern-Jahrbuch, Forschungen und Abbildungen zur Geschichte der Hohenzollern in Brandenburg-Preußen, Hrsg. Paul Seidel, Jahrgänge 1 - 20, Berlin / Leipzig 1897 - 1917.
Jahrbücher, Preußische	Preußische Jahrbücher, Hrsg. R. Haym, später H. v. Treitschke, Band 1 ff., Berlin 1858 ff.
Jahrbücher f. d. Preußische Gesetzgebung	Jahrbücher für die Preussische Gesetzgebung, Rechtswissenschaft und Rechtsverwaltung, Hrsg. Karl Albert v. Kamptz, Bände 1 - 66, Berlin 1813 - 45.
Jahrbücher der Preußischen Monarchie	Jahrbücher der Preussischen Monarchie unter der Regierung Fr. W. III., Hrsg. F. E. Rombach, 12 Hefte, Berlin 1798 - 1801.
Sammlung (Hoscher)	Sammlung merkwürdiger am kaiserlichen Reichs-Kammergerichte entschiedener Rechtsfälle mit ausführlicher Erörterung wichtiger Rechtsfragen, Hrsg. Hoscher, 6 Teile, Lemgo 1789 - 1794.
Staats-Archiv	Staats-Archiv, Hrsg. Karl Friedr. Häberlin, Bände 1 - 16, Helmstädt u. Leipzig 1796 - 1807.
Stats — Anzeigen (Schlözer)	Stats - Anzeigen, Hrsg. August Ludwig Schlözer, Bände 1 - 18, Göttingen 1782 f.
Staatslexikon	Staatslexikon, Enzyklopädie der sämtlichen Staatswissenschaften für alle Stände, hrsg. von Karl Rotteck u. Carl Welcker, 3. Auflage, hrsg. v. Carl Welkker, Bände 1 - 14, Leipzig 1856 - 1866.
Zeitschrift (Hitzigs)	Zeitschrift für die Criminalrechtspflege in den Preußischen Staaten mit Ausschluß der Rheinprovinzen, Hrsg. Julius Eduard Hitzig, Bände 1 - 24, Berlin 1825 - 33, Supplement 1, Berlin 1836, Repertorium 1 - 4, Berlin 1830 - 1833.
Zeitschrift für Preußische Geschichte	Zeitschrift für Preussische Geschichte und Landeskunde, Hrsg. David Müller, Bände 1 - 20, Berlin 1864 f.
Zeitschrift für Deutsches Strafverfahren	Zeitschrift für deutsches Strafverfahren, Hrsg. Ludwig v. Jagemann, Fr. Noellner und J. D. H. Temme, Bände 1 - 3, Karlsruhe, N. F. 1 - 5, Darmstadt 1841 - 1849.
Zeitung, Criminalistische	Criminalistische Zeitung für die Preussischen Staaten, Hrsg. F. W. Bonseri und J. D. H. Temme, 1. und 2. Jahrgang, Berlin 1841, 1842.

IV. Literatur

Abegg, Julius Friedrich Heinrich — Versuch einer Geschichte der Strafgesetzgebung und des Strafrechts der Brandenburg-Preussischen Lande, Hitzigs Zeitschrift für die Criminalrechtspflege, Erster Supplementenband, Berlin 1836, S. 1 - 205.

Absolutismus — Absolutismus, Hrsg. Walther Hubatsch, Darmstadt 1973 = Wege der Forschung, Band 314.

Absolutismus — Der aufgeklärte Absolutismus, Hrsg. Karl Otmar Freiherr v. Aretin, Köln 1974 = Neue Wissenschaftliche Bibliothek, Band 67.

Actenstücke — Wichtige bisher ungedruckte Actenstücke aus dem Religions-Processe des Prediger Schulz zu Gielsdorf, o. O. 1794.

Ahrens, Tilo — Aus der Lehr- und Spruchtätigkeit der alten Duisburger Juristenfakultät, Diss. Jur. Bonn 1961 = Duisburger Forschungen, 4. Beiheft, Duisburg-Ruhrort 1962.

Aktenstücke — Aktenstücke zur Beurtheilung der Staatsverbrechen des Südpreussischen Kriegs- und Domänenrathes Zerboni und seiner Freunde, 2. Auflage, o. O. 1801.

Alker — Handbuch des preussischen Kriminalprozeßverfahrens, 1. und 2. Theil, Berlin 1842.

Anzeige — Kurze Anzeige von der vorigen und jetzigen Criminalverfassung in den Preussischen Staaten, Hymmen, Beyträge zur juristischen Litteratur, Band 4, Berlin 1780, S. 218 - 228.

v. Arnim — Bruchstücke über Verbrechen und Strafen, 2 Theile, Berlin 1801.

Bemerkungen — Statistische Bemerkungen über die Todesstrafe, Justiz-Ministerial-Blatt f. d. Preußische Gesetzgebung u. Rechtspflege, 10. Jg., Berlin 1848, S. 247 - 253.

Bericht — Bericht der Criminal-Deputation des Cammer-Gerichts, über die eingeschränkte Befugniß der Untergerichte in der Churmark, in Criminal-Sachen zu erkennen, Kleins Annalen, Band 9, Berlin 1792, S. 147 - 173.

Bericht — Wahrhaffter Theologischer Bericht, von der Bekehrung und Ende des Welt-beruffenen Maleficanten Valentin Runcks, gewesenen Castellans auf dem Königl. Schloß zu Berlin, ..., Berlin 1720.

Betrachtungen, Philosophische und Historische — Philosophische und Historische Betrachtungen, eines reisenden Rechts-Gelehrten, über das Gerichtliche Verfahren, imgleichen die Macht-Sprüche und unmittelbahre Entscheidungen der Souverains; in einem Schreiben, an seinen Freund, zu Turin. (Verf. v. Jarigues), Berlin 1765.

Biener, Friedrich August — Beiträge zu der Geschichte des Inquisitions-Processes und der Geschworenengerichte, Leipzig 1827.

Biographie — Neue Deutsche Biographie, Hrsg. Historische Kommission bei der Bayerischen Akademie der Wissenschaften, Band 5, Berlin 1961.

Birtsch, Günter — Die landständische Verfassung als Gegenstand der Forschung, Ständische Vertretungen . ., Göttingen 1969, S. 32 - 55.

Boehmer, Johann Samuel Friedrich — Meditationes in Constitutionem criminalem Carolinam, Halle 1774.

Bollmann, Klaus — Die Stellung des Inquisiten bei Carpzov — Eine Untersuchung über den Gemeinen Deutschen Strafprozeß des 17. Jahrhunderts, Diss. Jur. Marburg 1963.

Bornhak, Conrad — Preußische Staats- und Rechtsgeschichte, Berlin 1903.

Bornhak, Conrad — Preußisches Staatsrecht, 3 Bände, 2. Auflage, Breslau 1911 - 1914.

Bresslau, Harry / *Isaacsohn*, Siegfried — Der Fall zweier preußischer Minister des Oberpräsidenten Eberhard v. Danckelmann 1697 und des Großkanzlers C. J. M. v. Fürst 1779, Berlin 1878.

Breysig, Curt — Der Prozeß gegen Eberhard Danckelmann. Ein Beitrag zur brandenburgischen Verwaltungsgeschichte, Leipzig 1889.

Brockhaus — Enzyklopädie — Brockhaus - Enzyklopädie, Band 9, Wiesbaden 1970.

Brunnemann, Johann — Tractatus juridicus de inquisitionis processu, 7. Aufl., Frankfurt u. Leipzig 1693.

Brunnemann, Johann — Anleitung zu vorsichtiger Anstellung des Inquisitionsprozesses, Hrsg. Stryk, Halle 1697.

Bussi, Emilio — Zur Geschichte der Machtsprüche, Festschrift f. Ernst Carl Hellbling zum 70. Geburtstag, Hrsg. Hans Lentze und Peter Putzer, Salzburg 1971, S. 51 - 73.

Carpzov, Benedict — Peinlicher Inquisition- und Achts-Prozeß, Leipzig 1733.

Carpzov, Benedict — Practica nova rerum criminalium imperialis Saxonica in tres partes divisa, Editio novissima cum variis observationibus aucta a J. S. Fr. Böhmer, Frankfurt a. d. Oder 1758.

Carsten, Francis Ludwig — Die Entstehung des Junkertums, in: Dietrich, Richard, Preußen. Epochen und Probleme seiner Geschichte, Berlin 1964, S. 57 - 76.

Carsten, Francis Ludwig — Die Entstehung Preußens, Köln 1968.

Christian Thomasius — Christian Thomasius. Leben und Lebenswerk, Hrsg. Max Fleischmann, Halle 1931.

Cocceji, Heinrich v. — Jus publicum (Juris publici prudentia), Frankfurt a. d. Oder 1705.

Cocceji, Samuel v. — Jus controversum civile, Frankfurt u. Leipzig 1713.

(*Cölln*, Friedrich v.) — Vertraute Briefe über die innern Verhältnisse am Preußischen Hofe seit dem Tode Friedrichs II., 6 Bände, Amsterdam u. Cölln 1807 - 1809.

Conrad, Georg — Geschichte der Königsberger Obergerichte, Leipzig 1907.

Conrad, Hermann — Richter und Gesetz im Übergang vom Absolutismus zum Verfassungsstaat, Graz 1971.

Conrad, Hermann — Deutsche Rechtsgeschichte, Band 1, 2. Auflage, Karlsruhe 1962, Band 2, Karlsruhe 1966.

Cramer, Reinhold — Geschichte der Lande Lauenburg und Bütow, 1. Theil mit Beilage, 2. Theil (Urkundenbuch), Königsberg 1858.

Dahm, Georg — Deutsches Recht, 2. Auflage, Berlin 1963.

Damhouder, Jodocus — Praxis Rerum Criminalium, Köln 1591.

Danckelmanns Sturz — Danckelmanns Sturz, Briefe Friedrichs III. an die Kurfürstin Sophie v. Hannover, Historische Zeitschrift, Band 62 (N. F. Band 26), 1889, S. 279 f.

Deppermann, Klaus — Der hallesche Pietismus und der preussische Staat unter Friedrich III. (I.), Göttingen 1961.

Derix, Christoph — Die brandenburgisch-preussische Kriminalpolitik im Herzogtum Cleve von 1609 - 1794, Diss. Jur. Marburg 1967.

Dickel, K. — Beiträge zum preussischen Recht. 1. Heft: Friedrich der Grosse und die Prozesse des Müllers Arnold, Marburg 1891.

Dietrich, Richard — Kleine Geschichte Preußens, Berlin 1966.

Dietrich, Richard — Preußen. Epochen und Probleme seiner Geschichte, Berlin 1964.

Döhring, Erich — Geschichte der deutschen Rechtspflege seit 1500, Berlin 1953.

Döpler, Jacob — Theatrum poenarum oder Schauplatz derer Leibes- und Lebens-Straffen, Sondershausen 1693.

Döring, Wilhelm — Der Anklage- und Inquisitionsprozeß bei Carpzov, Emsdetten 1935.

Droysen, Johann Gustav — Geschichte der Preußischen Politik, 3. Theil: Der Staat des großen Kurfürsten, 2. Band, 2. Aufl., Leipzig 1871, 3. Band, 2. Aufl., Leipzig 1872, 4. Theil: 1. Abteilung: Friedrich I. König v. Preußen, 2. Aufl., Leipzig 1872, 4. Theil: 2. Abteilung: Friedrich Wilhelm I. König von Preußen, 1. Band, Leipzig 1869, 5. Theil: Friedrich der Große, 2. Band, Leipzig 1876.

Eckhard — Vom Galgen-Lehn, Archiv f. d. theoretische u. praktische Rechtsgelehrsamkeit, 1. Theil, Braunschweig 1788, S. 207 - 217.

Eckstein, Karlfriedrich — Friedrich Carl v. Moser (1723 - 1798). Rechts- und Staatstheoretisches Denken zwischen Naturrecht und Positivismus, Diss. Jur. Giessen 1973.

Elwenspoek, Curt — Über die Quellen des im Landrecht für das Herzogtum Preussen von 1620 enthaltenen Strafrechts, Breslau 1908.

Ende ... — Ende der Müller - Arnoldschen Geschichte, Schlözers Stats-Anzeigen, Band 9, Göttingen 1786, S. 432 - 439.

Entstehung .. — Die Entstehung des modernen souveränen Staates, Hrsg. Hanns Hubert Hofmann, Köln, Berlin 1967.

Entwicklung — Die Entwicklung der Kompetenz in Kriminalsachen, JMBl Pr., 9. Jg., Berlin 1847, S. 189 - 194, 209, 210, 213 - 215.

Erdmannsdörffer, B. — Das Testament des großen Kurfürsten, Preußische Jahrbücher, Band 18, Berlin 1866, S. 429 - 441.

Essellen, M. F. — Geschichte der Grafschaft Tecklenburg, 1877.

Exenstein, Smets von — Die Straf- und Polizeygesetze des 18. Jahrhunderts, juristisch, philosophisch und politisch betrachtet, Leipzig 1795.

(*Fassmann,* David) — Leben und Thaten des Allerdurchlauchtigsten und Großmächtigsten Königs von Preußen Friederici Wilhelmi, Hamburg u. Breßlau 1735.

Förstemann, Theodor — Zur Geschichte der Preußischen Monarchie, Nordhausen 1867.

Förster, Friedrich — Friedrich Wilhelm I., König von Preussen, 3 Bände nebst 2 Urkundenbüchern, Potsdam 1834 - 1835.

Forsthoff, Ernst — Deutsche Verfassungsgeschichte der Neuzeit, 4. Aufl., Stuttgart 1972.

Friccius, Carl — Entwurf eines deutschen Kriegsrechts, II. Geschichte des deutschen, insbesondere des preussischen Kriegsrechts, Berlin 1848.

Friedberg, Heinrich v. — Der Kriminalprozeß wider den Ungarn Michael v. Klement, Historische Zeitschrift, Band 62, N. F. Band 26, München und Leipzig 1889, S. 385 - 465.

Friedrich der Große — Denkwürdigkeiten zur Geschichte des Hauses Brandenburg, Werke, Hrsg. G. B. Volz, Band 1, Berlin 1913.

Gabriel, Hans — Die Begnadigung im Militärstrafrecht, Diss. Jur. Breslau 1917.

Gaxotte, Pierre — Friedrich der Grosse, 3. Auflage, Frankfurt a. M. 1974.

Gebhardt — Handbuch der Deutschen Geschichte, 9. Aufl., Hrsg. Herbert Grundmann, Band 2, Von der Reformation bis zum Ende des Absolutismus, Stuttgart 1970.

Geerds, Friedrich — Gnade, Recht und Kriminalpolitik, Tübingen 1960.

Gerhard, Dietrich — Probleme ständischer Vertretungen im früheren achtzehnten Jahrhundert und ihre Behandlung in der gegenwärtigen internationalen Forschung, Ständische Vertretungen, Göttingen 1969, S. 9 f.

Geschichte — Kurze Geschichte des geheimen Justizraths, Hymmen, Beyträge, 3. Sammlung, S. 150 - 160.

Gierke, Otto v. — Das deutsche Genossenschaftsrecht, Band 1: Rechtsgeschichte der deutschen Genossenschaft, Berlin 1868.

Giese, Friedrich — Preußische Rechtsgeschichte, Berlin und Leipzig 1920.

Gönner, Nikolaus Thaddäus — Handbuch des deutschen gemeinen Prozesses, 2. Auflage, Erlangen 1804, Band 1.

Graner, F. — Aus den hinterlassenen Papieren des im Müller - Arnoldschen Prozeß zur Festungsstrafe verurteilten neumärkischen Reg. Rats Bandel, Forschungen zur Br.-Pr. Geschichte, Band 38, 1926, S. 7 ff.

Grewe, Wilhelm — Gnade und Recht, Hamburg 1936.

Grünhagen, Colmar — Zerboni und Held in ihren Konflikten mit der Staatsgewalt 1796 - 1802, Berlin 1897.

Günther, L. — Besprechung des Aufsatzes von Friedberg, Der Kriminalprozeß wider den Ungarn Michael v. Klement, ZStW, Band 12, Berlin 1892, S. 647 - 650.

Gundlach, Wilhelm — Friedrich der Große und sein Vorleser Jean Martin de Prades, Hamburg 1892.

Hälschner, Hugo — Geschichte des Brandenburgisch-Preussischen Strafrechts, Bonn 1855.

Hälschner, Hugo — System des preussischen Strafrechts, Bonn 1858.

Handatlas, Historischer — Historischer Handatlas von Brandenburg und Berlin, Lieferung 33; Besitzstand und Säkularisation in Brandenburg um die Mitte des 16. Jahrhunderts, bearbeitet v. Gerd Heinrich, Berlin 1971.

Handbuch der Geschichte — Handbuch der europäischen Geschichte, Hrsg. Theodor Schieder, Band 4: Europa im Zeitalter des Absolutismus und der Aufklärung, Hrsg. Fritz Wagner, Stuttgart 1968.

Harpprecht, Ferdinand Christoph — Responsa Juris Criminalia et Civilia, Tübingen 1701.

Hartung, Fritz — Der aufgeklärte Absolutismus, Historische Zeitschrift, Band 180 (1955), S. 15 f., erneut abgedruckt in: Absolutismus, Darmstadt 1973, S. 118 f.

Hartung, Fritz — Die politischen Testamente der Hohenzollern, Forschungen zur Brandenb.-Preuß. Geschichte, Band 25, 1913, S. 333 f.

Hartung, Fritz — Herrschaftsverträge und ständischer Dualismus in deutschen Territorien, Staatsbildende Kräfte der Neuzeit, Berlin 1961, S. 62 - 77.

Hartung, Fritz — Staatsbildende Kräfte der Neuzeit, Gesammelte Aufsätze, Berlin 1961.

Hartung, Fritz — Deutsche Verfassungsgeschichte vom 15. Jahrhundert bis zur Gegenwart, 8. Auflage, Stuttgart 1964.

Hass, Martin — Die Hofordnung Kurfürst Joachims II. von Brandenburg, Berlin 1910.

Hattenhauer, Hans — Die Begnadigung im Spiegel der Legende, ZStW, Band 78, Berlin 1966, S. 184 - 213.

Haussherr, Hans — Verwaltungseinheit und Ressorttrennung, Berlin 1953.

Hegert, Anton — Die Land- und Appellationsgerichtsordnung für die Herrschaften Lauenburg und Bütow vom 26. Oktober 1662, Zeitschrift f. Preuß. Gesch. u. Landesk., Band 19, Berlin 1882, S. 427 - 431.

Hegler, August — Die praktische Tätigkeit der Juristenfakultäten des 17. u. 18. Jahrh. in ihrem Einfluß auf die Entwicklung des deutschen Strafrechts von Carpzov ab, Freiburg i. Br. 1899.

Henkel, Gerhard — Untersuchungen zur Rezeption des Souveränitätsbegriffs durch die deutsche Staatstheorie in der ersten Hälfte des 17. Jahrhunderts, Diss. Jur. Marburg 1967.

Heydemann, Ludwig Eduard — Die Elemente der Joachimischen Constitution v. Jahre 1527, Berlin 1841.

Hinrichs, Carl — Friedrich Wilhelm I., König in Preußen. Eine Biographie, Hamburg 1941.

Hinrichs, Carl — Der Regierungsantritt Friedrich Wilhelms I., Preußen als Historisches Problem, Berlin 1964, S. 91 - 137.

Hinrichs, Carl — Staat und Gesellschaft im Barockzeitalter, Preußen als Historisches Problem, Berlin 1964, S. 205 - 226.

Hinrichs, Carl — König Friedrich I. von Preußen. Die geistige und politische Bedeutung seiner Regierung, Preußen als Historisches Problem, Berlin 1964, S. 253 f.

Hinrichs, Carl — Der Kronprinzenprozeß. Friedrich und Katte, Hamburg 1936.

Hinrichs, Carl — Preußen als Historisches Problem. Gesammelte Abhandlungen, Hrsg. Gerhard Oestreich, Berlin 1964.

Hinrichs, Carl — Preußentum und Pietismus, Göttingen 1971.

Hinrichs, Carl — Die preußische Zentralverwaltung in den Anfängen Friedrich Wilhelms I., Forschungen zu Staat u. Verfassung, Festgabe f. Fritz Hartung, Berlin 1958, S. 247 - 267.

Hintze, Otto — Behördenorganisation und allgemeine Verwaltung in Preußen beim Regierungsantritt Friedrichs II., Acta Borussica, Band 6, 1. Hälfte, Berlin 1901.

Hintze, Otto — Die Hohenzollern und ihr Werk. Fünfhundert Jahre vaterländische Geschichte, Berlin 1915.

Hintze, Otto — Regierung und Verwaltung, Gesammelte Abhandlungen zur Staats-Rechts- und Sozialgeschichte Preussens, Hrsg. Gerhard Oestreich, 2. Auflage, Göttingen 1967.

Hintze, Otto — Hof- und Landesverwaltung der Mark Brandenburg unter Joachim II., Regierung und Verwaltung, 2. Aufl., Göttingen 1967, S. 204 - 254.

Hintze, Otto — Staat und Gesellschaft unter dem ersten König, Hohenzollern-Jahrbuch, Band 4, Berlin 1900, S. 269 - 335, auch in: Regierung und Verwaltung, 2. Auflage, Göttingen 1967, S. 313 - 418.

Hintze, Otto — Staat und Verfassung. Gesammelte Abhandlungen zur allgemeinen Verfassungsgeschichte, Hrsg. Gerhard Oestreich mit einer Einleitung von Fritz Hartung, 2. Auflage, Göttingen 1962.

Hintze, Otto — Typologie der ständischen Verfassungen des Abendlandes, Staat und Verfassung, Göttingen 1962, S. 120 - 139.

Hippel, Theodor v. — Beytrag über Verbrechen und Strafen, 2. unv. Aufl., Königsberg 1797.

Hirsch, Ferdinand — Zur Geschichte Christian Ludwigs von Kalckstein, Forschungen zur Brandenb.-Preuß. Geschichte, Band 3, S. 248 - 271.

Hofmann, Heinrich — Das Strafrecht der Reichsstadt Ravensberg bis zur Carolina, Diss. Jur. Marburg 1926.

Hofmann, Wolfgang — Der Fall Klement. Ein geheimer politischer Prozeß aus dem alten Berlin, Unser Berlin, Ein Jahrbuch von Berliner Art und Arbeit, Berlin 1928, S. 231 - 242.

Holtze, Friedrich — Das Strafverfahren gegen die märkischen Juden im Jahre 1510, Schriften des Vereins für die Geschichte Berlins, Heft 21, Berlin 1884.

Holtze, Friedrich — Die Bambergensis in der Mark, Forschungen z. Brandenb. u. Preuß. Geschichte, Band 3, Leipzig 1890, S. 59 - 87.

Holtze, Friedrich — König Christian's V. Dänisches Gesetz als Vorbild für die Preußische Justizreform 1713, Schriften des Vereins für die Geschichte Berlins, Heft 30, Berlin 1893, S. 41 ff.

Holtze, Friedrich — Geschichte des Kammergerichts in Brandenburg - Preußen, 4 Teile, Berlin 1890 - 1904.

Holtze, Friedrich — Der Prozeß gegen Fonk und juristische Mythenbildung in Preußen, Forschungen zur Brandenb.-Preuß. Geschichte, Band 7, Leipzig 1894, S. 128 - 139.

Holtze, Friedrich — Strafrechtspflege unter König Friedrich Wilhelm I., Berlin 1894.

Holtze, Friedrich — Lokalgeschichte des Königlichen Kammergerichts, Berlin 1896 = Beiträge zur Brandenburg-Preußischen Rechtsgeschichte, Band 4, Berlin 1896.

Hornung-Grove, Marianne — Beweisregeln im Inquisitionsprozeß Johann Brunnemanns, Johann Paul Kress' und Johann Samuel Friedrich Boehmers, Diss. Jur. Göttingen 1974.

Hötzsch, Otto — Stände und Verwaltung von Cleve und Mark in der Zeit von 1666 - 1697. Urkunden und Aktenstücke zur Geschichte der inneren Politik Kurfürst Friedrich Wilhelms v. Brandenburg, Leipzig 1908.

Hubatsch, Walter — Das Zeitalter des Absolutismus, 2. Auflage, Braunschweig 1965.

Hüffer, Hermann — Die Beamten des älteren preußischen Kabinets von 1713 - 1808, Forschungen zur Brandenb.-Preuß. Geschichte, Band 5 (1892), S. 157 - 190.

Hülle, Werner — Das Auditoriat in Brandenburg-Preußen, Göttingen 1971.

Hülle, Werner — Das rechtsgeschichtliche Erscheinungsbild des preußischen Strafurteils, Aalen 1965.

Hülle, Werner — Friedrich und Trenck. Ein Beitrag zur Geschichte der Justizgewährung in Preussen, ZStW, Band 81, 1969, S. 834 - 868.

Hülle, Werner — Das Supplikenwesen in Rechtssachen, Anlageplan für eine Dissertation, Savigny - Zeitschrift, Jg. 1973, S. 194 - 212.

Hülle, Werner — Das Verfahren gegen die Gräfin v. Lichtenau. Ein Kapitel preußischer Kabinettsjustiz, ZStW, Band 86, 1974, S. 5 - 32.

Immekeppel, Heinz — Das Herzogtum Preussen von 1603 bis 1618, Studien zur Geschichte Preussens, Band 24, Köln u. Berlin 1975.

Isaacsohn, Siegfried — Zur Geschichte der Landgerichte in Ostpreußen, Zeitschrift f. Preuss. Geschichte u. Landeskunde, Band 11, Berlin 1874, S. 247 - 266 und 355, 356.

Isaacsohn, Siegfried — Geschichte des Preußischen Beamtenthums vom Anfang des 15. Jahrhunderts bis auf die Gegenwart, Bände 1 - 3, Berlin 1874 - 1884.

Isaacsohn, Siegfried — Die Finanzen Joachims II. und das Ständische Kreditwerk, Zeitschrift f. Preuß. Gesch. u. Landesk., Band 16, Berlin 1879, S. 455 - 479.

Janssen, Wilhelm — Der deutsche Territorialstaat im 14. Jahrhundert, Der Staat, 13. Band, Berlin 1974, S. 415 - 426.

Just, Leo — Stufen und Formen des Absolutismus, Ein Überblick, Absolutismus, Darmstadt 1973, S. 288 - 308.

Kabinets-Justiz-Mord — Königlicher Kabinets-Justiz-Mord vom Jahre 1730, Patriotisches Archiv f. Deutschland, Band 3, 1785, S. 141 - 176 und Band 4, 1786, S. 451 - 458.

Kamlah, Wilhelm — Vom teleologischen Selbstverständnis zum historischen Verständnis der Neuzeit als Zeitalter, Absolutismus, Darmstadt 1973, S. 202 - 222.

Karakterzüge — Karakterzüge aus dem Leben König Friedrich Wilhelm I. nebst verschiedenen Anecdoten (Verf. C. F. v. Benckendorf), 1. - 12. Sammlung, Berlin 1787 - 98.

Kern, Eduard — Geschichte des Gerichtsverfassungsrechts, München und Berlin 1954.

Kern, Eduard — Der gesetzliche Richter, Berlin 1927.

Klaproth, Chr. A. L. / *Cosmar*, C. W. — Der Königlich-Preußische und Churfürstlich-Brandenburgische Wirkliche Geheime Staats-Rath an seinem 200j. Stiftungstage, Berlin 1805.

Klein, Ernst Ferdinand — Geist des Criminalwesens in den verschiedenen Zeitpuncten der Preußischen Regierung, ArchCrimR, Band 1, Halle 1799, S. 107 - 141.

Kleinheyer, Gerd — Staat und Bürger im Recht. Die Vorträge des Carl Gottlieb Svarez vor dem Preussischen Kronprinzen (1791 - 92), Bonner Rechtswissenschaftliche Abhandlungen, Band 47, Bonn 1959.

Klugkist, Engelbert — Die Aktenversendung an Juristenfakultäten, JZ 1967, S. 155 - 158.

Köble, Fritz — Richter und Landesherr im absoluten Staat, Diss. Jur. Tübingen 1950 (Masch.).

Koch, Walther — Hof- und Regierungsverfassung König Friedrich I. von Preussen (1697 - 1710), Breslau 1926.

Koser, Reinhold — Die Abschaffung der Tortur durch Friedrich den Großen, Forschungen zur Brandenb.-Preuß. Geschichte, Band 6, S. 575 - 581.

Koser, Reinhold — Ungedruckte Aufzeichungen Friedrich Wilhelms I. über den Prozeß des Kronprinzen Friedrich, Märkische Forschungen, Band 19, S. 397 f.

Kotelmann, Albert — Die Finanzen des Kurfürsten Albrecht Achilles, Zeitschrift f. Preuß. Gesch. u. Landesk., Band 3, Berlin 1866, S. 1 - 26; 95 - 105; 283 - 309; 417 - 449.

Krauske, Otto — Der Regierungsantritt Friedrich Wilhelms I., Hohenzollern-Jahrbuch, Jg. 1, Berlin, Leipzig 1897, S. 71 - 86.

Kruedener, Jürgen v. — Die Rolle des Hofes im Absolutismus = Forschungen zur Sozial- und Wirtschaftsgeschichte, Band 19, Stuttgart 1973.

Kühns, Friedrich Julius — Geschichte der Gerichtsverfassung und des Prozesses in der Mark Brandenburg vom X. bis zum Ablauf des XV. Jahrhunderts, 2 Bände, Berlin 1865 - 1867.

Kühns, Friedrich Julius — Die Ressortverhältnisse des preussischen Geheimen Staatsraths bis in das 18. Jahrhundert, Zeitschrift f. Preuß. Gesch. u. Landesk., Band 8, Berlin 1871, S. 141 - 170.

Küntzel, Georg / *Haß*, Martin — Die politischen Testamente der Hohenzollern nebst ergänzenden Aktenstücken, 2. Auflage, Band 1, Leipzig und Berlin 1919.

Lancizolle, Carl Wilhelm v. — Über Königthum und Landstände in Preußen, Berlin 1846.

Landmesser, Bernhard — Die Stände der Kurmark Brandenburg unter Joachim II. (1535 - 1571), Diss. Jur. Kiel 1929.

Landsyndicus — Landsyndicus Möschel, oder Schrecklichkeit der Cabinets-Criminal-Justiz, Staats-Archiv, Hrsg. Häberlin, 3. Band, 11. Heft, Helmstedt 1797, S. 249 - 281.

Laufs, Adolf — Rechtsentwicklungen in Deutschland, Berlin 1973.

Leiser, Wolfgang — Strafgerichtsbarkeit in Süddeutschland. Formen und Entwicklungen, Forschungen zur Deutschen Rechtsgeschichte, Band 9, Köln u. Wien 1971.

Liebel, Helen — Der aufgeklärte Absolutismus und die Gesellschaftskrise in Deutschland im 18. Jahrhundert, Absolutismus, Darmstadt 1973, S. 488 - 544.

Lindemann, Wilhelm — Das Soester Strafrecht bis zum Beginn des 16. Jahrhunderts, Diss. Jur. Münster 1939.

Lindenau, Günter — Die Verfassung der Mark Brandenburg unter der Regierung des Kurfürsten Georg Wilhelm und seines Ratgebers Graf zu Schwarzenberg im Hinblick auf die Überwindung ständischer Verhältnisse durch den brandenburgisch-preußischen Obrigkeitsstaat, Diss. Jur. Kiel 1937.

Lobe, Adolf — Die allgemeinen strafrechtlichen Begriffe nach Carpzov, Diss. Jur. Leipzig 1894.

Loening, Edgar — Gerichte und Verwaltungsbehörden in Brandenburg-Preußen, Halle 1914.

Loewe, Victor — Die Allodifikation der Lehen unter Friedrich Wilhelm I., Forschungen zur Brandenb.-Preuß. Geschichte, Band 11, Leipzig 1898, S. 341 - 374.

Ludovici, Jacob Friedrich — Einleitung zum peinlichen Prozeß, 7. Auflage, Halle 1722.

Machtsprüche — Etwas über Machtsprüche bey Gelegenheit eines Vorfalls an einem Fürstlichen Hofe, Cölln 1784.

Malblank, D. Jul. Fr. — Geschichte der Peinlichen Gerichts-Ordnung Kaiser Karls V. von ihrer Entstehung und ihren weitern Schicksalen bis auf unsere Zeit, Nürnberg 1783.

Marquordt, Gerhard — Vier rheinische Prozeßordnungen aus dem 16. Jahrhundert, Bonn 1938 = Rheinisches Archiv, Heft 33.

Meinecke, Friedrich — Die Idee der Staatsräson in der neueren Geschichte, 3. Aufl., München 1963.

Meisner, Heinrich Otto — Archivalienkunde vom 16. Jahrhundert bis 1918, Göttingen 1969.

Meisner, Heinrich Otto — Die monarchische Regierungsform in Brandenburg-Preußen, Forschungen zu Staat u. Verfassung, Festgabe f. Fritz Hartung, Berlin 1958, S. 219 - 245.

Meister, Georg Jakob Friedrich — Abolition gegen Erlegung einer Geldsumme, Practische Bemerkungen aus dem Criminal- und Civilrechte durch Urtheile und Gutachten der Göttingischen Juristenfakultät erläutert, Band 2, Göttingen 1795, S. 183 - 188.

Mertens, Emil Richard — Der Oberpräsident Otto v. Schwerin auf dem Großen Landtage in Ostpreussen, Diss. Jur. Halle 1914.

Merzbacher, Friedrich — Norm und Wirklichkeit in der Rechtsgeschichte, Festschrift f. Schnorr v. Carolsfeld, Köln 1972, S. 351 - 366.

Meydam, Heinz — Ein peinlicher Prozeß aus dem Jahre 1723, Schriften des Vereins f. d. Geschichte der Neumark, Heft 27, Landsberg a. d. W. 1911, S. 107 - 114.

Mitteis, Heinrich — Der Staat des hohen Mittelalters, 5. Auflage, Weimar 1955.

Mitteis / Lieberich — Mitteis, Heinrich / Lieberich, Heinz, Deutsche Rechtsgeschichte, 13. Aufl., München 1974.

Mittermaier, C. J. A. — Das Deutsche Strafverfahren in der Fortbildung durch Gerichts-Gebrauch und Landes-Gesetzbücher, 2. Theil, 4. Aufl., Heidelberg 1846.

Mohnhaupt, Heinz — Potestas legislatoria und Gesetzesbegriff im Ancien Régime, Jus commune, Band 4, Frankfurt a. M. 1972, S. 188 - 239.

Montesquieu, Charles de — Vom Geist der Gesetze, Ausgabe v. Ernst Forsthoff, Tübingen 1951.

Morgenstern, Salomon Jacob — Über Friedrich Wilhelm I., Braunschweig 1793.

Moser, Johann Jakob — Abhandlung von Kayserlichen Macht-Sprüchen in Rechts-, Staats- und Gemischten Sachen, Franckfurt am Mayn 1750.

Mülverstedt — Die ältere Verfassung der Landstände in der Mark Brandenburg vornehmlich im 16. und 17. Jahrhundert, Berlin 1858.

Näf, Werner — Die Epochen der neueren Geschichte, Band 1, 2. Auflage, Aarau 1959.

Näf, Werner — Frühformen des „modernen Staates" im Spätmittelalter, Die Entstehung des modernen Staates, Köln 1967, S. 101 f.

Naudé, Wilhelm — Aus der Zeit des Müller Arnoldschen Prozesses, Forschungen zur Brandenb. u. Preuß. Geschichte, Band 5 (1892), S. 314 - 319.

Neumann — Erlebnisse der verhafteten Kammergerichts- und Regierungsräte auf der Festung Spandau im Jahre 1780, Auszüge aus dem Tagebuch des Rats Neumann, Hefte 1 u. 2, Berlin 1904 - 1905.

Noellner, Fr. — Eine Erinnerung an das deutsche Strafverfahren zu Ende des vorigen Jahrhunderts, Zeitschrift f. deutsches Strafverfahren, N. F., Band 3, 1846, S. 145 - 148.

Nugel, Otto — Der Schöppenmeister Hieronymus Roth, Forschungen zur Brandenb.-Preuß. Geschichte, Band 14, 1901, S. 393 - 479.

Oelrichs, Johann Carl Conrad — Entwurf einer Pommerschen juristischen Bibliothek, Berlin 1763.

Oestreich, Gerhard — Friedrich Wilhelm, der Große Kurfürst, Göttingen 1971.

Oestreich, Gerhard — Friedrich I., König in Preußen, NDB, Band 5, Berlin 1961, S. 536 - 540.

Oestreich, Gerhard — Friedrich Wilhelm I., Neue Deutsche Biographie, Band 5, Berlin 1961, S. 540 - 545.

Oestreich, Gerhard — Der brandenburg-preußische Geheime Rat vom Regierungsantritt des Großen Kurfürsten bis zu der Neuordnung im Jahre 1651, Würzburg-Aumühle 1937.

Oestreich, Gerhard — Geist und Gestalt des frühmodernen Staates, Ausgewählte Aufsätze, Berlin 1969.

Oestreich, Gerhard — Ständetum und Staatsbildung in Deutschland, Geist und Gestalt, Berlin 1969, S. 277 ff.

Ogris, Werner — Kabinettsjustiz, Handwörterbuch zur Deutschen Rechtsgeschichte, Hrsg. Adalbert Erler und Ekkehard Kaufmann, Berlin 1974, Sp. 515 - 518.

Ogris, Werner — Maria Theresia Iudex, Anzeiger der phil.-hist. Klasse der Österreichischen Akademie der Wissenschaften, 110. Jg., Wien 1973, S. 232 - 247.

Ogris, Werner — De Sententiis Ex Plenitudine Potestatis. Ein Beitrag zur Geschichte der Kabinettsjustiz vornehmlich des 18. Jahrhunderts, Festschrift f. Hermann Krause, Hrsg. Sten Gagnér, Köln 1975, S. 169 - 185.

Olivier, Jean Jacques / *Norbert*, Willy — Barberina Campanini. Eine Geliebte Friedrichs des Großen, Berlin 1909.

Oppeln / Bronikowski — Abenteurer am Preussischen Hofe 1700 - 1800, Berlin 1927.

Osenbrüggen, Eduard — Gnade bei Recht, Studien zur deutschen und schweizerischen Rechtsgeschichte, Schaffhausen 1868, S. 367 - 382.

Otto, Ernst Adolf — Die Vorbereitung des preußischen Rechtsstaates im Zeitalter des Absolutismus, Diss. Jur. Marburg 1939.

Paczkowski, Josef — Der große Kurfürst und Christian Ludwig von Kalckstein, Forschungen zur Brandenb.-Preuß. Geschichte, Band 2, S. 103 - 209 und Band 3, S. 272 - 280 und 419 - 463.

Pantenius, W. M. — Abbé de Prades und sein späterer Biograph Andreas de Francheville, Forschungen zur Brandenb.-Preuß. Geschichte, Band 25, 1913, S. 573 - 575.

Pantenius, W. M. — Die Verhaftung des Abbé de Prades im Herbst 1757, Forschungen zur Brandenb.-Preuß. Geschichte, Band 24, 1911, S. 577 - 583.

Petersohn, Jürgen — Fürstenmacht und Ständetum in Preußen während der Regierung Herzog Georg Friedrichs 1578 - 1603, Würzburg 1963.

Petsch, Reinhold — Verfassung und Verwaltung Hinterpommerns im 17. Jahrhundert bis zur Einverleibung durch den brandenburgischen Staat, Leipzig 1907.

Pfligg, Gustav — Bemerkungen zu dem Strafrechte des Landrechts für das Herzogtum Preussen von 1620, ZStW, Band 43, S. 20 - 33.

Pfligg, Gustav — Zur Textgestaltung des revidierten Landrechts für das Herzogtum Preußen von 1685, Leipzig 1941.

Plathner, Günter — Der Kampf um die richterliche Unabhängigkeit bis zum Jahre 1848, Breslau 1935.

v. Podewils — Mémoire sur les intrigues et le procès du fameux Clément (verfasst 1747), Miscellaneen zur Geschichte König Friedrichs des Großen, Berlin 1878, S. 450 - 459.

Preuss, J. D. E. — Friedrich der Große. Eine Lebensgeschichte. 4 Bände mit Urkundenbuch, 5. Band: Urkundenbuch zur Lebensgeschichte, Berlin 1832 - 1834.

Preuss, J. D. E. — Zur Beurtheilung des Staatsministers v. Wöllner, Zeitschrift f. Preuß. Gesch. u. Landesk., Band 3, Berlin 1866, S. 65 - 95.

Quaritsch, Helmut — Staat und Souveränität, Band 1: Die Grundlagen, Frankfurt 1970.

Quistorp, Johann Christian Edler — Von der landesherrlichen Bestätigung in peinlichen und Strafsachen, Beyträge zur Erläuterung verschiedener Rechts-Materien, 2. Aufl., Rostock / Leipzig 1787, S. 552 - 566.

Rachel, Hugo — Der Große Kurfürst und die ostpreußischen Stände 1640 - 1688, Leipzig 1905.

Raumer, Georg Wilhelm v. — Actenmäßige Nachrichten von Hexenprozessen und Zaubereien in der Mark Brandenburg vom sechszehnten bis ins achtzehnte Jahrhundert, Märkische Forschungen, 1. Band, Berlin 1841, S. 236 - 265.

Raumer, Georg Wilhelm v. — Verhandlung Churfürst Albrecht Achills mit den märkischen Landständen, nach seinem Regierungsantritt; nebst einem eigenen Aufsatze des Churfürsten hierüber, Märkische Forschungen, Band 1, Berlin 1841, S. 319 - 352.

Raumer, Kurt v. — Absoluter Staat, korporative Libertät, persönliche Freiheit, Die Entstehung des souveränen Staates, Köln 1967, S. 173 - 199.

Recht — Über das Recht, terminweise Abbüssung von Strafen zu gestatten, Berlin, Stettin, Elbing 1831.

Reinhardt, Rüdiger — Die Besonderheiten der preußischen städtischen Verwaltung in den Grafschaften Mark und Ravensberg im 18. Jahrhundert, Diss. Jur. Münster 1968.

Relation — Actenmässige Relation von denen beyden Schloß - Dieben zu Berlin Valentin Runcken, ehemaligen Castellan, und Daniel Stieffen, gewesenen Hoff-Schlösser..., Berlin 1720.

Riefl, Josua Josef — Der Reichshofrath in Justiz-Gnaden- und anderen Sachen mit Fällen, Präjudizien und Rechtsbemerkungen, Bände 1 - 4, Augsburg 1791 - 1798.

Rüping, Hinrich — Die Gnade im Rechtsstaat, Festschrift f. Friedrich Schaffstein, Göttingen 1975, S. 31 - 44.

Rürup, Reinhard — Johann Jakob Moser, Wiesbaden 1965.

Sauer, Hugo — Die ravensbergischen Gogerichte und ihre Reform im 16. Jahrhundert, Diss. Phil. Münster 1909.

Schaumburg, E. v. — König Friedrich I. und der Niederrhein. Die Erwerbung von Moers und Geldern, Zeitschrift f. Preuß. Gesch. u. Landesk., Band 15, Berlin 1878, S. 303 - 367, 551 - 601; Band 16, Berlin 1879, S. 176 - 291.

Scheidemantel, Heinrich Godfried — Repertorium des Teutschen Staats- und Lehnsrechts, 2 Teile, Leipzig 1782, 1783.

Schick, Matthäus Joseph — De illicita instantiarum multiplicatione et in specie von der Kabinetts-Instanz, Gießen 1788.

Schick, Matthäus Joseph — Über das reichsständische Instanzen-Recht, deren unerlaubte Vervielfältigung, und insbesondere von der sogenannten Cabinets-Instanz, Gießen und Darmstadt 1802.

Schieder, Theodor — Geschichte als Wissenschaft, 2. Auflage, München und Wien 1968.

Schlüter, Felix — Antonius Matthäus II. aus Herborn, der Kriminalist des 17. Jahrhunderts, der Rechtslehrer Utrechts, Diss. Jur. Gießen 1929, Breslau 1929.

Schmid, Andreas — Die erwiesene göttliche Zorn-Macht, in Offenbahrung und Heimsuchung heimlicher Sünden, sonderlich: des entsetzlichen Raubes, auf dem Königl. Schlosse zu Berlin, von zwey frechen und untreuen Bedienten, dem gewesenen Castellan Runcken, und dem Hoff-Schlösser Stieffen .. verübt, Berlin 1720.

Schmidt, Eberhard — Einführung in die Geschichte der deutschen Strafrechtspflege, 3. Auflage, Göttingen 1965.

Schmidt, Eberhard — Fiskalat und Strafprozeß. Archivalische Studien zur Geschichte der Behördenorganisation und des Strafprozeßrechtes in Brandenburg-Preußen, München und Berlin 1921.

Schmidt, Eberhard — Friedrich der Große als Kronprinz vor dem Kriegsgericht, Festschrift f. Hellmuth Mayer, Berlin 1966, S. 13 - 31.

Schmidt, Eberhard — Die Maximilianischen Halsgerichtsordnungen für Tirol (1499) und Radolfzell (1506) als Zeugnisse mittelalterlicher Strafrechtspflege, Schloß Bleckede a. d. Elbe 1949.

Schmidt, Eberhard — Die Justizpolitik Friedrichs des Grossen, Heidelberger Jahrbücher, Band 6, Berlin 1962, S. 95 - 110.

Schmidt, Eberhard — Kammergericht und Rechtsstaat, Eine Erinnerungsschrift, Berlin 1968.

Schmidt, Eberhard — Die Kriminalpolitik Preußens unter Friedrich Wilhelm I. und Friedrich II., Abhandlungen des Kriminal.-Institutes an der Universität Berlin, 3. Folge, 1. Band, Heft 2, Berlin 1914.

Schmidt, Eberhard — Die Mark Brandenburg unter den Askaniern (1134 - 1320), Köln / Wien 1973.

Schmidt, Eberhard — Das Markgrafentum in der Mark Brandenburg, Grundfragen der gesamten Strafrechtswissenschaft. Festschrift f. Heinrich Henkel, Berlin 1974, S. 301 - 307.

Schmidt, Eberhard — Rechtsentwicklung in Preussen, 2. Auflage 1929. Unveränderter Nachdruck, Darmstadt 1961.

Schmidt, Eberhard — Rechtssprüche und Machtsprüche der preußischen Könige des 18. Jahrhunderts, Berichte über die Verhandlungen der Sächsischen Akademie der Wissenschaften zu Leipzig, Phil.-hist. Klasse, Band 95, Heft 3, Leipzig 1943.

Schmidt, Gerhard — Sinn und Bedeutung der Constitutio Criminalis Carolina als Ordnung des materiellen und prozessualen Rechts, Zeitschrift der Sav. Stiftung, Germ. Abtlg., Band 83, Weimar 1966, S. 239 - 257.

Schmidt, Gerhard — Besprechung der Dissertation von Wallmann, Wilhelm, Einflußnahme der Exekutive auf die Justiz im 19. Jahrhundert, Diss. Jur. Marburg 1968, ZStW, Band 82, S. 184 ff.

Schmoller, Gustav — Das Städtewesen unter Friedrich Wilhelm I., Zeitschrift f. Preuß. Gesch. u. Landesk., Band 8, Berlin 1871, S. 521 - 569.

Schmoller, Gustav — Über Behördenorganisation, Amtswesen und Beamtenthum im allgemeinen und speziell in Deutschland und Preußen bis zum Jahre 1713, Acta Borussica, Einleitung zu Band 1, Berlin 1894, S. 15 - 143.

Schnur, Roman — Neue Forschungen über Jean Bodin, Der Staat 1974, S. 111 - 122.

Scholz, Johannes Michael — Der brandenburgische Landrechtsentwurf von 1594: eine Studie zur Rechtsetzungslehre der Rezeptionszeit, Köln 1973.

Schömbs, Erwin — Das Staatsrecht Johann Jakob Mosers (1701 - 1785). Zur Entstehung des historischen Positivismus in der deutschen Reichspublizistik des 18. Jahrhunderts, Berlin 1968.

Schoeps, Hans-Joachim — Preussen. Geschichte eines Staates, Berlin 1967.

Schotte, Walther — Fürstentum und Stände in der Mark Brandenburg unter der Regierung Joachims I., Leipzig 1911.

Schrader, Martin — Tractatus de sententiis principum ex potestatis plenitudine latis; von derer Fürsten und Herren Macht-Sprüchen, Leipzig 1708.

Schreiber, Adam — Die Strafrechtspflege in Kleve-Mark unter der Regierung König Friedrich Wilhelms I. von Preußen. Ein Beitrag zur kleve-märkischen Rechts- und Kulturgeschichte, Diss. Phil. Münster 1912.

Schütz, Wolfgang — Die Einwirkungen des preussischen Justizministers auf die Rechtspflege, Diss. Jur. Marburg 1970.

Schultze, Johannes — Die Mark Brandenburg, 5 Bände, Berlin 1961 - 69.

Schulz, Wilhelm / *Welcker*, Theodor — Geheime Inquisition, Censur und Cabinettsjustiz im verderblichen Bunde, Carlsruhe 1845.

(*Schummel*, Johann) — Untersuchung, ob dem Kriegsrath Zerboni zu viel geschah, als er nach Glatz, nach Spandau und nach Magdeburg auf die Festung gebracht wurde. Nebst Prüfung der von ihm herausgegebenen Aktenstücke, Leipzig 1801.

Schulze, Berthold — Brandenburgische Besitzstandskarte des 16. Jahrhunderts. Der ritterschaftliche, geistliche, städtische und landesherrliche Besitz um 1540 = Historischer Atlas von Brandenburg, N. F. Lieferung 1, Berlin 1962.

Schwandt, Eberhard — Richterliche Unabhängigkeit unter besonderer Berücksichtigung der Entwicklung in Brandenburg - Preußen, Deutsche Richterzeitung, Jg. 1969, S. 240 - 243.

Schwind, Hans Dieter — Umfang und Träger der Wehrstrafgerichtsbarkeit, Diss. Jur. Hamburg 1966.

Scupin, Hanns-Ulrich — Der Begriff der Souveränität bei Johannes Althusius und bei Jean Bodin, Der Staat 1965, S. 1 - 26.

Semler, Adam Siegmund Philipp — Ueber das Hoheitsrechts-Lehn, Archiv f. d. theoretische u. praktische Rechtsgelehrsamkeit, Teil III, Braunschweig 1789, S. 136 - 199.

Sieber, Jacob Gottlieb — Abhandlung von der Macht der Reichsstände und Gerichtsherren selbst Recht zu sprechen, Göttingen 1773.

Siegel, Gustav — Zur Entwicklung der Unabhängigkeit der Rechtsprechung, Annalen des Deutschen Reichs, Jg. 1898, München u. Leipzig 1898, S. 221 - 305.

Sietze, Karl-Friedrich — Ausübung oberstrichterlicher Gewalt des Staats und Cabinetts-Justiz in wesentlicher Differenz dargestellt, Potsdam 1835.

Sietze, Karl-Friedrich — Grund - Begriff Preußischer Staats- und Rechts - Geschichte als Einleitung in die Wissenschaft des Preußischen Rechts, Berlin 1829.

Sommerfeld, W. v. — Beiträge zur Verfassungs- und Ständegeschichte der Mark Brandenburg im Mittelalter, 1. Teil, Leipzig 1904.

Spangenberg, Hans — Hof- und Zentralverwaltung der Mark Brandenburg im Mittelalter, Leipzig 1908.

Spangenberg, Hans — Vom Lehnstaat zum Ständestaat. Ein Beitrag zur Entstehung der landständischen Verfassung, München und Berlin 1912.

Spannagel, Karl — Minden und Ravensberg unter brandenburgisch-preußischer Herrschaft von 1648 bis 1719, Hannover, Leipzig 1894.

Stadelmann, Rudolph — Preussens Könige in Ihrer Thätigkeit für die Landescultur, Band 1: Friedrich Wilhelm I., Leipzig 1878, Neudruck Osnabrück 1965, Band 2: Friedrich der Große, Leipzig 1882.

Stölzel, Adolf — Carl Gottlieb Svarez, Berlin 1885.

Stölzel, Adolf — Die Entwicklung der gelehrten Rechtsprechung, Band 1: Der Brandenburger Schöppenstuhl, Berlin 1901.

Stölzel, Adolf — Die Entwicklung des gelehrten Richterthums, Band 1, Stuttgart 1872.

Stölzel, Adolf — Brandenburg — Preußens Rechtsverwaltung und Rechtsverfassung dargestellt im Wirken seiner Landesfürsten und obersten Justizbeamten, 2 Bände, Berlin 1888.

Stölzel, Adolf — Fünfzehn Vorträge aus der Brandenburgisch-Preußischen Rechts- und Staatsgeschichte, Berlin 1889.

Strube, David Georg — Rechtliche Bedenken. Systematisch geordnet, ergänzt, ... und mit Anmerkungen begleitet von Ernst Spangenberg, Band 2, Hannover 1827.

Svarez, Carl Gottlieb — Vorträge über Recht und Staat, Hrsg. Hermann Conrad und Gerd Kleinheyer, Köln und Opladen 1960.

Temme — Statistik der Todesurtheile und Begnadigungen im Preußischen Staate, vom Jahre 1818 bis 1840, Criminalistische Zeitung f. d. Königreich Preußen, 1. Jg., 1841, S. 136 - 138 und 144, 145.

Thiesing, Adolf — Die Geschichte des Preußischen Justizministeriums, 200 Jahre Dienst am Recht, Gedenkschrift aus Anlaß des 200-jährigen Gründungstages des Preußischen Justizministeriums, Hrsg. Franz Gürtner, Berlin 1938, S. 11 - 172.

Thudichum, Friedrich — Ueber Ausfertigung richterlicher Urtheile im Namen des Staatsoberhaupts, Preußische Jahrbücher, Band 27, Berlin 1871, S. 413 - 426.

Tigges, Hans — Die Stellung des Richters im modernen Staat, Berlin 1935.

Tippelskirch, Egloff v. — Die Statthalter des Großen Kurfürsten, Diss. Jur. Kiel 1937.

Tümpel, Ludwig — Die Entstehung des brandenburgisch-preussischen Einheitsstaates im Zeitalter des Absolutismus (1609 - 1806), Breslau 1915.

Twesten, Carl — Der preußische Beamtenstaat, Preußische Jahrbücher, Band 18, Berlin 1866, S. 1 - 39 und 109 - 148.

Unterschied — Vom Unterschied zwischen Justiz- und Polizei-Sachen, Sophronizon, 4. Jg., 4. Band, 4. Heft, Heidelberg 1822, S. 49 - 54.

Verfahren — Umständliches Verfahren von dem auf Sr. Königl. Majestät von Preußen allerhöchsten Immediat-Befehl auf die Klagen der Memelschen Kaufmannschaft gegen den ehemaligen Regierungsrath Glave verhängten Untersuchungs-Prozeß. Ein Denkmahl der Gerechtigkeit des Königs im Jahre 1786, o. O. 1786.

Vertretungen — Ständische Vertretungen in Europa im 17. und 18. Jahrhundert, Hrsg. Dietrich Gerhard = Veröffentlichungen des Max-Planck-Instituts f. Geschichte, Band 27, Göttingen 1969.

Volckmann, Adam — Tractatus criminalis in tres partes distributus, Theil 2, Leipzig 1656.

Volkmar, Leopold — Religions - Prozeß des Prediger Schulz zu Gielsdorf, genannt Zopfschulz, eines Lichtfreundes des achtzehnten Jahrhunderts, Leipzig 1846.

Wagner, Albrecht — Der Kampf der Justiz gegen die Verwaltung in Preußen, Hamburg 1936.

Wagner, Wolfgang — Die Wissenschaft des gemeinen römischen Rechts und das Allgemeine Landrecht für die Preussischen Staaten, Wissenschaft und Kodifikation des Privatrechts im 19. Jahrhundert, Hrsg. Helmut Coing u. Walter Wilhelm, Band 1, Frankfurt a. M. 1974, S. 119 - 152.

Walder, Ernst — Aufgeklärter Absolutismus und Revolution, Der aufgeklärte Absolutismus, Köln 1974, S. 103 f.

Wallmann, Wilhelm — Einflußnahme der Exekutive auf die Justiz im 19. Jahrhundert, Diss. Jur. Marburg 1968.

Was ist Aufklärung — Was ist Aufklärung?, Beiträge aus der Berlinischen Monatsschrift, Hrsg. Norbert Hinske u. a., Darmstadt 1973.

Weber, Hellmuth v. — Schöppenstuhl und Landesherr, Ein Beitrag zur Geschichte der richterlichen Prüfungszuständigkeit, Festschrift f. Richard Thoma, Tübingen 1950, S. 257 - 269.

Weis, Eberhard — Absolute Monarchie und Reform im Deutschland des späten 18. und des frühen 19. Jahrhunderts, Geschichte in der Gesellschaft, Festschrift für Karl Bosl, Stuttgart 1974, S. 436 - 461.

Welcker, Carl — Cabinetsjustiz, Staatslexikon, Band 3, 3. Auflage, Leipzig 1889, S. 256 - 272.

Welcker, Carl — Zur gerichtlichen Vertheidigung gegen die Ehrenkränkungsklage der Großherzoglich-Hessischen Regierung wegen der Schrift: Geheime Inquisition, Censur und Cabinetsjustiz, Karlsruhe 1846.

Werke — Die Werke Friedrichs des Großen, Hrsg. Gustav Berthold Volz, Bände 1 - 10, Berlin 1913 f.

Wieacker, Franz — Privatrechtsgeschichte der Neuzeit, 2. Auflage, Göttingen 1967.

Wichert, Th. — Die Verfassungsurkunde des Herzogthums Preußen vom Jahre 1661, Zeitschrift f. Preußische Geschichte und Landeskunde, Jg. 11, Berlin 1874, S. 33 - 89.

Willenbücher, Ferdinand — Die strafrechtsphilosophischen Anschauungen Friedrichs des Großen, Breslau 1904.

Willoweit, Dietmar — Rechtsgrundlagen der Territorialgewalt = Forschungen zur Deutschen Rechtsgeschichte, Band 11, Köln, Wien 1975.

Winter, Georg — Die märkischen Stände zur Zeit ihrer höchsten Blüthe. 1540 - 1550. Eine archivalische Studie. Zeitschrift f. Preuß. Gesch. u. Landesk., Band 19, Berlin 1882, S. 253 - 310; 545 - 613; Band 20, Berlin 1883, S. 507 - 716.

Wischhöfer, Horst — Die ostpreußischen Stände im letzten Jahrhundert vor dem Regierungsantritt des Grossen Kurfürsten, Göttingen 1958.

Witzleben, A. v. — Die Kléementsche Affaire und der Fürst Leopold v. Dessau, Zeitschrift f. Preußische Geschichte u. Landeskunde, Band 11, Berlin 1874, S. 451 - 460.

Würtenberger, Thomas — Die Legitimität staatlicher Herrschaft = Schriften zur Verfassungsgeschichte, Band 20, Berlin 1973.

Zaupser, Andreas — Gedanken über einige Punkte des Kriminalrechts in vier Abhandlungen, 4. Aufl., München 1781.

Zeidler, Wolfgang — Betrachtungen über die Innovationsfähigkeit der Rechtspflege am Beispiel der preußischen Justizgeschichte, Die Öffentliche Verwaltung, Jg. 1975, S. 797 - 804.

Zeitungen — Berliner geschriebene Zeitungen aus den Jahren 1713 bis 1717 und 1735, Hrsg. Ernst Friedländer = Schriften des Vereins für die Geschichte Berlins, Heft 38, Berlin 1902.

Zimmermann, Gerhard / *Branig*, Hans — Fürsprache. Monarchenbriefe zum Kronprinzen-Prozeß Küstrin 1730, Berlin 1965.

Zimmermann, Johann Georg Ritter v. — Fragmente über Friedrich den Großen zur Geschichte seines Lebens, seiner Regierung, und seines Charakters, 3 Bände, Franckfurt u. Leipzig 1790.

Personenverzeichnis

* hinter dem Nachnamen = Fall einer Strafschärfung bzw. eigenen Strafentscheidung der Könige

Kolibri 360 GmbH
Ferdinand-Jühlke-Straße 7
99095 Erfurt, Deutschland
produktsicherheit@kolibri360.de

Druck:
CPI Druckdienstleistungen GmbH
im Auftrag der
Kolibri 360 GmbH
Ferdinand-Jühlke-Str. 7
99095 Erfurt